中华优秀传统文化系列培训读本

编委会

主　任：党怀兴
副主任：黄怀平　李铁绳　柯西钢　许广玺
　　　　郭建中　刘东风　李国华　葛文双
　　　　雷永利
委　员：杨雪玲　胡　丹　龙卓华　赵菁晶
　　　　冯　俊

陕西师范大学教师干部培训学院立项资助

◆ 中华优秀传统文化系列培训读本 ◆

三礼导读

郭迎春 编著

陕西师范大学出版总社　西安

图书代号　ZZ24N0818

图书在版编目(CIP)数据

三礼导读／郭迎春编著. —西安：陕西师范大学出版总社有限公司，2024.8
ISBN 978-7-5695-4374-2

Ⅰ.①三… Ⅱ.①郭… Ⅲ.①《周礼》—研究　②《仪礼》—研究　③《礼记》—研究　Ⅳ.①K224.06　②K892.9

中国国家版本馆 CIP 数据核字(2024)第 087075 号

三礼导读
SANLI DAODU

郭迎春　编著

责任编辑	邱水鱼
责任校对	杨雪玲
封面设计	金定华
出版发行	陕西师范大学出版总社
	(西安市长安南路199号　邮编 710062)
网　　址	http://www.snupg.com
印　　刷	西安市建明工贸有限责任公司
开　　本	720 mm×1020 mm　1/16
印　　张	21.25
字　　数	442 千
版　　次	2024 年 8 月第 1 版
印　　次	2024 年 8 月第 1 次印刷
书　　号	ISBN 978-7-5695-4374-2
定　　价	98.00 元

读者购书、书店添货或发现印刷装订问题，请与本社高等教育出版中心联系。
电　　话：(029)85307864　85303622(传真)

总　序

陕西师范大学教师干部培训学院策划立项的"中华优秀传统文化系列培训读本"付梓出版，这是一件值得庆贺的大喜事。

首届全民阅读大会2022年4月23日在北京开幕。中共中央总书记、国家主席、中央军委主席习近平发来贺信，指出："阅读是人类获取知识、启智增慧、培养道德的重要途径，可以让人得到思想启发，树立崇高理想，涵养浩然之气。中华民族自古提倡阅读，讲究格物致知、诚意正心，传承中华民族生生不息的精神，塑造中国人民自信自强的品格。希望广大党员、干部带头读书学习，修身养志，增长才干；……希望全社会都参与到阅读中来，形成爱读书、读好书、善读书的浓厚氛围。"

把马克思主义基本原理同中华优秀传统文化相结合，是党的十八大以来以习近平同志为核心的党中央提出的重大命题，是百年来坚持和发展马克思主义的经验总结，是继续推进马克思主义中国化时代化的必由之路。党的二十大报告指出："坚持和发展马克思主义，必须同中华优秀传统文化相结合。只有植根本国、本民族历史文化沃土，马克思主义真理之树才能根深叶茂。"我国有5000多年的文明史，是世界四大文明中唯一一个历史文化没有中断的国家，无数的先贤为我们留下了丰富的传统文化遗产。保护好、传承好、利用好中华优秀传统文化，挖掘其丰富内涵，以利于更好坚定文化自信、凝聚民族精神。

陕西师范大学作为教育部直属的师范类高校，是一所历史悠久、文化积淀深厚的高等学府，在中华传统文化的研究、宣传和教育方面具备强健的实力，建校 79 年来一代又一代的陕师大人，取得了令学界瞩目的丰硕学术成果。譬如 20 世纪 80 年代学校组织承担的国家辞书规划项目《十三经辞典》，编写者用了 28 年时间完成了 15 册 3000 万字的巨著，被学界誉为"千古不朽的事业"，获得教育部人文社科优秀成果二等奖。注意把科研成果转化为教学内容，相关部门与学院组织编写了一系列教材，开设的相关课程获评国家级精品资源共享课、一流本科课程、国家级研究生课程思政课等称号。教师干部教育工作是陕西师范大学承担的一项光荣任务，在教育中夯实教师干部的文化基础，做好教师干部优秀传统文化的培训工作，是长期的神圣使命。干部需要读书，需要读好书。好的中华优秀传统文化读本必须精益求精，让读者满意，从而取得良好的教育效果。为适应中国特色社会主义建设的新形势新任务新要求，教师干部培训学院在学校各级领导的大力支持下，针对教师干部学习和工作的实际需要，总结经验，统一规划，认真论证，精心部署，计划组织我校长期从事传统文化教学与研究的相关学者陆续推出一系列教育培训读本。这套读本涉及《周易》《尚书》《诗经》《春秋左传》《大学》《中庸》《论语》《孟子》《老子》以及"三礼"等中华文化核心经典，引导教育干部学习经典。这既是筑牢陕西师范大学教师干部教育的基础，也是加强教师干部培训品牌建设的重要举措。

"非学无以广才，非志无以成学"，借这套读本出版的东风，希望教师干部要努力成为勤于学习、善于学习的典范，要珍惜光阴、不负韶华，如饥似渴学习，一刻不停提高。要发扬"挤"和"钻"的精神，从经典中汲取智慧和营养。荀子在《劝学》中说："不积跬步，无以至千里；不积小流，无以成江海。"学习非一朝一夕之事，不可能毕其功于一役。我们的教师干部要树立终身学习的观念，养成勤读书善思考的习惯，在阅读中坚定理想信念，在阅读中培育人民情怀，在阅读中涵养道德情操，在阅读中树立文化自信。

"问渠那得清如许？为有源头活水来。"让我们一同努力，为把教师干部教育培训事业推向前进而不懈奋斗。

党怀兴

2023 年 1 月

Contents 目录

《周礼》导读 …………………………………………………… 3
    一、《周礼》的成书年代及其作者 ……………………… 4
    二、《周礼》的篇章结构 ………………………………… 7
    三、《周礼》的基本内容及其主张 ……………………… 8
    四、历代《周礼》研究概况 ……………………………… 29
    五、参考书目 ……………………………………………… 31

《仪礼》导读 …………………………………………………… 32
    一、礼与《仪礼》 ………………………………………… 32
    二、《仪礼》的作者及撰作时代的争议 ………………… 33
    三、《仪礼》书名的变迁及其结构 ……………………… 34
    四、《仪礼》的内容及特点 ……………………………… 35
    五、历代《仪礼》研究概况 ……………………………… 45
    六、参考书目 ……………………………………………… 48

《礼记》导读 …………………………………………………… 50
    一、《礼记》的作者、成书年代及列入经书的时间 …… 50
    二、《礼记》的篇章结构与分类 ………………………… 52
    三、《礼记》的主要思想内容 …………………………… 55

四、历代研究《礼记》的概况 …………………………………………… 71

五、参考书目 …………………………………………………………… 80

三礼选注 …………………………………………………………………… 82

《周礼》选注 …………………………………………………………… 82

天官冢宰第一 ……………………………………………………… 82

地官司徒第二 ……………………………………………………… 123

春官宗伯第三 ……………………………………………………… 180

夏官司马第四 ……………………………………………………… 202

秋官司寇第五 ……………………………………………………… 220

《仪礼》选注 …………………………………………………………… 225

士冠礼第一 ………………………………………………………… 225

士昏礼第二 ………………………………………………………… 242

《礼记》选注 …………………………………………………………… 268

曲礼上第一 ………………………………………………………… 268

经解第二十六 ……………………………………………………… 311

深衣第三十九 ……………………………………………………… 316

冠义第四十三 ……………………………………………………… 319

昏义第四十四 ……………………………………………………… 321

丧服四制第四十九 ………………………………………………… 326

三礼,指的是儒家经典"十三经"中的《周礼》《仪礼》《礼记》。这三部经典并非一时一人而作。《周礼》是西汉武帝时河间献王所献;《仪礼》是先秦六经之《礼》,汉代五经之《礼经》;《礼记》则是汉儒所作的先秦至汉代关于礼学的文献汇编。东汉学者郑玄博通今古文经学,打破了自西汉以降今古文经学泾渭分明的门户之见,集采众家学说,为《周礼》《仪礼》《礼记》作注,这便有了"三礼"之名。

中国自古被誉为礼仪之邦,礼仪制度、礼仪文化、礼仪文明就记载在"三礼"中。解读经典,了解中国古代优秀传统文化之礼,《三礼导读》带您走进"礼"之门户。

《周礼》导读[1]

《周礼》，原名《周官》，顾名思义，这是一部记述官制的书。因为其特殊性，此书在西汉经学大兴之时，并未立于学官，这也使《周官》得不到广泛的传播，再加之其原本就有一些未解之谜，因此《周官》从汉代起就不断受到质疑，直至今日。令人惊叹的是，《周礼》的作者象法天地自然而立官，依一年四时三百六十日而设三百官。在设立天下百官的官制中，通过明确每个官职的职责和操守，拟建立一个由天子、万邦、百官、万民组成的庞大而和谐的天下秩序，治官理民以制度，和谐万邦是目标，和乐万民是宗旨，可以说寄寓了关于国家、社会、官民种种美好的理想。如果说西方思想文化中有必被言说的乌托邦，那么我们中国则有《周礼》中古老的理想社会蓝图，更重要的是这个理想蓝图不是空想虚幻的，而是曾经（部分）实现且有文化赓续的。

中国历史文化上下五千年，追溯久远时代的历史文明，能够保存下来的文献典籍历久弥阙，使得今天在讲述我们的历史文化时会有诸多的缺憾和不足。但是非常幸运的是，现代考古发现为我们讲述了文献典籍之外的历史文化遗存，河南漯河贾湖村、陕西西安半坡的仰韶文明、太湖流域发现的良渚文化遗存，都为我们记录了中国历史的文明进程：六七千年前，在中国，部族、村落等社会形态已经成熟；良渚文化遗存证明，在五千多年前，中国人对天地、人鬼的认知观念已经形成，人们用礼乐之器祭祀天神、地祇、人鬼，与后世相较，并不缺乏质朴真诚以及仪式的庄重。

其实，有人的社会，就需要有人治理。"天育蒸民，无主则乱；立君治乱，事资贤辅"，唐朝散大夫行太学博士弘文馆学士贾公彦等奉敕编撰《周礼注疏》，开

---

[1] 本部分内容为郭迎春、白玉林、周淑萍共同写作。

篇就如是说。

《尚书·尧典》记载尧舜的时代已立九官,帝尧"乃命羲、和"——"分命羲仲""申命羲叔""分命和仲""申命和叔",既分立阴阳四时之春分、秋分、立夏、立冬,又命四子为官,掌四时。舜求百揆(百官):周人先祖弃(号后稷),掌管播时百谷(即农官);商人先祖契(xiè)作司徒,掌教化;咎繇(皋陶)作士(司寇),掌刑狱诉讼;禹作司空,平治水土;伯夷为秩宗,掌祭祀礼仪。

《礼记·明堂位》记:"有虞氏官五十,夏后氏官百,殷二百,周三百。"其未载出于何处。东汉郑玄注云:"有虞氏官盖六十,夏百二十,殷二百四十,周三百六十,不得如此记也。"郑玄在文献不足之下推测夏朝官制差限,并推测虞官六十,而至唐贾公彦时则是完全未闻,只能作"尧舜道同,或皆六十"的推测。但可以明确的是百官益备,历代官制亦有沿革。

毋庸置疑,我们今天对跨越二千多年的夏商周政治制度及其典章同样无法作出全面的描述和解读,用孔子说的"文献"不足可以概括。弥足珍贵的是一部《周礼》可以为我们揭示曾经的恢宏历史画卷的一角,让我们通过这部经典对中国古代优秀传统文化有一些新的认知和反思,"周监于二代,郁郁乎文哉"!

一、《周礼》的成书年代及其作者

(一)《周礼》的发现经过

《周礼》(《周官》)一书至今仍有一些不解的谜团:首先,按照书名曰"周"而论,其应是周朝的典籍,但是,传世的先秦诸子著作却无一提及,即使是尊崇周文化的孔子也未有叙述,相比于孔子言《诗三百》、言《(尚)书》、言《(周)易》,这的确让人觉得不可思议。其次,此书出现在世人面前的时间也比较晚。《周礼》为汉武帝时河间献王刘德所献。《汉书·景十三王传》记载:"献王所得书皆古文先秦旧书,《周官》《尚书》《礼》《礼记》《孟子》《老子》之属,皆经传说记,七十子之徒所论。"[1]而且河间献王刘德所得的此书,既不是官家所藏,也不是鸿儒所传,乃是一位李氏妇人在山崖屋壁发现的,何人何时所藏皆不明,可谓来路蹊跷。

《周官》,孝武之时始出,河间献王献给汉武朝廷,因其是古文所书,并未立

---

[1] 班固.汉书:第8册[M].北京:中华书局,1975:2410.

于学官,故秘而不传,藏于宫廷秘府,五家之儒莫得见焉,《周官》等于再一次在人们面前消失了。

汉代有学者认为,《周礼》后出者,以其始皇特恶之故也。《马融传》云:"秦自孝公已下,用商君之法,其政酷烈,与《周官》相反。故始皇禁挟书,特疾恶,欲绝灭之,搜求焚烧之独悉,是以隐藏百年。孝武帝始除挟书之律,开献书之路,既出于山岩屋壁,复入于秘府,五家之儒莫得见焉。至孝成皇帝,达才通人刘向、子歆,校理秘书,始得列序,著于录略。然亡其《冬官》一篇,以《考工记》足之。时众儒并出共排,以为非是。唯歆独识,其年尚幼,务在广览博观,又多锐精于《春秋》。末年,乃知其周公致太平之迹,迹具在斯。奈遭天下仓卒,兵革并起,疾疫丧荒,弟子死丧。徒有里人河南缑氏杜子春尚在,永平之初,年且九十,家于南山,能通其读,颇识其说,郑众、贾逵往受业焉。众、逵洪雅博闻,又以经书记传相证明为《解》,逵《解》行于世,众《解》不行。兼揽二家,为备多所遗阙。然众时所解说,近得其实,独以《书序》言'成王既黜殷,命还归在丰,作《周官》',则此《周官》也,失之矣。逵以为六乡大夫,则冢宰以下及六遂,为十五万家,千里之地,甚谬焉。此比多多,吾甚闵之久矣。"又云:"至六十,为武都守。郡小少事,乃述平生之志,著《易》《尚书》《诗》《礼》传,皆讫。惟念前业未毕者唯《周官》,年六十有六,目瞑意倦,自力补之,谓之《周官传》也。"《周礼》一书可谓命运多舛,始皇禁书,再现而不被众人所识;孝成帝时,达才通人刘向、子歆,奉诏进入宫廷校理秘府之书,始得《周官》并列序,然亡其《冬官》一篇,刘歆以宫廷藏书《考工记》足之;又适逢乱世而引发争议后,刘歆弟子杜子春,以年近九十高龄,东汉初年将《周礼》传于儒者郑众、贾逵,自此,《周礼》之学始传;郑众、贾逵之后有学者马融再传,郑玄从马融受此业,注《周官》暨"三礼"。

郑玄《周礼序》云:"世祖以来,通人达士大中大夫郑少赣,名兴,及子大司农仲师,名众,故议郎卫(宏)次仲、侍中贾(逵)君景伯、南郡太守马(融)季长,皆作《周礼解诂》。"郑玄评论道:"玄窃观二三君子之文章,顾省竹帛之浮辞,其所变易,灼然如晦之见明,其所弥缝,奄然如合符复析,斯可谓雅达广揽者也。然犹有参错,同事相违,则就其原文字之声类,考训诂,捃秘逸。谓二郑者,同宗之大儒,明理于典籍,粗识皇祖大经《周官》之义,存古字,发疑正读,亦信多善,徒寡且约,用不显传于世。今赞而辨之,庶成此家世所训也。"再次对《周官》"犹有参错"存疑。

《周官》，本应为周天子之官也。《尚书序》曰："成王既黜殷命，灭淮夷，还归在丰，作《周官》。"郑玄认为，此《周官》非彼《周官》，"是言盖失之矣"。"作《周官》之时，周公又作《立政》，上下之别，正有一篇。《周礼》乃六篇，文异数万，终始辞句，非书之类，难以属之。"为避免与《尚书》之《周官》相混淆，故改《周官》书名为《周礼》，又云："斯道也，文武所以纲纪周国，君临天下，周公定之，致隆平龙凤之瑞。"力举《周礼》为周公所作。

唐代贾公彦认为，《周礼》起于成帝刘歆，而成于郑玄，附离者大半。武帝知《周官》系末世渎乱不验之书，故作《十论》《七难》以排弃之。何休亦以其为六国阴谋之书。唯有郑玄遍览群经，知《周礼》者乃周公致大平之迹，作《周礼注》，括囊大典，网罗众家，义得条通，自此《周礼》大行。

(二)《周礼》的作者及成书年代

《周礼》的作者及其成书年代历来是学术界争论不休的一个话题，迄今亦是未有定论的一桩历史悬案。概括为以下几种观点：

①《周礼》为周公所作，成书于西周初年——周公制礼之日，礼教兴行。后至幽厉，礼仪纷乱。

②《周礼》作于西周——成王既黜殷，命还归在丰，作《周官》。

③《周礼》作于春秋——周惠王之前（洪诚先生所倡）。

④《周礼》作于周室东迁之后，战国之前。

⑤《周礼》成书于春秋战国之际，作者可能是孔子及其弟子。

⑥《周礼》成书于战国。

⑦《周礼》成书于汉初，由专人完成。

⑧《周礼》成书于西汉末年，系刘歆伪造之作。

以上诸说，有关《周礼》成书的时间前后相差一千余年，在儒家经典中也是绝无仅有。

无论《周礼》是何人何时所作，我们都应该承认以下两点客观事实：

其一，《周礼》是一部从中央到地方的官吏制度体系与政治、经济、教育、宗教、法律、军事等思想体系相结合的有机的理想政治典章；在其思想体系中，既不独尊儒术，也不主张严刑峻法的法家路线，而是兼备了儒家、法家、阴阳家的思想主张。

《周礼》的阴阳五行思想观念非常突出,秉承着法天地的原则遵循天人合一之道,百官之治,所有的考核均为三年大比,三年一闰,天道小成,故为治之道小成。顺应一年四时天之道,故人所为之道乃春生、夏长、秋敛、冬藏。"祀五帝,奉牛牲",王祭祀五帝,于五时(四季)迎气于四郊,总享五帝于明堂,五帝,谓五方(五色)之帝——东方青帝,南方赤帝,中央黄帝,西方白帝,北方黑帝;进奉牛牲,牛能任载,属于地类,故由司徒官掌管王祭祀五帝时之进奉牛牲。春官还专门设有占梦官,"掌其岁时,观天地之会,辨阴阳之气,以日、月、星辰占六梦之吉凶",《周礼》大到立天下之官——治官,祭祀天地鬼神,小到为个体之人解梦,进行精神慰藉,皆统以法天地自然,看似牵强,但反映出《周礼》的阴阳观念。

其二,刘歆大力推举《周礼》,《周礼》成为学者研究的重要对象,而且作为传世的政治经典、一种理想官制和社会蓝图,对此后中国封建社会的政治生活产生了深远的影响。西汉末年,王莽托古改制,托古所据就是《周礼》;唐朝三省六部官制,所依据的也是《周礼》,唐六部之吏、户、礼、兵、刑、工即是对《周礼》六官的沿革,并依《周礼》而作《唐六典》;北宋王安石变法,还是依托《周礼》之制。即使是不属于《周礼》原文的《考工记》,其中的"匠人营国"所设计的王城布局,也成为明清时代营建北京紫禁城的设计主张:匠人营国,"左祖右社,面朝后市",左(东边)是宗庙(太庙),右(西边)是社稷(今中山公园),北边是朝廷所在,南边设集市。

东汉郑玄为《周礼》《仪礼》《礼记》作注,则有了"三礼"之名。《周礼》取代了《周官》之名。

二、《周礼》的篇章结构

《周礼》全书约四万五千字。原为六篇,即《天官》《地官》《春官》《夏官》《秋官》《冬官》,因第六篇《冬官》亡佚,刘歆补入《考工记》以代之。

《周礼》篇章结构的特点是体例完整、结构严密。六篇依次是《天官》之冢宰之属,《地官》之司徒之属,《春官》之宗伯之属,《夏官》之司马之属,《秋官》之司寇之属,《冬官》之司空之属。每篇先是序官,序列官名、爵位以及属下职能、人数等。再是正叙官职、官能,明确职责、法令,必存文书记录,必有考核审计。

官吏理政之序,先天地鬼神,再官府,再民人。六篇每篇的开头都有一段序(除《冬官》外):"惟王建国,辨方正位,体国经野,设官分职,以为民极。"以天子建国设六卿、立百官为民而不异。王建立天下邦国,首先辨别东、西、南、北四方,以正君臣之位,君南面、臣北面,使有分别;又于地之中正宫室、朝廷之位,使得天下正。划分国都城中为九经九纬,左祖右社,面朝后市;城外划井田而分之。法天地四时设六卿、立百官,使之各尽其职以治民。建立法则,令天下之人各得其中,不失其所。

三、《周礼》的基本内容及其主张

(一)《周礼》六官的基本职能及治国的政治主张

1.六官的基本职能

《周礼》建立了一个庞大的官制体系,尊法天地阴阳,故设立的应是三百六十个职官,举其天数而已。但是由于冬官的阙失,具体真实之数我们今天不得而知。今存《周礼》之官,天官设六十三个职官,地官设七十八个职官,春官设七十个职官,夏官设六十九个职官,秋官设六十六个职官,五官合计三百四十六个职官(包括官职阙文的职官),其中地官的职官数量最多。地官司徒及其属下职官掌管土地、赋税和民人教化,掌管教育的官员数量最多,可见作者非常重视教育,在庞大的官制体系中,六官则是整个官制体系的中枢。

(1)天官冢宰

天官之长是冢宰,即太宰,为六官之首,尊为百官之长。冢宰,又言大(音泰),进退异名:列职于王则谓之大,不总百官而与五卿并列,各自治六十官;总百官则称冢,以天官象天覆万物。天官为治官,其掌管治典,"帅其属而掌邦治,以佐王均邦国"。

(2)地官司徒

地官司徒为教官,其主要职掌教典,"掌建邦之土地之图与其人民之数","使帅其属而掌邦教,以佐王安扰邦国"。还负责分配土地,征收赋税。

(3)春官宗伯

春官宗伯为礼官,其主要职掌礼典,"掌建邦之天神、人鬼、地示之礼,以佐王建保邦国","使帅其属而掌邦礼,以佐王和邦国"。具体掌管吉、凶、宾、军、嘉五礼。吉礼为祭祀之礼,吉礼之别有十二,以禋祀、血祭天地各有三享,人鬼有六,成十二。吉礼居五礼之首,以神非人不事,人非神不福,明尊鬼神,重人事。

凶礼为丧、忧之礼,宾礼为礼宾之礼,军礼为师旅与征役之礼,嘉礼为喜庆之礼。进行音乐舞蹈教育、撰写史书文献也是春官的职责所在。

(4)夏官司马

夏官司马为政官,其主要职掌政典。所谓"乃立夏官司马,使帅其属而掌邦政,以佐王平邦国"。夏官司马所主持的政典,实际是军政,包括编制军队、出师征伐、训练民兵、校阅部队、征收军赋、管理军需军械,以及掌管君王戎事和田猎等事务。

(5)秋官司寇

秋官司寇为刑官,其主要职掌刑典。所谓"乃立秋官司寇,使帅其属而掌邦禁,以佐王刑邦国"。具体掌管刑法、司法、治安等。不过司寇的属官中从三八之冥氏至四九之庭氏,为掌管驱除草木虫鱼鸟兽害物之官,同类之官列有十二;五十二大行人至五十九掌讶等数职,则主要从事朝聘即外交与礼宾事务。

(6)冬官司空

由于《冬官》原文早已亡佚,《考工记》的内容是叙述百工及土木建筑之事:"国有六职,百工与居一焉。"因此,以《考工记》替补的冬官相当于后世的工部。

2.治国的政治主张

天育蒸民,无主则乱;立君治乱,事资贤辅。贤辅之臣对于治国有着重要的作用。所以,治国先治官。

(1)治官思想

"乃施典于邦国,而建其牧,立其监,设其参,傅其伍,陈其殷,置其辅。"大宰辅佐王治理天下,每一州之中立一牧,以侯伯有功德者加命作州长;设立诸侯国国君,公侯伯子男各监理一国;设置辅助邦国君王的上、中、下三卿,各设立五大夫辅助三卿,再设士九人为五大夫助理;三卿下各府长官再设府、史、胥、徒等辅佐理事之吏众,府、史等官吏可由庶人担任,且无须王任命。

其一,以八法治官府。

一是明确官属,以举邦治,即明确各个官府之间的领属关系,六官其属各有六十,如天官下属有宫正、膳夫、医师、酒正等,医师下属有食医、疾医、疡医、兽医等,皆是官属。

二是明确官职,以辨邦治,即建立六官官府中各个官吏的职责规章,天官小宰的职责就是以官府之六职辨邦治:一曰治职,二曰教职,三曰礼职,四曰政职,五曰刑职,六曰事职。每位官吏按章办事,各尽其职。

三是明确官联,以会官治。国有大事,一官不能独办,则六官共举之,诸如祭祀之事、宾客之事、丧荒之事、军旅之事、出役之事、敛弛(赋役征收与减免)之事等,各官要连事通职,相互佐助。

四是明确官常,以听官治,谓百官要各自领守其官之常职(职责范围),非连事通职所共举。

五是明确官成,以经邦治,谓确定官府之成事品式(成例范式),诸如划定闾里边界要有版图,讨债要有傅别(借贷契约),禄位要有任命,取予(借贷)要有书契,卖买要有质剂(即合同),财物出入要有要会(会计簿书)等。

六是明确官法,以正邦治,谓明确职官所主之法度,官员主祭祝、朝觐、会同、宾客等,皆自有其法度,不可逾越。

七是明确官刑,以纠邦治,正五刑施于天下。

八是明确官计,以弊邦治,谓三年则对群吏之治进行大考核,考查其廉善、廉能、廉敬、廉正、廉法、廉辨等,用以审断群吏之治而诛赏之。

其二,王秉执权柄统御百官。

列公、侯、伯、子、男、卿、大夫、士,以贤能善否颁赐爵位等级,以驭其贵;以功绩大小颁予俸禄多寡,以驭其富;以其言行合于善,赐予其爵禄或钱财,彰显王恩与宠幸;提拔任用有贤行的官吏,以驭其行;王令享养有大勋劳之贤臣老者,以驭其福;官吏有大罪,王有杀之没入其家财的权柄,以驭其贫;废黜、流放犯罪的官吏,以驭其罪;斥责有过失的官吏,以驭其过。

其三,百官必依"法"行事。

"凡治,以典待邦国之治,以则待都鄙之治,以法待官府之治,以官成待万民之治,以礼待宾客之治。"大宰的职责彰明了典章、法则、礼规,令百官有"法"可依而行事。

《周礼》很重视"法",其法是法式,是制度,所有制度皆有典章,有典可依,法典完备。王所立六官,分别为治官、教官、礼官、政官、刑官等,分别掌管并实施治典、教典、礼典、政典和刑典,司空掌管邦国百工之事典。大宰、大司徒、大司马、大司寇掌有治象之法、教象之法、政象之法、刑象之法,还有宰夫的治朝之法、司刑的五刑之法、司盟的盟载之法、典妇功的妇式之法等等,举不胜举。如大司马就掌有建邦国之九法、正邦国的九伐之法、征兵之法、战法、一年四时军队训练之法；王巡守、国家有大的工程（大役）、大祭祀、大会同、大射、大丧，大司马皆要依法履行其职。可谓是凡邦之大事皆有专法。

不仅是有法可依，还须使法得到实施。

大司寇每年"正月之吉，始和布刑于邦国都鄙，乃县刑象之法于象魏，使万民观刑象，挟日而敛之"。即每年的正月初一，大司寇颁布新修订的五刑于天下，把书写成文的刑法悬挂在王宫的门阙上，供万民瞻仰，悬象法十日，天子敛藏之于明堂，诸侯敛藏之于祖庙。这也形成了制度，布刑、县象均是在正月，法令乃每月初一授受而施行，此被称之"听朔"。而六官皆是如此而为。

"法"真正得到广泛深入的落实，地方官吏的作为是至关重要的。掌管一万两千五百家的乡大夫，在"正月之吉，受教法于司徒，退而颁之于其乡吏，使各以教其所治，以考其德行，察其道艺"。每年正月初一，乡大夫从司徒官那里领受十二教等教化政令及法典，颁布给其下属官吏，根据政令和法典教化所治理的民人，考查其德行、道艺是否合于规范准则。

其四，设官定分，安民固邦。

《周礼》提出以八法治官，设三百六十个职官，以序官明确其各自的领属关系，以官职明确其职责，确定其职分，权力有规范，履职有制度。

天官设有六十三个职官，冢宰（大宰）是其最高长官，大宰的副手是小宰，辅佐大宰、小宰的是宰夫。冢宰属下的诸官主要掌管王宫之事，有掌管宫室的宫正，掌管饮食的膳夫，掌管医药的医师，掌管造酒的酒正，掌管府藏的大府，掌管统计及财贡的司会，掌管后宫的九嫔（从属于王后），掌管服饰的内司服等。

掌管饮食的膳夫，为食官之长，下领庖人、内饔、外饔、亨人，庖人负责供给王、王后及世子等食用的六禽六兽，内饔负责王、王后及世子等饮食的烹调，外饔负责王宫外祭祀、宴会宾客和耆老孤子饮食的烹调，亨人即烹人，负责为内饔和外饔煮肉。医师下辖食医、疾医、疡医、兽医等医官，食医掌调和王、王后的饮食与养生，凡调和，"春多酸，夏多苦，秋多辛，冬多咸"；疾医掌养万民之疾病，四时皆有疠疾，春时易有痟首疾，夏时有痒疥疾，秋时有疟寒疾，冬时有嗽上气疾，疾医以五味、五谷、五药养其病；疡医掌管医治肿疡、溃疡、金疡、折疡；兽医掌管治疗家畜之疾病及疡病。值得注意的是，事实上疾医、疡医已经有了内科、外科之分。

这些职官，我们或许不以为意，他们的确是为王、王后及世子所设，主要是为宫廷服务，但是《周礼》的寓意也很明确，王为天下示范，引领天下万民，王之所为，也是万民所遵循的准则，尽管制度上尊卑等级森严，不可僭越，王用太牢，大夫用少牢，士用特豚，庶民可能是一头小猪都没有，但是王所不为的，万民不为。比如，王吃什么，民可放心食用，有饮食之官确保食用的安全，以至于在天官下还设立了醯人、醢人，就是专门掌管酿醋、做酱的官。民以食为天，而食品安全又大如天，《周礼》的设官分职大概就已经意识到了这个问题。

一味强调天官下所设诸官仅仅是为王等统治者服务的，的确有失偏颇。疾医的职责是"凡民之有疾病者，分而治之。死终，则各书其所以，而入于医师"；"凡有疡者，受其药焉"，凡是国中有疡病患者，不须自身前来，也一并可以在疡医那里取药医治。"凡药，以酸养骨，以辛养筋，以咸养脉，以苦养气，以甘养肉，以滑养窍"就是医官告诫天下万民的医道。人患病，疾与疡分别而医，兽医治疗牲畜，则病与疡同在一医，显示了重人贱畜的观念。

社会的治理，古往今来都是一个不可回避的问题，尤其是有经济贸易活动即利益之争时，极易产生黑恶势力。《周礼》在地官司徒下设立了一个官职司虣，"司虣，掌宪市之禁令，禁其斗嚣者与其虣乱者、出入相陵犯者、以属游饮食于市者。若不可禁，则搏而戮之"。"虣"是"暴力"的"暴"本字，而"暴"本是"一曝十寒"的"曝"本字。司虣，相当于中国最早的城管，其掌管市集的政令制度，并负责管理市场的治安和秩序，店铺每十行列设一司虣，司虣对在市场经营活动中打架斗殴、制造喧闹，以暴力制造混乱、扰乱市场秩序，以强凌弱、以众侮寡，聚众而群游于市场、吃霸王餐、强买强卖等不法之徒予以禁止，若禁止不了，则搏击将其抓捕，交给司寇官依法惩处。司虣官按其职分，只是掌"禁"之官，并没有司法处置权，所以对市场中经其教化而不思悔改的暴力之徒，须交给掌管司法的司寇官处理，惩恶扬善，除暴安良。

男女婚姻自古就备受重视，《周礼》在地官之中设立了掌管男女婚姻之事的官员媒氏，"掌万民之判"，即掌管万民婚姻之事。"凡男女自成名以上，皆书年月日名焉。令男三十而娶，女二十而嫁。凡娶判妻入子者，皆书之。"这应该就是最早的婚姻登记制度了。秋官司民主管登记户籍，而媒氏也掌管户口，司徒官负责分管土地、民人教化，按户籍分配土地，民人入学受教，都需要掌握户籍情况，因此，作为地官司徒的属下，媒氏掌管户口就并非越权了。掌管户籍登记簿，媒氏为官是要有作为的，对于男三十而没有娶妻，女二十而未出嫁，媒氏要加以干预。有关的争议也因此不断：一是对于古代男女婚姻年龄是否为男三十、女二十，通过古籍文献，的确难以找出明证，男子二十而冠，女子十五而笄，均为成人，即可以婚配了，即使女子十五笄而字只是待字闺中，至其十七八岁也可以正式出嫁，何至于待其二十而嫁？二是古代婚姻真的需要在官府登记吗？婚礼明确规定，新妇最晚在婚礼后三个月，要在祖庙行过祭祖礼。事实上，古代女子没有祭祀权，只是助祭，但因此婚姻被确认，否则，即使举办过了婚礼，新妇的婚姻和身份也是不被认可的，而这一切并未涉及在官府媒氏处登记备案的制度。时至今天，相关的争议也难以有准确的结论，但是，《周礼》设计了婚姻登记备案制度，这是不争的事实！从媒氏到媒人、媒婆，其间的关联也并不是这里讨论的话题。男女婚姻，媒氏要记录；女子改嫁，特别是带着孩子改嫁，"凡娶判妻入子者"，都要登记记录——"皆书之"，大概是为了保有孩子的出处，即真实的姓氏不乱吧，这也非常符合重视宗法制度的周文化。

对于尚未婚嫁的青年男女，媒氏组织他们聚会，"中春之月，令会男女"，并代表官方鼓励青年男女及时缔结婚姻，不用备婚姻六礼，可以大胆地私奔，"于是时也，奔者不禁"。"若无故而不用令者，罚之。"媒氏官还按照制度掌管有关婚姻的政令："凡嫁子娶妻，入币纯帛无过五两"，明文规定了聘礼（彩礼）的数量，即丝帛不得超过五匹。"禁迁葬者与嫁殇者"，禁止给生前不是夫妇的死人迁坟合葬，禁止给生年十九岁以下而未嫁娶的死者举办冥婚。"男女之阴讼，听之于胜国之社"，凡涉及男女两性淫乱之事的争讼，须在密闭的地方不公开审理。"其附于刑者，归之于士"，因其淫乱之事而犯罪者，当不在赦宥之内，媒氏就交给刑官士官而刑之，不再听断审理。

特别令人难以置信的是，《周礼》中还设立若干女官，在天官中设立了九嫔，掌妇学之法以教九御，以其有妇德而听天下之内治；世妇，掌祭祀、宴饮宾客等，由有妇德者任之，无则阙，故无确定之人数；女御，负责安排侍王燕寝妃妾的序列；女祝官有四人，掌管王后在宫内祭祀、祷祠之事，由通晓祝事且识文字的女子担任；女史有八人，其职责与王之大史掌事相同。春官下设立女巫官，"掌岁时袚除、衅浴、旱暵，则舞雩。若王后吊，则与祝前。凡邦之大灾，歌哭而请"，女巫所担当的职责是，每年的四时定时举行除灾驱邪的袚祭，用草药煮水让人们沐浴以祛病；天有大旱，舞蹈祈雨；王后祭祀，为其遮挡不祥之物气；邦国有大灾难，女巫或悲歌或号哭祈神等等，勇当患难、悲情四溢的女巫，全然是一个女英雄的角色,拯救邦国于灾难中。天官中设立的女酒、女浆、女笾、女醢、女醯、女盐、女幂等,算不上女官,可以说是职吏,负责管理女奚,即女工,人数众多,仅女酒一职,就有三十人,管理三百女奚。但《周礼》中的女官是没有爵位的,而女酒等职吏,则由有才能的女奴任职,女奚皆为女奴。女奴或是连坐罚没为奴,或是世代为奴,或是其国败亡被俘为奴。由上可见,女性的地位是卑下的,但是女性在构建社会发展蓝图中是不可或缺的,女性的社会作用、女性的坚强意志、勇于自我牺牲的精神及其聪明才智、勤劳善良的品性应该已经被当时的社会认识到了。

其五,对百官进行上计与刑赏。

上计,即对官员政绩的考核。刑赏,即根据对官员考核的结果作出相应的奖赏、惩处。《周礼》制定了极其严密的考核官员的制度,官员必须在旬末、月末和岁末的法定时间呈报治绩。此外,每隔三年还有一次从地方逐级进行的大计,《天官·大宰》:"三岁,则大计群吏之治,而诛赏之。"

"若国大比,则考教、察辞,稽器、展事,以诏诛赏。"每三年国家对官吏的大考核中,地方的乡师就要考核乡中教学之官,以了解其道艺教化成效如何,考查乡中各级官吏言辞有无虚假,考查乡中各级官吏所掌管的公用器物——礼、乐、兵器等有无缺失、是否完好,仔细地考查乡中官吏所为以知其善恶,并形成书面记录向乡大夫等上级报告,论功过而诛赏。

考核是全方位进行的。如天官的下属医师官,其属下有疾医、疡医,岁始至岁末,治病有愈有不愈,并有医案记录,故岁终对其进行总考核,"岁终,则稽其医事以制其食",考核医官的业绩并以此确定他们来年的俸禄,制定了五个等级;中等者固守其本应有的食禄,而功高者增益之,功下者减损之,以勉励医官。若疾医、疡医之官犯有严重过错,不但革职弃用,而且主管之官医师也难辞其咎。

(2)治民思想

民为邦本,家国之民是天下的根基,民人多寡对于君王来说是重要之事,《周礼》规定了关于人口统计的严格制度,秋官之司民"掌登万民之数,自生齿以上皆书于版,辨其国中与其都鄙及其郊野,异其男女,岁登下其死生"。

隶属于秋官大司寇的司民,非刑狱之官,主管登记民人之数,即登记管理天下民人户籍,其由中士担任。人出生,男八个月、女七个月就要在司民处登记户口,始有户籍;要分别六乡之内的城中之民、三等采地都鄙之民、四郊的六乡之民、六遂及四等公邑(野)之民;每年登记清楚出生、死亡人口数量变化;及三年大比,以万民之数诏司寇。司寇于孟冬祭祀司民神之日献其数册于王,王拜受之,登于天府。内史、司会、冢宰三官各掌其副本,以民人数量多少黜陟民之吏。

其一,为政以顺民为本。

《尚书·皋陶谟》:天聪明自我民聪明,天明威自我民明威。故无常心,以百姓之心为心。天虽耳目聪明,视听既远,但不敢擅用自己之聪明,而用民之聪明,民心所归,则授之以人君天位,诸如商汤、周之文武;天虽明察可畏,但不敢擅用自己之明威,用我民之明察可畏,悖逆民心者民人则讨伐之,诸如夏桀、商纣。《老子》曰:"圣人无常心,以百姓心为心。"无常心,是以百姓之心为心。总结历史的经验教训,如是则古今未有遗弃其民而可为治。顺应民心民情为治,顺民为本。

"厥明,乡老及乡大夫群吏献贤能之书于王,王再拜受之,登于天府,内史贰之。退而以乡射之礼五物询众庶。"在每年春、秋按例举行乡饮酒礼的第二天,乡大夫率领众乡吏将举荐贤能的文书进献给王,王行再拜礼接受,以示对得到贤能者的重视。春官宗伯的下属天府官,将举荐贤能的文书当作宝物,藏于王宫天府;内史抄写一份副本保管,在王颁赐爵位俸禄时使用。乡大夫用乡射礼的五个规范标准征询乡中众人对被举荐的贤能者的意见,并问于众庶是否还有贤能者,倾听民声。让民众自己选举贤德者,让贤德者出任民众的长官,以德行道艺教化众民;使民自举有才能者,因人之,而使其治民之贡赋、田役之事,顺民为本。

《礼记·坊记》阐释顺民为本之义:"上酌民言,则下天上施;上不酌民言,则下不天上施。"在上位的人如果能够听取下面百姓的意见,则百姓就会把上边的政令当作是上天的恩赐;如果在上不能听取下面百姓的意见,百姓不把上边的政令看作是上天的恩赐,就会导致百姓犯上,甚至作乱。

六乡的教官乡师,是地方官吏中直接面对民人的代表,其职责是"掌其所治乡之教,而听其治",《周礼》设乡师四人,而乡有六,所以二人共主三乡。

乡师各自掌管其治理之乡的教化,对包括乡大夫至伍长在内的各级官员的工作进行审察评估,监察乡官是否有所滥权与失职;"稽其夫家众寡,辨其老幼、贵贱、废疾、马牛之物,辨其可任者与其施舍者",乡师还稽查乡中井田制和比闾制下的家庭,确定每家可承担兵役、劳役的人口,对老幼、废疾者免除兵役和劳役;"凡邦事,令作秩叙",凡是邦国征召民役从事土木修建工程,乡师会命令乡里各级官吏协调征召功力之事,使之合常规、有秩序,以顺应民情为本。

《周礼》对于山林川泽设有山虞、林衡、川衡、泽虞等官,山林出竹木、金玉、锡石、禽兽等;川河所生笾豆之实,诸如鱼、蛤之属;泽中所出犀皮、麋角、珠等,所有不同之物各有藩界,为了防止这些资源被滥采滥伐,设置了禁令,民人不能随时进入山林川泽过度采伐,民人也是协助山虞、林衡等官员执行禁令的山林守护者,但居住于此的民人需以这些特产为生,故规定了一年四时可以采伐的时间,民人出入采伐要严格遵守时日期限,除了缴纳一定的贡赋,其余所获皆可自得。依据民情而制定政令。

在制度上,"国大询于众庶,则各帅其乡之众寡而致于朝",国家遇有大事,乡大夫就需要与民众询谋,诸如国有外敌入侵之危难、迁国都、立新君等需要向万民"三询",并把"询"之议上报朝廷。为政以顺应民心为本。

其二,建立民则。

"以八统诏王驭万民:一曰亲亲,二曰敬故,三曰进贤,四曰使能,五曰保庸,六曰尊贵,七曰达吏,八曰礼宾。"

大宰用八项准则辅佐王统御万民,亲亲,亲爱亲族;敬故,不轻慢故旧;进贤,招举贤德之人;使能,下民有技能,君民共举任之;保庸,安保有功之人,即制度保障多劳者多得;尊贵,尊天下之贵者;达吏,察举勤劳之小吏,使之得到朝廷重用;礼宾,天下皆以礼待宾客。以上民则也是君与民上下等同皆需遵守的准则,民与在上者同有,也牵制下民使与上合,上行之,下效之。

其三,确立民职。

以九职任万民:一是三农,在平地、山、泽等三种地势条件下播种黍、稷等九谷;二是园圃,在田畔种植菜蔬、果树,保障民需;三是虞衡,在山林川泽之地开发利用和保护山林川泽的自然资源;四是畜牧之地,长养繁育飞鸟走兽;五是百种工匠之事业,用象牙、玉、石、木、金、革等八种材质做器物而为人所用;六是商贾,行曰商,处曰贾,鼓励商贾流通货贿,使商品贸易繁荣兴盛;七是妇女从事之业,治理丝麻,制作布帛;八是男女奴婢所为之业,这些奴婢或是奴隶、罪犯的后代,或是人质,他们采集可食用的百草根实,聚敛疏材;九是闲民,无常职(固定职业),可以佣赁为业。

九职是长养万民之法,其保障了万民赖以生存的基础。助兴产业发展,也是官府的责任。《周礼》设立了职官草人,草人由下士四人担任,应该是有专业技能的官员,"掌土化之法以物地,相其宜而为之种",草人掌管改良土壤使其肥沃,使土地耕种可持续性发展和优化;负责勘察地形、土壤颜色,来确定可耕种的种类,如黄、白土壤适宜播种禾之属等,指导民人耕种土地。确立民职,因势利导,因地制宜,各尽其能,各尽其用,推动了社会生产力的发展,百业待兴。

不能从事九职之民,最有代表性的是瞽矇(盲人),古代无目称瞽,有眸无视力者称矇。《周礼》在春官中设立了诸多乐官,乐官大师即由盲人担任,其属下的瞽矇官皆是德艺兼备的盲人,有上瞽四十人,中瞽百人,下瞽一百六十人。祭祀、宴饮、射礼都由他们演奏埙、箫、管等各种乐器及歌唱,甚至在宴会上诵诗讽刺君过,诵读君王世系以戒劝人君向善。

确立民职,安民乐民以安天下。

其四,实施民教。

大司徒掌管对万民施以教化,也是安定民庶之道:一以祭祀之礼教化民敬,追养继孝,事死如事生,则生事其亲无苟且;二以乡射饮酒之阳礼教化民人谦让,乡饮酒之时,五十者堂下,六十者堂上,皆是以齿让为礼,则民不争抢,无争斗;三以男女婚姻之阴礼教化民人相亲爱,男女本是异姓结为婚姻,和二姓之好而重亲爱之情,故婚姻及时则男不旷、女不怨;四以乐礼教化民人和乐、和同,则民人不乖戾;五以礼仪辨贵贱之等,知上下之节,上下之仪有度则不僭越;六以习俗教化民人安其俗,则民人就不会苟且;七以刑罚教导民人循礼守法,得中正之道,民人就不会凶暴作乱;八以民之厄丧教化民人,使民人相忧恤,则民不会懈怠;九以礼节制度教导民人,使知节制,民人自会知足而不贪得无厌;十以累世相传的技能教习民人,民人就不会失业,技能也不会失传;十一是根据贤德高下颁赐不同的爵位,民人就会谨慎地修养自己的德行;十二是依据民人功劳的大小颁发不同的俸禄,民人皆努力兴其功业。

《周礼》特别强调以本俗安万民,故以习俗教化民人安其俗而安心,继之而移风易俗。大司徒"以本俗六安万民:一曰媺宫室,二曰族坟墓,三曰联兄弟,四曰联师儒,五曰联朋友,六曰同衣服",依据旧俗六条使万民心安。不依旧俗创立制度,则民心不安;建造坚固的房屋以使人避除风雨寒暑,而不是使其华美;人死后,坟墓按宗族分布排列,以不忘其所出,所为不辱没宗族;联合婚姻嫁娶而结成的异姓兄弟,姻亲和睦;乡间子弟同就师儒受教,以学六艺;结交朋友以同励志;衣服应齐一而不独异。

万民之教除了大司徒的十二教,乡里的各级官员也有着教化之责。党正"及四时之孟月吉日,则属民而读邦法以纠戒之。春秋祭禜,亦如之"。乡大夫掌管五州一万二千五百家,距民远;党正掌管五百家,与民众关系较近,因此在四时之孟月、春秋祭及正岁,一年七次聚集一党中的民众宣读邦国的法令,用以纠察、警戒众人。百家之长族师,"月吉,则属民而读邦法,书其孝、弟、睦、姻",族师更加亲民,教化亦弥数,每月朔日(初一),即十二个月朔皆聚众读法。党正书德行、道艺,族师亲近民众,故书孝、悌、睦、姻。

对万民施以十二教,对王公、卿大夫、贵族子弟特别是王子的教育绝对是更重要的。《周礼》为此专门设立师氏官、保氏官,师氏官教谕王以善道,教导贵族子弟德行准则,学君臣、父子、长幼之道,并教导他们行为的准则:"一曰孝行,以亲父母;二曰友行,以尊贤良;三曰顺行,以事师长。"保氏官则掌管匡正王德行之恶并教导贵族子弟六艺及六仪,王有恶则以礼义匡谏之,保安于王使之谨慎其身而归于道。六艺是礼、乐、射、驭、书、数等知识和技能;六仪是重要场合所应该具有的仪容仪态,教之使其不失礼仪。

实施民教,当然摆脱不了等级制度文化的束缚,这是《周礼》时代的必然。

其五,划分封地居民。

《周礼》的土地所有者,无疑是唯有王,而普天之下万民如何安处,《周礼》设计了安定民人居住生活的整套方案。

地官小司徒之职,"掌建邦之教法,以稽国中及四郊都鄙之夫家九比之数",小司徒不仅辅佐大司徒掌管天下国家有关教化的法规,亦兼主管土地采地之法,即考查核实每家男女人口之数及所出井田、比闾之赋税。九,九夫为井;比,五家为比,都是居民制度。

都鄙实施"井田法"。王分封天下土地给公卿士大夫,大者立国,小者为邑,四郊、都鄙分别称公邑、采邑,再将公邑、采邑的土地分给民人耕种,小司徒"乃经土地而井牧其田野,九夫为井",小司徒辅佐大司徒在王畿采地(都鄙)划分土地边界,用井牧之法划分田野,立五沟五涂之界,由匠人营造沟洫,其形制似"井"字,并在平坦肥美的土地上划分井字田以授民。井方一里,为九夫之田。六尺为步,步百为亩,亩百为夫,故一夫百亩,也称"一夫"。同一井田上的农夫,在井田上建屋、打井，相保相守，饮食相召，婚姻相谋，疾病相忧，患难相助，安定生活。

距王城百里的四郊设六乡以居民，《地官·大司徒》：五家为比，五比为闾，四闾为族，五族为党，五党为州，五州为乡。令五家为比，使之相保；五比为闾，使之相爱；四闾为族，使之相葬；五族为党，使之相救；五党为州，使之相赒；五州为乡，使之相宾。六乡之外设六遂，与六乡居民模式相同。

《周礼》的居民，是使万民得以安居，履行九职，安居乐业，无论是井田上的农夫，还是王城四郊乡遂之人，居处的要义是相守相爱，相互托付，相互帮助，相互尊敬。

其六，建立民和。

《周礼》中王的天下无疑是地域广大而人口众多的，既有王畿千里之地的臣民，还有众多的诸侯邦国，彼此疆界分明，"普天之下莫非王土，率土之滨莫非王臣"，这样的主张如何落实？《周礼》在邦国之中立法，"以九两系邦国之名"，用九种相和合的方式使天下诸侯与万民和睦相连而不背德离散。"一曰牧，以地得民；二曰长，以贵得民；三曰师，以贤得民；四曰儒，以道得民；五曰宗，以族得民；六曰主，以利得民；七曰吏，以治得民；八曰友，以任得民；九曰薮，以富得民"：一是立州牧，以地得民，九州各有封域以居民，王畿外八州之中，每州别立一州牧为长官，使有功德的侯伯担任，统领二百一十国；获得封地的诸侯国君，可以凭借土地集安其国万民。二是立长官，以贵得民，作为获得王分封的长官，诸侯国君以尊贵得到民众的尊敬和仰效。三是立师教，以贤得民，让有德行并教化万民的老师，以贤德使万民归化，尊师重道。四是立儒师，以道得民，教养国子道德、六艺的儒师，以德艺、道义获得民众的尊重。五是立宗族之长，以族得民，宗族之长可以团结凝聚族人，与族人饮食宴乐，敦睦友亲，序以昭穆，获得民众的敬爱。六是立封地之主，以利得民，公卿大夫作为采邑之主，宣化君王政教，以采邑所获之利让之于民，即对其民薄税以安民而得民心。七是立小吏，以治得民，立基层乡邑民间的小吏，诸如比长、闾胥等，要使其善于行政治理而安定民生。八曰立友行，以任得民，同一井田稼穑者、比邻聚居者要有友行，彼此守望相助而得信任，相互托付，百姓亲睦。九是立薮之官，以富得民，将山泽自然财物让利于民，使民富足安乐。

(二)《周礼》的政权模式

《周礼》勾画了一个理想化的宏伟政权蓝图。从政体上来看,《周礼》的政权模式既不完全同于夏商周时代的贵族政治,也不同于秦汉时代的君主专制制度,而是兼具两者的模式而更富有理想化的色彩。

1.至高无上之王

《周礼》所立天下三百六十官,都是在王之下,王高居六官之上,地位至尊。具体而言,《周礼》赋予了王绝对的统治权力:

一是任免权,指王对百官拥有任命、罢黜的权力。不仅六官为王所立,六官各自属官的任免权也掌握在王之手中,从三公之九命,到士之三命、一命,均有王命。无王命者,不是王官,诸如百官属下管理府藏的"府",主造文书的"史",皆是其一官之长所自征召,而非王命,当然,庶民也可以担任府、史。

二是立法权,指王设立国家各项法典的权力。大宰"掌建邦之六典,以佐王治邦国:一曰治典,以经邦国,以治官府,以纪万民;二曰教典,以安邦国,以教官府,以扰万民;三曰礼典,以和邦国,以统百官,以谐万民;四曰政典,以平邦国,以正百官,以均万民;五曰刑典,以诘邦国,以刑百官,以纠万民;六曰事典,以富邦国,以任百官,以生万民"。所有法典皆出于王命。

三是主祭权,指王主持国家重大祀典的权力。"国之大事,在祀与戎",主祭权与政治权力成正比,只有在国家重大祀典中享有主祭权的人,才是国家最高权力的拥有者。"及祀之日,赞玉币爵之事。祀大神示亦如之。享先王亦如之。"天官大宰在祭祀之日的清晨,帮助王进献礼器——礼神之玉器与币帛;祀五帝,迎气于四郊之外,以玉作六器,以礼天地四方。王亲自执玉币,奠于神坐,亲酌酒以献尸。冬至祭天于圆丘祀大神,夏至祭地于方泽,祭享先王等重大祀典都是如此,主祭者是王,大宰只是王的助祭者,负责戒百官、准备祭器等事务。

四是统军权,指王统帅六军的权力。"作大事,则戒于百官,赞王命",国有戎事征伐,大宰助王施行教令。"若大师,则掌其戒令",王亲自征伐,主管军政的大司马佐助王公布相关的戒令;战争结束,"王吊劳士庶子,则相",王亲自吊唁战死的士庶子,慰劳伤者,大司马则佐助王行礼。王在军事活动中处于主帅地位。

2.国家的行政体制

(1)中央与地方的行政规划

《周礼》在行政体制上将天下划分为畿内与畿外两大部分。

王畿内代表中央,王畿外代表地方。畿内,是天下的中心,是方千里的王畿。王畿的中心为方九里的王城。王城的中心是王宫。王城之外的行政区划以王城为中心,呈环环相连的正方形辐射状,五级行政区划由近至远分别为郊、甸、稍、县、畺(疆),均分别以百里为界。

王畿之外划分九服,即九个区域。夏官职方氏"乃辨九服之邦国,方千里曰王畿,其外方五百里曰侯服,又其外方五百里曰甸服,又其外方五百里曰男服,又其外方五百里曰采服,又其外方五百里曰卫服,又其外方五百里曰蛮服,又其外方五百里曰夷服,又其外方五百里曰镇服,又其外方五百里曰藩服",分而治之。服,即服事于王。侯服,为王斥候;甸服,为王治田出税;男服,为王任职理事;采服,为王事民以供上;卫服,为王卫御;蛮服,以政教羁縻来之;夷服,以其在夷狄中,故以夷言之;镇服,须镇守之;藩服,以其最在外为藩篱。对于远离王都的蛮夷镇藩,《周礼》没有提出如同治理王畿一样的策略,但其在春官中设立了鞮鞻氏职官,"鞮鞻氏,掌四夷之乐与其声歌",鞮鞻氏官掌管四夷之音乐歌舞,东方曰《韎》,南方曰《任》,西方曰《株离》,北方曰《禁》。乐主于舞,乐有声歌及舞蹈。《白虎通》言:"王者制夷狄乐,不制夷狄礼。"王者必作四夷之乐,大一统天下。

王都的营建:"日至之景尺有五寸,谓之地中:天地之所合也,四时之所交也,风雨之所会也,阴阳之所和也。然则百物阜安,乃建王国焉,制其畿方千里而封树之。"夏至日正午时分,立一个八尺长表竿,表竿在日照下的投影长一尺五寸,正与土圭长短相等,此地即为地中,地之中天覆地载,天地和合,一年四季依次交替,四季分明;刮风下雨总是恰逢其时,风调雨顺;冬无愆阳,夏无伏阴,阴气、阳气四时和谐交融,不乱时序——冬天不会出现暖冬,夏天不藏阴邪之气;这里自然万物丰茂,民人繁衍兴旺。这里就是王城之地,制定王都四方千里的地域为王畿,在王畿的边界挖土沟并于沟上种植树木作为保卫王都的牢固屏障。如此地中,王拥有了它,就拥有了天下。

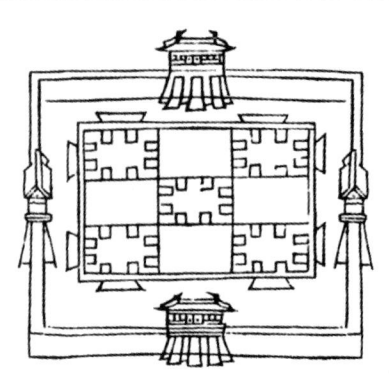

(宋)聂崇义《新定三礼图》之明堂

(2)地方组织机构

《周礼》中的居民组织共有三类,即比闾法、邻里法和军事化的卒伍法。

距王城百里的四郊设六乡,六乡实行比伍法,又称比闾法:五家为比,设比长;五比为闾,设闾胥;四闾为族,设族师;五族为党,设党正;五党为州,设州长;五州为乡,设乡大夫。六乡之外设六遂,又称邻里法:五家为邻,设邻长;五邻为里,设里宰;四里为酇,设酇长;五酇为鄙,设鄙师;五鄙为县,设县正;五县为遂,设遂大夫。比闾法、邻里法形成了由下而上层层相关联的各级地方组织。每一级组织都设有官吏进行行政管理,教化诸如祭祀、役政、昏冠、饮酒、丧纪等法规,教其礼事,掌其戒禁。管理一百家的族师需"以时属民而校登其族之夫家众寡,辨其贵贱、老幼、废疾、可任者,及其六畜、车辇"。

若征发民人参加战争、田猎、劳役等,"则合其卒伍",即按"卒伍法"组成军事组织:五人为伍,设伍长;五伍为两,设两司马,管二十五人,由中士出任;四两为卒,设卒长,管一百人,由上士出任;五卒为旅,设旅师,管五百人,由下大夫出任;五旅为师,设师帅,管二千五百人,由中大夫出任;五师为军,设军将,管一万二千五百人。

如是六乡和六遂每家各出一人当兵,六乡和六遂各有七万五千家,则各出七万五千人。六乡所出七万五千人建立六军,称正六军;六遂所出七万五千人也建立六军,称副六军。

卒伍法是与军队的编制方式结合在一起的行政组织,是按照居民基层组织而制定的军队组织体系,可使士卒恩足相恤,义足相救,服容相别,音声相识,不使异人间杂于其间,从而拥有恩义相随、亲密相伴的牢固凝聚力。

比闾法、邻里法和卒伍法不是分别而立的,乃是基于一种居民组织与军事组织是天作之合的愿望,居民组织天然地具有半军事化特质,比如族师主百家,家出一人组成军事组织即为一卒,卒长则是由族师担任,"简其兵器,以鼓铎、旗物帅而至",族师检视查验卒伍的弓矢、殳矛、戈戟等兵器和器械,军鼓与金铎以及军中的旗帜,率领士卒到乡师乃至司徒那里报到。故族师又成为军中的卒长,士卒也是亦民亦兵。

(三)《周礼》的经济制度和经济思想

《周礼》作为一部阐述官制的政治经典,并没有专章论述所谓的经济制度和经济思想,但是经济制度是《周礼》必须涉及且绕不开的一个重大问题。在其设官分职的勾画中,通过职官的设立,确定官员的职责,反映了作者关于经济制度的设想及其经济思想。

《周礼》中百官的职责职分涉及社会经济生活的方方面面,内容非常丰富,择其要者,是关于人口及劳动力的管理、土地分配、征收赋税等方面。

1.劳动力的管理及家庭财产的登记

民有九职,需要劳动人口担当;国家有工程、贵族有修筑之事,需要有劳动力;"以起军旅,以作田役,以比追胥,以令贡赋",起兵作战,田猎服劳役,逐寇与伺捕盗贼,缴纳九赋等等,都需要劳动力。所以,劳役主要有徭役、师役、田役三大类。

《周礼》设计了一套统计户口和核准户籍的方法,称为"比法""国比法",即"校比法",考查核实民人户口、财物数量之法,由小司徒掌管,"以国比之法,以时稽其夫家众寡",因此对劳动力人口统计就有了准确的数目。

核查户口,也核查家庭财产的数量,据此颁行征收赋税、徭役的法令。小司徒"乃颁比法于六乡之大夫,使各登其乡之众寡、六畜、车辇,辨其物,以岁时入其数,以施政教,行征令"。登记人口,统计民人的家庭财产,每年作一次核查,六乡的乡师是具体负责执行"比法"而对劳动力进行管理的官吏,"大役,则帅民徒而至,治其政令;既役,则受州里之役要,以考司空之辟,以逆其役事"。邦国有修筑堤防、城郭等大工程需要民工,乡师就率领征召的乡内民人到施工工地;工程开工后,接收乡里各州所统计的所遣民工数量、姓名的花名册,用来记录每个民工的工作量；按照司空官制定的工程章程，考核劳动者的工作情况。"凡邦事，令作秩叙"，凡是邦国征召民役从事土木修建工程，乡师命令乡里各级官吏协调征召功力之事，使之合常规、有秩序。

小司徒下达劳动力人口管理的明文规定，"凡起徒役，毋过家一人，以其馀为羡，唯田与追胥竭作"，凡是征发兵役和劳役，每家不能超过一个劳动力人口，以保障正常的生产生活秩序，其余的劳动力人口作为预备役（羡卒）；但是遇有田猎、追逐贼寇、伺捕盗贼等，正卒和羡卒可齐出动。

征发民人服役，还须从年龄、身高两方面来考虑，同时，都城与郊野之人服役也有所区别。《地官·乡大夫》中具体规定为："国中自七尺以及六十，野自六尺以及六十有五，皆征之。"而都城里那些贵者、贤者、能者、在官府任职者、老者以及失去劳动力的病人，则可以免除劳役。

征发劳役的时间根据年成好坏来决定，丰年时间长，歉年时间稍短。《地官·均人》："凡均力政，以岁上下。丰年，则公旬用三日焉；中年，则公旬用二日焉；无年，则公旬用一日焉。凶札，则无力政，无财赋。"

2.土地的分配与管理

土地是人类赖以生存的最基本的自然资源，《周礼》设计了非常详细的土地分配方案。

《周礼》明确地强调王是土地的所有者，土地分配、授予的决定权在于王。王将土地授予公卿、士大夫，授予天下普通百姓。《周礼》中的土地可分为王田、采地、封国、农田、场圃、宅田、士田、贾田、牛田、赏田、牧田等等。

其一，以家庭为单位进行分配。

其二，井田式的分配方法。小司徒"乃经土地而井牧其田野，九夫为井"。郑玄注："九夫为井者，方一里，九夫所治之田也。"

其三，以劳动力为单位的分配方案。《地官·小司徒》："乃均土地，以稽其人民而周知其数。上地家七人，可任也者家三人；中地家六人，可任也者二家五人；下地家五人，可任也者家二人。"小司徒辅佐大司徒公平合理地分配土地，考查核实土地上的人口（可任及不可任事者），周详地知晓准确的人口数量。上等的土地分配给男女七口及七口以上的家庭，其中可承担兵役、徭役的劳动力有三个人。七人之中，一人为家长，余六人在，强弱为半，所需养者众。但一家人或男多女少,或女多男少,不可齐准,今皆以强弱为半,是举其大概之数。中等的土地分配给男女六口之家,其中可承担兵役、徭役的劳动力每两家并有五个人,《周礼》不将人口按两个半人来计算。下等的土地分配给男女五口及五口以下的家庭,其中可承担兵役、徭役的劳动力有二个人。

3.征收赋税

天官大宰以王命颁布了天下"九赋"之税法:"以九赋敛财贿:一曰邦中之赋,二曰四郊之赋,三曰邦甸之赋,四曰家削之赋,五曰邦县之赋,六曰邦都之赋,七曰关市之赋,八曰山泽之赋,九曰弊馀之赋。"用九种赋税法征敛天下财物。国都中,百里之内的四郊,距离国都一百里至二百里之甸,距离国都二百里至三百里的家削之地,距离国都三百里至四百里之县,距离国都四百里至五百里的大都,所有劳动力都要交钱纳税;征收商人货物出入的关税和贾人经销货物的市场税;山泽之民获取山泽之利需缴纳赋税;百工营造之物因流通而获利需纳税。此九赋所得财物,用九种法规调节使用,因为用处不同,故此九赋分为九处,每一处作一文书,以记录赋税收入、支出情况。

大司徒"以土均之法,辨五物九等,制天下之地征,以作民职,以令地贡,以敛财赋,以均齐天下之政"。大司徒根据土地不同而制定合理征收财赋的法则:将山林、川泽等五类土地按照土质分为九个等级,划定赋税标准,包括租税、贡赋和徭役;民人有九种职业者乃纳税;九职所应缴纳的赋税以贡职所有的物产呈献。小司徒"乃分地域而辨其守,施其职而平其政",小司徒辅佐大司徒将王的天下划分成邦国、都鄙、乡遂等不同层级区域,明确各级官员的职守;邦国都鄙之内所有山川,使衡虞守之,明确职守;使百姓拥有自己的职业而公平合理地征取他们的赋税。军赋则是每逢军事行动,每家出牛、马、车等。

《周礼》的税收大多以实物地租的形式完成。《地官·闾师》:农民缴纳谷物粮食,种植树木的圃人贡纳草木,工匠贡纳器物,商人贡纳财货,牧人贡纳鸟兽,妇女贡纳布帛,可谓遍及九职所获得的所有物产。将土地按适用性分类,定级管理,并以此为依据征收不同的赋税,可以极大地促进生产力的发展,稳定社会经济;而且税收物品的多样性,也为商品经济的发展提供了基础。

征收上来的赋税都有其明确的用途。《天官·大府》:邦中之赋供招待宾客之用;四郊之赋供作牲畜的饲料;邦甸之赋供工匠制造器物之用;家削之赋供王赏赐群臣之用;邦县之赋供出使诸侯致送礼物之用;邦都之赋供祭祀之用。

(四)《周礼》的刑法主张

1.刑典治国

秋官大司寇掌管天下刑狱诉讼,"掌建邦之三典,以佐王刑邦国,诘四方"。大司寇职掌国家的法典,辅佐王正邦国,谨慎究办详审之刑以查究四方。"一曰刑新国用轻典,二曰刑平国用中典,三曰刑乱国用重典。"新国用轻典,为其民未习于王教,务在尚宽,佐助王以安天下;承平守成之国,用常行之法中典;对于篡位、弑君、叛逆之国,则用重刑之法以除恶伐灭之。

"以五刑纠万民:一曰野刑,上功纠力;二曰军刑,上命纠守;三曰乡刑,上德纠孝;四曰官刑,上能纠职;五曰国刑,上愿纠暴。"刑亦法,此"五刑"非刑罚之"五刑"。以此五法纠察万民善恶而正邪。都城之外远郊之地,崇尚农功,纠察怠惰不力、游手好闲之徒;军中崇尚服从军令,纠察军将、士卒的职守;乡中崇尚知、仁、圣、义、忠、和,纠察孝行;官法崇尚贤能,纠察履行职责善否;城中崇尚诚实谨慎,纠察恭敬而无戾气。

审断狱讼,确立诉讼双方都须到场的法规,以防范因财货纠纷诉讼而发生虚诬之事。"以两造禁民讼,入束矢于朝,然后听之。"为使民不得诬告,令诉讼双方先缴纳百矢给官府作为诉讼费用。诉讼必入矢,取其直也。凡诉讼不到场,不交束矢,则是自服不实之诬,不实或败诉则将束矢没入官府;诉讼胜者,则退还束矢。

"以两剂禁民狱,入钧金,三日乃至于朝,然后听之。"凡是涉及重刑的狱讼,比以财货相告为讼的案情要重,诉讼双方必须各自持有文字书契作为证明材料,以此防范狱讼发生诬告;令狱讼双方先缴纳三十斤铜作为保证金。狱讼者没有券书,不缴纳三十斤铜,亦是自服不实之诬,不实或败诉则钧金没入官府;狱讼胜者,则退还钧金。并且因狱事重于讼事,所以需过三天才让狱讼双方到官府审断。

冤诉之人,天下皆是。为保障万民享有法律赋予的权利,不使天子之民窘困而无处申告,大司寇"以肺石达穷民",立赤色石使穷困贫苦之民的冤屈可以上达。《周礼》以阴阳五行观论法治,肺属南方火,火色赤,肺亦赤,故肺石是赤石。即使申诉之穷民处于赤石三日,使之怀有赤心而不妄自诬告。如其已上书致公府告状,而长官不肯通达,刑官士听其申诉之辞,报告于司寇,司寇问责于其长。

2. 重教明耻

掌有刑法之典刑天下，司寇还"以圜土聚教罢民，凡害人者，置之圜土而施职事焉，以明刑耻之。其能改者，反于中国，不齿三年，其不能改而出圜土者，杀"。圜土就是狱城，环土作围墙，有门而无顶，把那些不事劳作而游手好闲危害他人之罢民（疲民）聚集于其中。夜入圜土，昼则在司空处服役，以教之为善；将因过失而犯法的人关入狱城中，以其所能而役使之，使其困悔而能改过；对犯罪之人，书其罪恶于大方板上而著在其后背，令其感到羞耻。按刑法，对语言无忌，悔慢长老者，使之坐嘉石进行惩处，不入圜土；对于有过失者，如抽拔兵剑而误以伤人，属于罪重，已是犯法，但本无故心，只是过误，不坐嘉石，径入圜土，昼日劳动服役，夜入圜土。此比触犯五刑者为轻，比坐嘉石者为重。圜土聚教的时间期限，《秋官·司圜》规定为："上罪三年而舍，中罪二年而舍，下罪一年而舍。"对改造完成而放其出狱城之人，让他们返还于乡里，但是不得以年次列于平民，即不得在社会和宗族聚会活动时按年纪长幼（序齿）参加排列位次，如今日之剥夺其政治权利；对那些不能伏思己过而逃出狱城者，杀无赦。

3. 刑宥并施

中国自古就有完备的刑法，而且刑法酷烈，"五刑"被称作"腐刑""肉刑"，其历史可以追溯到尧舜时代，《尚书·皋陶谟》就提到关于五刑的细目，竟然多达三千条，具体为何我们今天不得而知。

《周礼》中掌管以五刑之法量刑定罪，协助大司寇断理刑狱诉讼的刑官是司刑，由中士二人担任。"掌五刑之法，以丽（附）万民之罪。"而五刑"墨罪五百，劓罪五百，宫罪五百，刖罪五百，杀罪五百"，也多达二千五百项罪名。

墨刑，也叫黥，先刻其面，以墨填之而终身不掉；劓刑，截其鼻；宫刑，男子割其势（生殖器），女子则破坏其子宫的生殖功能；刖刑，断足，周改断膝盖的膑刑作刖；杀，死刑。《周礼》并未对五刑及二千五百项罪名进行说明，其早已消亡，《书传》曰："决关梁、逾城郭而略（掠）盗者，其刑膑；男女不以义交者，其刑宫；谓易君命，革舆服制度，奸轨盗攘（偷窃）伤人者，其刑劓；非事而事之，出入不以道义，而诵不详之辞者，其刑墨；降畔（叛）、寇贼、劫略（掠）、夺攘、挢虔（敲诈勒索）者，其刑死。"不知其出自何处。

刑法酷烈，但是《周礼》又明确地提出刑宥并施的主张，专门设立了"司刺"

一官,"掌三刺、三宥、三赦之法,以赞司寇听狱讼"。司刺的职责是协助大司寇断决刑狱诉讼,讯而有罪则杀之,宽宥之,赦免之。对犯罪被处以死刑的案件,绝对是慎之又慎,"壹刺曰讯群臣,再刺曰讯群吏,三刺曰讯万民",谓断决狱讼之时,先讯问卿、大夫、士等群臣,再讯问乡大夫、州长、党正、闾胥、比长等地方官吏,最后讯问万民。所谓宽宥,是对其因愚而头脑不清、过失或意外而误杀人者,因均非故意有心为之,刑法可以宽宥,但仍须按照法律服刑赎罪。对年未满八岁的幼童,八十岁以上的老者,生而痴者,则赦免其罪。三赦与三宥是有所不同的,三赦之等比三宥为轻,故全部释放无须服刑赎罪。《礼记·曲礼上》也记:"八十九十曰耄,七年曰悼,悼与耄,虽有罪不加刑焉。"与《周礼》的典章是一致的,刑宥并施。

(五)《考工记》中的中国古代科技成就

刘歆补《周礼》冬官之《考工记》,是具有丰富的科技内容之文献资料,反映了先秦时期我国古代科学技术领域的成就,英国科学史家李约瑟博士认为《考工记》是"研究中国古代技术史的最重要的文献"。

《考工记》主要记录了当时官营手工业和家庭手工业的三十个工种。这三十个工种又可分为六大类,即"攻木之工七,攻金之工六,攻皮之工五,设色之工五,刮摩之工五,抟埴之工二"。

①攻木之工即木工,包括轮人、舆人、梓人、庐人、匠人、弓人、车人,负责车、车轮、弓、兵器柄、舟、木质农具、家具、钟磬架等的制作。

②攻金之工即铜工,包括筑氏、冶氏、桃氏、凫氏、段氏等,负责削刀、兵器锋刃、钟、量器、剑等的制作。

③攻皮之工即皮革工,包括函人、鲍人、韦氏、裘氏等,负责甲、鼓等皮制品的制作。

④设色之工包括画、缋、钟氏、筐人等,负责画、缋、染羽、练丝等的制作。

⑤刮摩之工包括玉人、雕人、磬氏、矢人等,负责圭、璧、琮、璋等玉器的制作。

⑥抟埴之工即陶工,包括陶人等,负责甗、盆、甑、鬲、豆等陶器的制作。

手工业生产其实不仅仅是一个加工制造的问题,它还涉及原料的选择、产品的设计思想等等,如《地官》中设有矿人一官,"掌金玉锡石之地,而为之厉禁以守之"，矿人掌管国家的金玉锡石等矿山，金，是五金，主要指铜。显而易见，《周礼》明文规定，矿山乃归王国所有，当取之日应亦有时，而非一年四时，用勘测其地形色等方法判定是否有金玉之矿，绘制成版图交给矿山开采者，行其禁，明其令，巡察是否有人违反矿山开采的禁令，守卫矿产资源。所以，《冬官》原本的内容必然会涉及更为广泛的领域。

《考工记》可以说是先秦时期中国科技发展状况的一个总结。李约瑟博士是研究中国科学技术史的著名专家，英国皇家科学院院士，英国文学院院士，英中友谊协会会长。其著作《中国科学技术史》被认为是20世纪的重大学术成果之一，是欧洲人学术研究的最高成就。

四、历代《周礼》研究概况

东汉研究《周礼》的著名学者以东汉末郑玄的成就最为显著。郑玄"括囊大典，网罗众家"而为《周礼》作注。在《周礼》的阐释中，他着重强调了"定名分，序尊卑之制，崇敬让之节"的思想，以达到维护封建等级制的目的。

魏晋时期，声韵学取得了突出的成就，当时出现了许多《周礼》的音义之作，如晋干宝、刘昌宗、徐邈、李轨、聂熊等都撰有《周礼音》。

南北朝时期，经学有南学、北学之分，然礼学则同遵郑玄。这一时期，南朝雷次宗、崔灵恩、戚衮，北朝沈重、熊安生等，在《周礼》研究方面有较高成就。沈重撰有《周官礼义疏》、熊安生撰有《周官义疏》。

隋唐两朝，《周礼》的研究虽然显得较为冷清，但却出现了贾公彦这样的礼学大师，他的《周礼疏》是继郑玄《周礼注》之后又一部研究《周礼》的具有很高学术价值的著作。

宋代经学家反对已经僵化的汉学，他们对汉以来的经文训诂义疏都以怀疑的目光加以审视，一扫汉唐旧疏，结合时代的需求，重新解释儒家经典，《周礼》研究呈现出较为繁盛的局面，研究整理《周礼》的著作有一百多部，其中王安石的《周礼新义》在当时影响较大。其后，王昭禹的《周礼详解》、王与之的《周礼订义》、林之奇的《周礼讲义》都祖王安石之说。

以图解的形式注释《周礼》，是宋代《周礼》的研究特点之一，主要有王洙的《周礼礼器图》、陈祥道的《周礼纂图》、聂崇义的《三礼图集注》等。此外，还出现了对《周礼》进行专题研究的著作，主要有周必大的《周礼庖人讲义》、夏休的

《周礼井田谱》、林亦之的《考工记解》、曹叔远的《周礼地官讲义》等等。

元明时期,虽然对《周礼》的研究并未停止,研究整理的著作有一百多部,但株守宋儒之说,故多无所发明。

《周礼》研究在清代最为昌盛,名家辈出,著作宏富,有二百五十余部。从清初到清末,疏解整理《周礼》的主要著作有:方苞的《周官集注》,惠士奇的《礼说》,江永的《周礼疑义举要》,任启运的《田赋考》,沈彤的《周官禄田考》,庄存与的《周官记》与《周官说》,王鸣盛的《周礼军赋说》,戴震的《考工记图注》,段玉裁的《周礼汉读考》,程瑶田的《沟洫疆理小记》与《考工创物小记》,钱坫的《车制考》,阮元的《考工记车制图解》以及《附释音周礼注疏》(附《校勘记》),王聘珍的《周礼学》,宋世荦的《周礼故书疏证》,孙诒让的《周礼正义》,刘师培的《周礼古注集疏》等。其中,阮元的《附释音周礼注疏》及其后附的《校勘记》,是阮元搜校各本及陆德明的《周礼音义》而成,最后由阮元统稿,是清人校勘《周礼》的最佳版本。

孙诒让的《周礼正义》是清代《周礼》学的集大成之作。全书凡八十六卷,约二百三十万言,成书于清末。中华书局1987年出版点校本,计十四册。此书有四大特点:其一,征引宏富,广搜博辑,包括诸子及唐宋以来各家之说,尤其是清代研究《周礼》的重要成果几乎甄录无遗。所引典籍及各家之说都一一标明篇目,以备复查。其二,博采众长,廓清是非。实事求是地对待前人注疏,正确者详加援引、引申,错误者有理有据加以纠正,既吸收了以往注疏的正确成果,又澄清了其中的误说。其三,持论宏通,无门户之见。如对郑玄与王肃之说,虽然推崇郑注,但又客观地指出,郑注亦有其短,王注不可尽废。"然如郊社禘祫,则郑是而王非;庙制昏期,则王长而郑短。……无所党伐,以示折衷。"①其四,释经简,释注详。孙氏认为,注明即经明,故疏释经文,则简明扼要;疏释郑注,则详赡缜密。该书代表清人经学新疏中的最高成就,是研究《周礼》学的必备参考书。

20世纪较为重要的《周礼》研究著作有:郭沫若的《周官质疑》,载《金文丛考》(修订本,人民出版社1954年);顾颉刚的《"周公制礼"的传说和〈周官〉一书的出现》,载《文史》第6辑(1979年);林尹的《周礼今注今译》(书目文献出

---

① 孙诒让.周礼正义:第1册[M].北京:中华书局,1987:3.

版社1985年);钱玄的《三礼名物通释》(江苏古籍出版社1987年);钱玄的《三礼通论》(南京师范大学出版社1996年);钱玄、钱兴奇的《三礼辞典》(江苏古籍出版社1998年)。重要的《周礼》索引有:哈佛燕京学社引得编纂处的《周礼引得附注疏引书引得》(上海古籍出版社1986年),陈方正等的《周礼逐字索引》(商务印书馆1993年)。

五、参考书目

①《周礼疑义举要》七卷,(清)江永撰,清乾隆刻本,今藏国家图书馆。

②《周官记》五卷,《周官说》二卷,《补》三卷,(清)庄存与撰,《皇清经解续编》本。

③《周礼汉读考》六卷,(清)段玉裁撰,《皇清经解》本。

④《附释音周礼注疏》四十二卷附《校勘记》四十二卷,(汉)郑玄注,(唐)陆德明音义,(唐)贾公彦疏,《校勘记》,(清)阮元撰,《皇清经解》本。

⑤《周礼正义》八十六卷,(清)孙诒让撰,王文锦、陈玉霞点校,中华书局1987年版。

⑥《周礼古注集疏》十三卷,(清)刘师培撰,《刘申叔先生遗书》本。

⑦《周礼今注今译》,林尹注译,台湾商务印书馆1972年版。

⑧《〈周礼〉主体思想与成书年代研究》,彭林著,中国社会科学出版社1991年版。

⑨《周公及其时代》,(日)林泰辅著,东京大仓书店1915年版。

⑩《周礼译注》,徐正英、常佩雨译注,中华书局2014年版。

⑪《考工记译注》(修订版),闻人军译注,上海古籍出版社2021年版。

《仪礼》导读[①]

一、礼与《仪礼》

《仪礼》是记录我国上古时代礼仪的一部重要典籍,与《周礼》《礼记》一起合称"三礼"。《仪礼》蕴含着丰富的文化宝藏,是我们今天了解中国上古社会的民俗民风、政治经济、宗教文化、伦理道德、语言状况等的珍贵历史资料,具有重要的文化价值。

在中国文化发展的历史进程中,之所以会产生《仪礼》这样一部迥然特异的儒家经典,一个重要原因是中华民族是一个重视礼乐文化的民族。在上古时代,礼仪活动是人们生活中的重要内容之一,习礼成为贵族教育的重要部分。

《礼记·王制》云:"乐正崇四术,立四教,顺先王《诗》《书》《礼》《乐》以造士,春秋教以《礼》《乐》,冬夏教以《诗》《书》。"春秋时期,孔子创办私学,使许多贫寒子弟也有接受教育的机会,演习礼典仪式是孔子教授学生的重要内容。名目繁多的礼典仪式,为《仪礼》成书提供了天然的得天独厚的文化条件,但这只是一个必要条件。

礼在上古时代人们的生活中所占据的越来越重要的地位,所扮演的愈益重要的角色,则是《仪礼》成书的必然条件。

就目前从文献学、文字学、考古学方面获得的相关证据而言,礼的产生和发展与宗教祭祀有着深刻而直接的关系。

《礼记·礼运》说:"夫礼之初,始诸饮食,其燔黍捭豚,污尊而抔饮,蒉桴而土鼓,犹若可以致其敬于鬼神。"

《说文·示部》:"礼,履也。所以事神致福也,从示从豊。"

[①] 本部分内容为周淑萍、郭迎春共同写作。

也就是说礼是一种实践活动,具体而言,礼是敬祀神灵从而获得神灵福佑的祭神活动。

浙江余杭反山良渚文化墓地就发现了大量的玉制随葬器,据专家初步考证,其中有相当一部分是用于祭祀的重要礼器。

浙江余杭反山良渚文化墓地玉器

人们对天地日月星辰、四季更替、祖先神灵的敬畏心理,产生了自然崇拜、鬼神崇拜等,希望通过祭神仪式虔诚敬畏的心情和仪态、隆重庄严的乐舞礼仪、丰盛琳琅的祭品祭器,感动神灵,获得神灵的护佑。

祭祀仪式还伴生了冠、昏、丧、乡、射等礼仪习俗。祭祀之礼主要是实现人与神的沟通与和谐。冠、昏、丧、乡、射则是维系和谐人与人之间交往活动的特定习俗,体现了人民的共同意愿和共同文化心理,是人民生活方式及其文化的独特体现,是原发性的自然形态的东西。

各种祭器

二、《仪礼》的作者及撰作时代的争议

《仪礼》的作者及撰作时代在学界争议较大,大致有以下四种说法:

其一,《仪礼》为周公所作。

其二,《仪礼》为孔子编著。

其三,《仪礼》为孔子之后的儒者所作。

其四,《仪礼》的编著权主要应归属孔子,其后有七十子后学的续编与增益。

三、《仪礼》书名的变迁及其结构

1.书名的变迁

《仪礼》有《礼》《礼经》《士礼》《仪礼》等名称。

《礼》是《仪礼》一书的原称,从战国时代的文献记载看,当时的人们都称《仪礼》为《礼》。

在汉代,《仪礼》一书有《礼经》《士礼》称呼。

之所以被称为《礼经》,是因为汉武帝为儒家设立"五经"博士,《仪礼》一书就在"五经"之列。《仪礼》被称为《士礼》,则可能是因为书中所言多为士人应遵循的礼仪。《礼记》是《仪礼》在汉代的又一个称呼,《史记·孔子世家》云:"故《书传》《礼记》自孔氏。"司马迁在这里所说的《礼记》就是《仪礼》,而非今传世本之小戴《礼记》。

大约在魏晋之际,改名为《仪礼》,从此《仪礼》成为通称。"一是由于'十七篇'所言多是'礼节'与'仪式';二是由于本书'十七篇'中,除了以'礼'名篇(如《士冠礼》、《士昏礼》、《燕礼》、《觐礼》)之外,还有以'仪'名篇者(如《大射仪》),故以'仪'、'礼'连文作为篇名。"①

2.《仪礼》的篇数

今《十三经注疏》本《仪礼》共十七篇,其目次如下:士冠礼第一,士昏礼第二,士相见礼第三,乡饮酒礼第四,乡射礼第五,燕礼第六,大射仪第七,聘礼第八,公食大夫礼第九,觐礼第十,丧服第十一,士丧礼第十二,既夕礼第十三,士虞礼第十四,特牲馈食礼第十五,少牢馈食礼第十六,有司彻第十七。

3.《仪礼》的结构——经、记、传

今本《仪礼》不仅有经文,还有记文和传文。

今本《仪礼》十七篇中,除《士相见礼》《大射仪》《士丧礼》《少牢馈食礼》《有司彻》外,其余十二篇每篇末尾都有记文。

《仪礼》中的记文,作用主要有以下几点:

其一,阐发礼的意义。

其二,追述远古仪制。

其三,补充说明仪制变化的原因。

---

① 丁鼎.《仪礼·丧服》考论[M].北京:社会科学文献出版社,2003:57.

其四,详述器物的形制、规格和数量。

其五,附录礼典仪式中所用之"辞"。

4.《仪礼》的排序

《仪礼》篇次的排序主要有两种:一是刘向所定的篇次,即士冠礼第一,士昏礼第二,士相见礼第三,乡饮酒礼第四,乡射礼第五,燕礼第六,大射仪第七,聘礼第八,公食大夫礼第九,觐礼第十,丧服第十一,士丧礼第十二,既夕礼第十三,士虞礼第十四,特牲馈食礼第十五,少牢馈食礼第十六,有司彻第十七。这种排列顺序有其特殊的意义:前十篇是吉的,是关于人的;后七篇是凶的,是关于鬼的,以吉凶人鬼为序。

另一种是戴德本《仪礼》的序次,即士冠礼第一,士昏礼第二,士相见礼第三,士丧礼第四,既夕礼第五,士虞礼第六,特牲馈食礼第七,少牢馈食礼第八,有司彻第九,乡饮酒礼第十,乡射礼第十一,燕礼第十二,大射仪第十三,聘礼第十四,公食大夫礼第十五,觐礼第十六,丧服第十七。排序与刘向不同,《礼记·昏义》说:"夫礼始于冠,本于昏,重于丧祭,尊于朝聘,和于乡射,此礼之大体也。"戴德本的排序符合《礼记·昏义》所说。

四、《仪礼》的内容及特点

(一)《仪礼》十七篇题解

《士冠礼》:记述贵族男子二十岁时举行的加冠礼仪式。在加冠礼上,除加冠外,还要为受冠者起个字(别名)。加冠、起字表示他已经成年,可以拥有成年人的权利,承担成年人的责任和义务。这一礼仪源于古代氏族社会的"成丁礼"。

士冠礼

《士昏礼》:记述贵族青年男女在家长的主持下缔传婚姻的一系列礼节仪式。儒家对昏礼非常重视,认为昏礼的意义在于"成男女之别,而立夫妇之义也。男女有别,而后夫妇有义;夫妇有义,而后父子有亲;父子有亲,而后君臣有正。故曰:'昏礼者,礼之本也'"(《礼记·昏义》)。按照规定,男子在昏时亲迎新妇,以昏为名,所以称作昏礼。

士昏礼

《士相见礼》:记述贵族之间初次交往的礼节仪式,包括初次相见时的绍见、礼物、应对、复见等内容。一方携带礼物登门求见,另一方随后回拜。季节不同,地位不同,携带的礼物、回拜的方式、应对的内容和仪态也不同。

《士相见礼》所述礼节实际并不限于士相见之礼,还包括士见大夫、大夫相见、庶人士大夫见国君的礼仪,以"士相见"名篇,是因为士见大夫诸仪"皆自士相见推之"(张尔岐《仪礼郑注句读·士相见礼第三》)。

士相见礼

《乡饮酒礼》:记载古代乡一级的行政组织定期举行的以尊长敬老为中心的宴饮活动。据考证,这一仪式源于氏族公社以尊老养老为目的的会食(聚餐)制度。

《乡射礼》:记载古代以乡为范围的射箭比赛大会的礼节仪式。春秋两季,州长召集州民在州学学习射箭并进行射箭比赛。举行乡射礼的重要目的,在于通过这一礼仪活动考查参与者的德行,选举贤能;同时,使参与者在习射及射箭比赛的过程中获得道德实践的具体体验。

乡射礼

《燕礼》:"燕",用同"宴","燕礼"即"宴礼",记述诸侯宴饮的礼节仪式。详细描述了宴饮时的酒具,君臣的席位,登堂入席、斟酒、宾主敬酒等的仪态。场面铺排,礼节繁缛,还配有专用的乐队和艺人伴唱。

《大射仪》:记述诸侯国君主持的贵族参加的射箭比赛大会的具体礼仪。诸侯有朝觐、会盟、祭祀诸大事时,要与群臣习射。此篇以"仪"名篇而不以"礼"名篇,意在射仪中见礼义、节文。"射"不为争,而为习礼乐,故"大射仪"在五礼中属于嘉礼。举行大射仪的目的与乡射礼相同。

大射仪

《聘礼》:记述国君派遣大臣到其他诸侯国进行礼节性访问的礼节仪式。聘礼实际就是外交礼仪,在五礼中属于宾礼。

《公食大夫礼》:记述国君招待来小聘的大夫的礼仪。在聘礼的礼仪规定中,作为代表君主前往他国行聘的使者,有所谓"大聘使卿,小聘使大夫"的分别。公食大夫礼的礼仪主于"食饭",而没有宾主酬酢,食饭也仅限于主宾一人,有别于飨礼和燕礼。燕礼主酒,飨礼兼酒和饭。"公食大夫礼"在五礼中属于嘉礼。

《觐礼》:记述秋天诸侯觐见天子的礼节仪式。《周礼·大宗伯》曰:"春见曰朝,夏见曰宗,秋见曰觐,冬见曰遇。"

《丧服》:记述死者亲属在丧服、服期等礼仪上的差别。中国传统中的"五服"制度就来源于此。

《士丧礼》和《既夕礼》：《士丧礼》与《既夕礼》本为一篇，因为简册繁重而分为两篇，通常视《既夕礼》为《士丧礼》的下篇。记述士阶层的丧葬礼仪。

《士丧礼》具体记述了从死到葬的过程，包括以下环节：为死者招魂、覆盖衣被楔齿缀足；国君派人吊唁，赠衣；死者亲属、僚友吊唁，赠衣；为死者沐浴、着装、饭含、设重，小敛、大敛、朝夕哭；卜筮葬居和葬日等。"士丧礼"在五礼中属于凶礼。由于士丧礼专讲士阶层之丧礼，故以"士"名篇。《既夕礼》讲述下葬前两天傍晚的那一次哭与下葬那一天的仪节。《既夕礼》取篇首二字为题。

《士虞礼》：记述士埋葬父母后返回家中举行的安魂礼。"虞"，即"安"的意思。

与同属丧礼的《士丧礼》《既夕礼》相比，《士丧礼》与《既夕礼》旨在送形而往，而《士虞礼》则旨在迎神而返。"士虞礼"在五礼中属于凶礼。

《特牲馈食礼》：记述士在家庙中祭祀祖祢的礼仪。特牲，即一豕。馈食，即用食。"特牲馈食礼"在五礼中属于吉礼。

《少牢馈食礼》与《有司彻》：记述卿大夫在家庙中祭祀祖祢的礼仪。少牢，即用羊猪祭祀。两者本为一篇，也因简册繁重分而为二。《有司彻》取篇首三字为其篇名。"少牢馈食礼"与"有司彻"在五礼中属于吉礼。

（二）主要内容及特点

1. 冠礼

加冠礼就是成人礼。古代重视冠礼，认为昏、丧、祭、乡、射诸礼都始于冠礼，所以《士冠礼》为首篇。

《礼记·冠义》说：冠者，礼之始也，嘉事之重者也。是故，古者重冠。古代男子在二十岁之前，以不戴冠作为未成年的标志，到二十岁时要为之举行"冠礼"，确定其成年人的地位和身份。

在加冠礼正式进行之前，首先占筮选定加冠吉日、负责加冠的正宾；同时，还要邀请赞冠者(协助正宾之人)一名。

冠礼进行时，受礼者要分别加戴三种不同的冠，分别为缁布冠、皮弁、爵弁。

第一次加缁布冠。缁布冠是用黑麻布制成的冠，与缁布冠相配的礼服是玄端服、黑色大带、赤黑色蔽膝。缁布冠、玄端服是贵族的礼帽礼服，是成人的标志。

第二次加皮弁。皮弁是用白鹿布拼成的瓜皮帽。"战伐田猎，此皆服之。""皮弁，武冠。"为受冠者加戴皮弁，表示他从此具有参与戎事的权利和服兵役的义务。

第三次加爵弁。爵弁是用细葛布或丝帛制成的赤中带黑的平顶帽，表示受冠者从此具有了参与政事、宗庙祭祀的资格和权利。

缁布冠　　　　皮弁　　　　爵弁

三次加冠礼，各有其象征意义。

《士冠礼》："三加弥尊，谕其志也。"

三次所加之冠，一次比一次贵重，目的是教谕冠者确立远大的志向，以成人的礼仪和道德标准要求自己，慎修德行，使自己真正融入社会，成为社会合格的一员：

> 弃尔幼志，顺尔成德。寿考惟祺，介尔景福。
>
> 敬尔威仪，淑慎尔德。眉寿万年，永受胡福。
>
> 适子冠于阼，以著代也。醮于客位，加有成也。三加弥尊，谕其志也。
>
> 冠而字之，敬其名也。

以成人之礼要求他，使之担负起"为人子、为人弟、为人臣、为人少者"的责任与义务，这样才能"君臣正，父子亲，长幼和"，"孝弟忠顺之行立，而后可以为人"。

2.昏礼

昏礼，即婚礼。古人认为娶妻生子是生命延续、香火有继、家族繁衍兴旺的大事，就一个人的生命历程而言，婚姻是一个人进入成年以后首先必须完成的一件大事，昏礼是冠礼的直接延续。昏礼就是通过规定的仪式促成男女合道德、合风俗、合法的结合，并借此向社会公开他们的婚姻关系，取得社会的认同。

昏礼包括纳采、问名、纳吉、纳徵、请期、亲迎六道程序，下面一一述之：

①纳采。采，即采择。纳采礼，男家派媒人向女家提亲，女家同意后，男家备礼至女家求婚。求婚的礼物是雁。

②问名。男家派媒人持雁为礼到女家询问女子的名字,问名的目的是便于男家在家庙中卜问婚姻的吉凶。

③纳吉。男家获得吉兆后,派媒人持雁为礼告知女家。

④纳徵。徵,即成。纳徵,又称纳币,是男家派使者送给女家的聘礼。聘礼有玄纁(红黑帛五匹)、束帛(浅红帛五匹)、俪皮(鹿皮两张),聘礼的厚薄依等级而定。纳徵礼类同于今天的订婚。

⑤请期。男家卜得迎娶吉日,持雁为礼告知女家。为表示对女家的尊重,男家不直接告诉女家迎娶吉日,而先请于女家,然后告之,故称请期。

⑥亲迎。迎新成员有新婿及随从。

士昏礼,凡行事,必用昏昕,受诸祢庙。辞无"不腆",无"辱"。挚不用死,皮帛必可制。腊必用鲜,鱼用鲋,必殽全。

女子许嫁,笄而醴之,称字。祖庙未毁,教于公宫,三月。若祖庙已毁,则教于宗室。

昏辞曰:"吾子有惠,贶室某也。某有先人之礼,使某也请纳采。"对曰:"某之子蠢愚,又弗能教。吾子命之,某不敢辞。"致命,曰:"敢纳采。"

纳吉,曰:"吾子有贶命,某加诸卜,占曰'吉',使某也敢告。"对曰:"某之子不教,唯恐弗堪。子有吉,我与在,某不敢辞。"

父醮子,命之,曰:"往迎尔相,承我宗事。勖帅以敬先妣之嗣,若则有常。"子曰:"诺。唯恐弗堪,不敢忘命。"

父送女,命之,曰:"戒之敬之,夙夜毋违命。"

母施衿结帨,曰:"勉之敬之,夙夜无违宫事。"

庶母及门内,施鞶,申之以父母之命,命之曰:"敬恭听宗尔父母之言。夙夜无愆,视诸衿鞶。"

昏礼

综上所述,可以看出古人的婚姻观具有如下特点:

其一,同姓不婚,合二姓之好。《礼记·郊特牲》说:"夫昏礼,万世之始也。取于异姓,所以附远厚别也。"《礼记·昏义》说:"昏礼者,将合二姓之好,上以事宗庙,而下以继后世也。"

其二,男女无媒不交。男女婚姻的完成,必须借助媒妁,只有通过媒人完成的婚姻才是合道德合法的,才能为世人所承认。

其三,男女无币不相见。所谓"币"即指礼物。我们看到,在昏礼的六道程式之中,男方使者至女家都持有礼物。这些礼物只是一种象征意义。

其四,重视以"顺从"为核心的妇德。对于已经许嫁的女子,不仅要为她举行表示成年的礼仪,还要接受三个月的婚前教育,教育的内容包括妇德、妇言、妇容、妇功四项。

3.丧服

丧服是服丧时穿戴的服饰。古人为悼念死者设置了丧服制度,丧服制度以亲属关系为原则。由于死者与生者在亲属关系上有亲疏远近的不同,所以其丧服的等级和服丧的期限也有不同。丧服的服饰规制包括衰裳、首服、绖带、鞋饰、杖等五个方面,分为五个等级,即斩衰、齐衰、大功、小功、缌麻五等。丧期,指守丧的期限,分为三年、一年、九月、五月、三月五种。丧服的五个等级与丧期的五种期限,并不是一一对应,有时会出现交错的情况。如斩衰的服期只有三年,而齐衰的服期就有齐衰三年、齐衰一年、齐衰三月三种。

(1)丧服的服饰规制

①衰裳。"衰",用同"缞",本指服丧时缀于胸前的一方四寸宽、六寸长的没有缉边的粗布,可能是用来擦拭眼泪表示哀戚之情的。丧服的等级通过衰裳用布和做工精粗表现出来。丧服越重,衰裳的质料越粗恶,做工也越粗劣。

张惠言绘制的玄端衣裳

②首服。丧服的首服包括冠饰与发饰两类。

根据《仪礼》,男子丧冠的缨与武,即冠带和冠卷,是用一条麻绳或布条圈折而成。

丧服的等级不同，丧冠的用布和做工、折缝的位置也有区别。丧服越重，丧冠用布的质料越差，做工也越粗劣。从折缝的位置而言，大功以上的丧服右缝，小功以下的丧服左缝。

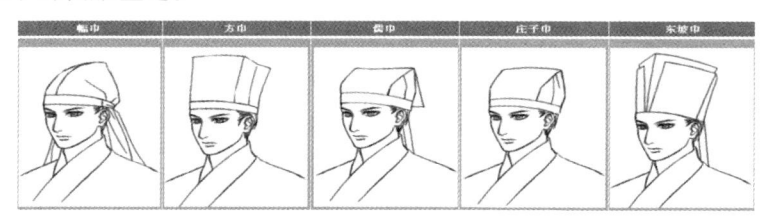

男子首服上几种常见的巾

③绖带。指丧服所系之带，绖一般以麻制成，在首为首绖，在腰为腰绖。首绖，即头带，是系于头部的麻带。丧服等级不同，首绖的材料和缀束形式也不同。腰绖，即腰带。古人常服束腰之带有革带和大带两种，革带是用革制成的，大带则是用丝制成的。

服丧期间大带被上面所说的麻制腰绖所取代，革带则被绞带或布带所取代。绞带，服斩衰服时系在腰间的绳子，以苴麻绞成，所以叫作绞带。服齐衰服以下的丧服时，系在腰间的绳子则以布制成，故又称布带。

头带　　　　　　腰绖

④鞋饰。古人的鞋有单底复底之分，复底的鞋谓之舄，单底的鞋谓之屦，屦劣于舄。服丧期间只穿单底的屦。

夏季之屦用葛制成，冬季之屦用皮制成。丧服中穿着的屦是用草、麻等材料编制而成，有菅屦、绳屦、疏屦、麻屦的区别。菅屦，是用茅草编制的鞋子。绳屦，是用麻绳编制的鞋子。疏屦，是用藨、蒯草编制的鞋子。麻屦，是用麻编成的鞋子。斩衰丧穿菅屦，齐衰丧穿疏屦，齐衰不杖期穿麻屦，齐衰三月与大功之服穿绳屦。小功以下丧服穿常服所穿的屦，但是去掉鞋头鼻状形的装饰物"绚"。

菅屦　　　　　　　绳屦

⑤杖。杖即后世所称的"丧棒""孝杖",是丧服服饰规制的一个重要组成部分,也是丧服等级的重要标志。只有斩衰服、齐衰三年服及齐衰杖期之服用"杖",其他丧服不用"杖"。斩衰服用苴杖,齐衰三年与齐衰杖期之服用削杖。苴杖,即竹杖,因竹粗恶如苴,故谓之苴杖。削杖,即桐木杖,因为削去了桐木的枝叶和皮,故谓之削杖。杖的长度与使用者胸部当齐,杖的粗细与服丧者的腰绖相等,拄杖时根部朝下。

用杖有两方面的意义,一是用以表示用杖者的身份地位,有爵位的人和充当丧事主人的嫡子可以用杖;二是用以"辅病",即用以扶持服丧者因悲痛哀伤而衰弱、疲惫的身躯。

丧棒

(2) 五服

①斩衰。五服中最重的一种。斩,指丧服的衣边不加缝,裸露断处以示衣服未加修饰,借以表达极度悲痛之情。斩衰,就是用最粗的生麻布制成的不缝衣边的丧服。

子为父、父为长子都是斩衰;诸侯为天子、臣为君也是斩衰;妻妾为夫,未嫁的女子为父也是斩衰。

(宋)聂崇义《新定三礼图》之斩衰衣、斩衰裳

②齐衰。五服中的第二等丧服。齐衰服用熟麻布制成,缝边整齐。齐衰根据不同的居丧期限可分为四等:

a.齐衰三年,父卒为母、母为长子的丧服。

b.齐衰一年,用杖(丧礼中所执的)"杖期",父在为母、夫为妻的丧服。

c.齐衰一年,不用杖"不杖期",男子为伯叔父母、为兄弟的丧服,已嫁的女子为父母、媳妇为舅姑(公婆)、孙子和孙女为祖父母也是不杖期。

d.齐衰三月,为曾祖父母的丧服。

(宋)聂崇义《新定三礼图》之齐衰衣、齐衰裳

③大功。五服中的第三等。丧服用熟麻布制成,做功比齐衰较为精细。功,指对布料的加工处理。大功,即用功粗大。丧期为九个月。男子为出嫁的姊妹和姑母、为堂兄弟和未嫁的堂姊妹都是大功,女子为丈夫的祖父母、伯叔父母、自己的兄弟也是大功。

(宋)聂崇义《新定三礼图》之大功衣、大功裳

④小功。五服中的第四等。丧服用熟麻布制成。小功,指丧服的布料和制作较大功更为精细。丧期为五个月。男子为叔伯祖父母、堂叔伯父母、同曾祖但不同祖父的兄弟、堂姊妹、外祖父母,嫡子为庶母,女子为丈夫的姑姐妹、兄弟媳妇,公婆为庶妇等服小功。

⑤缌麻。五服中最轻的一等。缌,细麻布。丧期为三个月。男子为族曾祖父母、族祖父母、族父母、族兄弟、外孙、外甥、婿、岳父母、舅父服缌麻。

从《仪礼·丧服》中可以看出,五服制度既是宗法制度的产物,反过来,又起到了维护封建宗法制度的作用。五服制度以血缘和婚姻为纽带,编织了一个组织严密的亲属网络,这个网络有以下特点:

其一,亲亲。在这个网络中,有父系和母系、直系和旁系、族亲和外宗等亲属,有老人也有少年,有男性也有女性,只要有血缘和姻亲关系,无论是谁,一旦离世,这个网络中的亲属都会为之服以相应的丧服。

其二,尊尊。"尊祖敬宗"是"尊尊"的核心内容之一,在丧服制度上就表现为尊父、尊夫、尊嫡、尊君。

其三,男女有别,男尊女卑。五服制度还强调了妇女的从属地位。

《丧服》中的五服制度,经过统治者的强化和大力推行,从魏晋到清末,在中国社会产生了广泛的影响。

4.士相见礼

士之间初次相见,冬季携带的礼物是雉,夏季携带的礼物是干雉。见面时客人双手横捧雉,雉头向左,献于主人,主人再三推辞之后接受礼物,随后主人带着客人的礼物回拜,客人再三辞谢后接受礼物。

士拜见大夫时,主人不接受客人的礼物。但是曾经做过大夫家臣的公士来见,主人辞谢一番后,会接受客人的礼物,然后在客人回家时派摈者把礼物归还客人。下大夫之间初次相见,客人携带的礼物是雁。雁以布逢衣为饰,捆紧雁的身子,用绳索拴牢雁的两足,见面时客人双手横捧雁,雁头向左,献于主人。

上大夫之间初次相见,客人携带的见面礼是羊羔。羊羔要以布逢衣为饰,用绳索拴住羊羔的前足和后足,见面时客人双手攥着羊羔的前后足,横捧羊羔,羊头向左,献于主人。其他仪节和士与士之间相见的礼节相同。

五、历代《仪礼》研究概况

根据文献考证,《仪礼》成书后,曾作为礼典在各诸侯国流行过一段时间,后经秦焚书之劫,"遂以散亡"。汉初,惠帝废除"挟书律",从民间到官方陆续恢复五经的传授。汉武帝罢黜百家,独尊儒术,为五经设立博士,确定了经学的地位,经学自此大兴。汉代传授礼的儒生很多,但民间传授《仪礼》的第一代大师则是鲁高堂生,现存《仪礼》一书就传自高堂生。

高堂生的后学中比较有名的是五传弟子庆普、戴德、戴圣。庆普、戴德、戴圣传礼都自成家法,因此礼学分为三家,即庆氏《礼》、戴德《礼》、戴圣《礼》。或许由于戴德为叔,戴圣为侄,故世人称戴德为大戴,戴德《礼》为《大戴礼》;称戴圣为小戴,戴圣《礼》为《小戴礼》。大小戴礼率先在西汉立于学官,庆普礼则独盛于东汉,传大小戴礼的学者在此时多已湮没无闻。

东汉时已有学者为礼书作注,为《仪礼》作注则始于马融,但马融也仅为《仪礼》中的《丧服传》作注,而不是为《仪礼》全部经文作注。东汉末年,郑玄比较今古文之异同,综合今古文之长,整理校订《仪礼》,并为之作注。此后,郑学独盛,今天所看到的《仪礼》就是郑玄本,而大小戴本、庆普本都已失传。

郑玄注《仪礼》,文简义明,有别于汉代经学的繁缛芜杂,故能超越诸家而传于后代,但是郑玄注也有弊病与不足,正如钱玄《三礼通论》所言:一、《周礼》《仪礼》均为周公所作,如其他文献有与《周礼》《仪礼》不合之处,就牵强弥缝,或指为殷商之制。二、好引谶纬之书作解。

魏至西晋,王肃有《仪礼注》及《仪礼丧服经传注》,注中杂用今古文,刻意与郑玄立异。依靠司马氏政治的支持,王肃的礼学立于学官,在西晋盛极一时。东晋元帝时,又恢复了郑学,郑学压倒王学。

南北朝时,经学分为南学、北学,而"礼则同遵于郑氏"。南朝治礼者适应门阀社会的需要,应用多重宗法礼制,注重《丧服》经传的探讨,产生了一批有关丧服礼仪的著述。刘宋的雷次宗以礼学名世,时称"雷郑";齐朝礼学以王俭、刘瓛最为著名;梁朝则产生了何佟之、司马筠、崔灵恩等大批礼学家。

北朝礼学,承袭汉学,注重训诂,注重实用。北朝礼学著名者首推北魏大儒徐遵明,其次为北周的沈重,他撰有《仪礼义疏》三十五卷,为时所重。

隋统一天下,南北经学归于一统,而《仪礼》则只有郑注立于国学。

唐代继承隋代统一南北经学的成果,进一步统一儒家经典,不仅对五经的文字进行统一,而且对五经的注疏进行统一,编写了五经的标准本,明经考试以此为准。与此同时,贾公彦的《周礼疏》《仪礼疏》和杨士勋的《公羊传疏》、徐彦的《穀梁传疏》也随后立于学官,这就是"九经"。贾公彦的《仪礼疏》是历史上最早对《仪礼》全书作疏的著作,疏解详赡,然依据材料不够丰富而行文芜杂,学界多认为远不如其《周礼疏》。此外,陆德明的《经典释文》、杜佑的《通典》中的礼典部分记录了前代有关《仪礼》的资料,两书均为后代礼学家所重视。由于《仪礼》之要义在于礼器的陈设、礼仪的演练实行,而时移世易,诚难固守,加之经义多有晦涩难明之处,唐代学官中传习《仪礼》的人并不多,整体上来说,《仪礼》在唐代趋于衰微了。

《仪礼》学在北宋较冷清,神宗熙宁四年(1071),王安石进行变法,改革科举,废罢诗赋明经科,《仪礼》之学更被冷落了。

南宋时期,出现了几部注释和研究《仪礼》的名著,它们是张淳的《仪礼识误》、李如圭的《仪礼集释》《仪礼释宫》《仪礼纲目》、魏了翁的《仪礼要义》、朱熹的《仪礼经传通解》、聂崇义的《新定三礼图》、杨复的《仪礼图》等等。其中,李如圭的《仪礼集释》是南宋校勘《仪礼》的重要成果,他的《仪礼释宫》在考订古代宫室之制上多有创见,《四库全书总目提要》誉为"治《仪礼》者之圭臬"。朱熹的《仪礼经传通解》,实际上是起于朱熹而完成于其弟子黄榦、杨复之手。此书把原本没有分节的《仪礼》各篇按仪节分段,每节标明某事,使纲目更为清晰,便于阅读。聂崇义的《新定三礼图》和杨复的《仪礼图》则反映了宋代《仪礼》研究的另一特点,即绘制礼图,以图解的方式把古代宫室之制和礼典中器物的陈设、人物进退揖让的方位形象直观地揭示出来。

元明经学株守宋学,日益走向空疏,礼学更加衰微。元代取士不用《仪礼》,故罕有人传习和研究《仪礼》,著述少且乏识见,其中仅有敖继公的《仪礼集说》十七卷成就较高。

明代《仪礼》之学几成绝学。

清代学者一改宋学空疏之弊,恢复汉学,穷究古代典章制度,详研汉唐注疏文字,《仪礼》之学达到全盛时期,出现了许多研究《仪礼》的名著。校勘方面的名著有张尔岐的《仪礼郑注句读》、卢文弨的《仪礼注疏详校》、阮元的《仪礼石经校勘记》《仪礼注疏校勘记》等,经义注疏方面的名著有方苞的《仪礼析疑》、万斯大的《仪礼商》等。清代《仪礼》研究开辟了专题研究的新领域,研究宫室之制的代表作有江永的《仪礼释宫增注》、任启运的《朝庙宫室考》等;研究祭祀之制的代表作有毛奇龄的《郊社禘祫问》、任启运的《肆献祼馈食礼》等。随着《仪礼》研究的深入,还出现了类书性的著作,其代表作有徐乾学的《读礼通考》、秦蕙田的《五礼通考》、江永的《礼书纲目》。

代表清代《仪礼》学最高水平的著作有三部,它们是胡培翚的《仪礼正义》、张惠言的《仪礼图》和凌廷堪的《礼经释例》。

胡培翚的《仪礼正义》是其积四十余年之功而完成的。以郑注为基础,对郑注进行发挥、补充,并对郑注中的错误详细辨正,以别是非。后来学者研究《仪礼》的观点虽与郑注有异,但义可旁通,亦附而存之。胡培翚的《仪礼正义》是一部《仪礼》学的集大成之作。

张惠言的《仪礼图》兼采唐宋元及清代诸儒之书,首为宫室图、衣服图,总挈大纲,而后按十七篇之仪节随事列图,详细标示宫室建制、礼器设置和行礼的方位、处所,形象直观,可以帮助正确地理解经文。

凌廷堪的《礼经释例》十三卷,据作者自述,是其积十余年之功撰就的。他将《仪礼》中的礼典划分为饮食之例、宾客之例、射例等二百四十六例,综合众家之说,是今人进入《仪礼》之阶梯。

六、参考书目

①《仪礼注疏》十七卷,(汉)郑玄注,(唐)贾公彦疏,中华书局影印,《十三经注疏》本。

②《仪礼识误》三卷,(宋)张淳撰,《四库全书》本。

③《仪礼图》十七卷,《仪礼旁通图》一卷,(宋)杨复撰,元刻本,清丁丙跋,今藏南京图书馆。

④《仪礼集释》三十卷,(宋)李如圭撰,《四库全书》本。

⑤《仪礼集说》十七卷,(元)敖继公撰,《四库全书》本。

⑥《仪礼郑注句读》十七卷附《监本正误》一卷《石经正误》一卷,(清)张尔岐撰,《四库全书》本。

⑦《读礼通考》一百二十卷,(清)徐乾学撰,稿本,今藏国家图书馆。

⑧《仪礼析疑》十七卷,(清)方苞撰,《四库全书》本。

⑨《肆献裸馈食礼》三卷,(清)任启运撰,《四库全书》本。

⑩《仪礼注疏详校》十七卷,(清)卢文弨撰,《抱经堂丛书》本。

⑪《仪礼汉读考》一卷,(清)段玉裁撰,《皇清经解》本。

⑫《礼经释例》十三卷《目录》一卷,(清)凌廷堪撰,《皇清经解》本。

⑬《仪礼图》六卷,(清)张惠言撰,《皇清经解续编》本。

⑭《〈仪礼〉与〈礼记〉之社会学的研究》,李安宅著,四川人民出版社 1991

年版。

⑮《武威汉简》,甘肃省博物馆、中国科学院考古研究所编著,文物出版社1964年版。

⑯《士昏礼服饰考》,陈瑞庚、章景明著,台湾中华书局1971年版。

⑰《仪礼译注》,杨天宇撰,上海古籍出版社1994年版。

⑱《仪礼译注》,李景林、邵汉明、王素玲注译,吉林文史出版社1995年版。

⑲《仪礼译注》,彭林译注,中华书局2012年版。

《礼记》导读[①]

今本《礼记》，也称《小戴记》或《小戴礼记》，是儒家的经典之一。《礼记》中的"礼"，指的是《仪礼》（即《礼》或《士礼》）；"记"是指对经文所作的解释、说明或补充。实际上，《礼记》是一部先秦至两汉时期儒家关于各种礼仪的论著以及礼学文献汇编。它的内容庞杂、繁富，综合了儒家传统礼学的各个方面，既阐释了《仪礼》所载各种礼仪制度的意义，也点滴记述了夏商周三代所传之礼，其中还记载了孔子及弟子关于礼的问答、阐释，是研究中国古代礼学的重要资料，也是研究孔子及早期儒家礼学思想的重要资料。《礼记》既可与《仪礼》《周礼》相互补充，又可相互印证，是"三礼"中对后世产生较大影响的一部儒家关于礼学的代表著作，对于研究中国二千多年以来的礼仪制度、礼学思想、礼教学说、礼法道德乃至人们的行为规范等都具有重要意义。

一、《礼记》的作者、成书年代及列入经书的时间

关于《礼记》一书的作者，历来盛行的说法是此书乃西汉戴圣所辑。

郑玄的《六艺论》云："戴德传《记》八十五篇，则《大戴记》是也，戴圣传《记》四十九篇，则此《礼记》是也。"（孔颖达《礼记正义》）

晋人陈邵在《周礼论序》中亦云：戴德删古礼二百四篇为八十五篇，谓之《大戴礼》；戴圣删《大戴礼》为四十九篇，是为《小戴礼》。后汉马融、卢植考诸家同异，附戴圣篇章，去其繁重及所叙略而行于世，即今之《礼记》是也。郑玄亦依卢、马之本而注焉。（《经典释文·序录》）

《礼记》二十卷，汉九江太守戴圣撰，郑玄注。郑玄云：有记合二百十四篇，

[①] 本部分内容为郭迎春写作。

戴德删其烦重，合而记之，为八十五篇，谓之《大戴记》；而戴圣又删大戴之书为四十六篇，谓之《小戴记》。汉末，马融遂传小戴之学，融又足《月令》一篇、《明堂位》一篇、《乐记》一篇，合四十九篇。而郑玄受业于融，又为之注。(《隋书·经籍志》)

因此，人们据孔颖达所引郑玄之说、《释文》、《隋志》所载而认为，《礼记》是西汉戴圣所纂辑，其四十九篇是戴圣删戴德《大戴礼记》八十五篇而成，又说汉末马融传小戴之学而补《月令》《明堂位》《乐记》三篇为今本《礼记》四十九篇。

戴圣，字次君，西汉梁人，是戴德兄长之子，世称小戴，西汉宣帝时为博士，官至九江太守，曾以博士身份讲论五经于石渠阁，为当时著名儒臣。戴德，字延君，世称大戴，为信都太傅。《汉书·儒林传》载："汉兴，鲁高堂生传《士礼》十七篇。"其中，受其业者，"瑕丘萧奋以《礼》至淮阳太守"，又有东海人孟卿"事萧奋，以授后苍、鲁闾丘卿。仓说《礼》数万言，号曰《后氏曲台记》，授沛闻人通汉子方、梁戴德延君、戴圣次君、沛庆普孝公"。据此所记，西汉初鲁人高堂生传《士礼》十七篇，授瑕丘萧奋，萧奋以授孟卿，孟卿以授后苍，后苍以授沛人闻人通汉(字子方)、梁人戴德(字延君)、戴圣(字次君)、沛人庆普(字孝公)，由是《礼》有大戴、小戴、庆氏之学，此似为西汉传《礼》之宗。然而，高堂生所传乃《士礼》十七篇，当为今本之《仪礼》，即《礼古经》，而作为《礼经》之"记"，此载最初传本是《后氏曲台记》。曲台，西汉宫殿名。汉承秦宫制，设曲台殿。《记》乃为后苍所传。后苍，字近君，东海郯人，通《诗》《礼》，为汉博士，官至少府，曾受业于孟卿而习礼。而大戴、小戴、庆氏三家皆受学于后苍，此时均立于学官。

然而非常值得注意的是，班固的《汉书·艺文志》并未收录大小戴传礼之《记》，其书目收入的有：《礼古经》五十六卷，《经》十七篇，《记》百三十一篇，《明堂阴阳》三十三篇，《王史氏》二十一篇，《曲台后苍》九篇，《中庸说》二篇，《明堂阴阳说》五篇。(又载《乐记》二十三篇)

班固所记凡《礼》十三家，五百五十五篇；凡《乐》六家，百六十五篇。对于"《记》百三十一篇"，班氏明言其为"七十子后学"所记。陆德明《经典释文·序录》也云："《礼记》者，本孔子门徒共撰所闻，以为此记。后人通儒各有损益。"

按《经典释文·序录》而确定《礼记》篇章作者的有：《中庸》是子思伋所作(郑玄《礼记目录》云)；《缁衣》是公孙尼子所制(《释文》引刘瓛说)；《月令》是吕不韦所撰(郑玄云)；《王制》是汉时博士所为(卢植云)。

以上各说现代学者并不认同，尤其是其中的《月令》篇吕不韦修自何人何时之作，《王制》篇汉时博士录自哪里等均未言明，给后人留下疑问。但是，1993年在湖北荆门郭店出土的战国楚简中，有《礼记》中《缁衣》篇残简，则可以证明此篇确实出自先秦人之手。

可见《礼记》四十九篇为戴圣所传，实是郑玄在《六艺论》中首倡。因而可以确信，至晚在东汉中期已有《礼记》四十九篇之传本。由于郑玄为《礼记》作注且言其四十九篇乃戴圣所纂辑，便使此说传于后世；至唐代，孔颖达《礼记正义》、陆德明《经典释文》也采用郑说，更使此说代代相传。

总之，《礼记》四十九篇是东汉以后才开始流传，即使确定为戴圣所传，也并未能尽知其四十九篇所记之人。但可以肯定的是，它是"孔子门徒共撰所闻"，"七十子后学"所记，是一部出自从先秦至汉代诸儒之手的著作，广泛汇集了研究礼学、传讲礼经的诸多儒者的思想观点或主张，这一点毋庸置疑。

《礼记》被列入经书，则是在唐朝时期。唐代之始，经学即得以振兴，唐统治者十分重视儒教，唐太宗以儒学多门、经籍久远、章句繁杂且文字多讹谬之由，诏国子祭酒孔颖达与诸儒撰定《五经正义》，凡一百八十卷，并有颜师古考订五经文字，撰成《五经定本》。孔颖达所定《周易正义》《尚书正义》《毛诗正义》《礼记正义》《春秋左氏传正义》，使经学得到前所未有的大统一。此后，经典的其他注疏不复独存，《五经正义》之文成为天下之人习诵之圭臬。更为重要的是，由于孔颖达《礼记正义》的撰成并被颁布于天下，《礼记》于"三礼"中第一次脱颖而出，而且《礼记》第一次在朝廷的诏告下正式升成为"经"，并在唐代形成了《礼记》独盛的状况，这是经学史上的大改变。

二、《礼记》的篇章结构与分类

《礼记》四十九篇，记载了夏、商、周三代特别是周王朝的典章制度以及冠、昏、丧、祭、燕、射、朝、聘等礼仪，当然也夹杂了汉代初期的礼仪制度，它广泛地阐述了儒家关于礼制的精神以及构建礼制的意义，集中地反映了儒家礼治的思想和主张。《礼记》的内容非常庞杂，有的篇章内容相对集中，阐述某一方面；有的篇章则杂乱无序，每节内容又相互独立，毫不相涉。其四十九篇内容据郑玄《目录》引刘向《别录》之言，可知刘向曾将《礼记》四十九篇分为九类：

①属"通论"者有十六篇：《檀弓（上下）》《礼运》《玉藻》《大传》《学记》《经解》

《哀公问》《仲尼燕居》《孔子闲居》《坊记》《中庸》《表记》《缁衣》《儒行》《大学》。

②属"制度"者有六篇:《曲礼(上下)》《王制》《礼器》《少仪》《深衣》。

③属"吉事"者有七篇:《投壶》《冠义》《昏义》《乡饮酒义》《射义》《燕义》《聘义》。

④属"丧服"者有十一篇:《曾子问》《丧服小记》《杂记(上下)》《丧大记》《奔丧》《问丧》《服问》《间传》《三年问》《丧服四制》。

⑤属"祭祀"者有四篇:《郊特牲》《祭法》《祭义》《祭统》。

⑥属"明堂阴阳(记)"者有二篇:《月令》《明堂位》。

⑦属"世子法"者有一篇:《文王世子》。

⑧属"子法"者有一篇:《内则》。

⑨属"乐记"者有一篇:《乐记》。

刘向的分类法,已被数家学者指出其缺乏科学性,分类标准也不尽统一,如其制度、丧服、祭祀、世子法、子法等五类是按内容来分类,明堂阴阳(记)、乐记则是按记文的出处来分类,通论乃是以文体来分类,吉事则又是根据文章内容的性质来分类等等。①

刘向对《礼记》四十九篇的分类,确有其不当之处,如《别录》列"吉事""丧服""祭祀"三类,若按"丧服"即属凶礼、"祭祀"即属吉礼而论,《别录》所分此三类则难言其准确。孔疏中曾释"五礼"云:"《舜典》云类于上帝,则吉礼也;百姓如丧考妣,则凶礼也;群后四朝,则宾礼也;舜征有苗,则军礼也;嫔于虞,则嘉礼也。"其后孔氏又言:"其实事天地唯吉礼也。"那么,以此而言《郊特牲》《祭法》《祭义》《祭统》等篇所述的祭祀天地、群神、社稷之礼当属吉礼,但其又列出"吉事"之属,在内容性质上似有繁复之嫌。

近代学者梁启超著有《要籍解题及其读法》(江苏广陵古籍刻印社1990年11月影印),将大小戴《礼记》篇目混合在一起,按内容将其归为十类,可为一家之说。梁氏分类如下(仅摘小戴《礼记》四十九篇):

①记述某项礼节条文之专篇,如《投壶》《奔丧》等,又《内则》《少仪》《曲礼(上下)》之一部分。

---

① 杨天宇.礼记译注[M].上海:上海古籍出版社,1997:17;王锷.三礼研究论著提要[M].兰州:甘肃教育出版社,2001:226.

②记述某项政令之专篇,如《月令》。

③解释礼经之专篇,如《冠义》《昏义》《乡饮酒义》《射义》《燕义》《聘义》《丧服四制》等。

④专记孔子言论,如《丧记》《缁衣》《仲尼燕居》《孔子闲居》《哀公问》《曾子问》等。

⑤记孔门及时人杂事,如《檀弓(上下)》《杂记(上下)》之一部分。

⑥制度之杂记载,如《王制》《玉藻》《明堂位》等。

⑦制度礼节之专门的考证及杂考等,如《礼器》《郊特牲》《祭法》《祭统》《大传》《丧服》《奔丧》《问丧》《间传》等。

⑧通论礼之意义或学术,如《礼运》《经解》《祭义》《三年问》《乐记》《学记》《大学》《中庸》等。

⑨杂记格言,如《曲礼(上下)》《少仪》《儒行》等。

⑩某项掌故之专记,如《文王世子》。

梁氏的分类,不尽恰当,如其将《冠义》等七篇归为《仪礼》十七篇之传注,未免有些牵强。

值得重视的是今人王文锦的分类(《经书浅谈》,中华书局1984年版),其更便于我们对《礼记》分类的理解。王文锦将《礼记》划分为八类:

①对某项礼节予以专述,如《奔丧》《投壶》,其体裁与《仪礼》相近,是对《仪礼》的补充。

②直接解释、说明《仪礼》,如《冠义》《昏义》《乡饮酒义》《射义》《燕义》《聘义》《丧服四制》。它们分别解释、说明《仪礼》中的《士冠礼》《士昏礼》《乡饮酒礼》《乡射礼》《大射仪》《燕礼》《丧服》诸篇,跟《仪礼》关系最为密切。

③杂记丧服丧事,如《檀弓(上下)》《曾子问》《丧服小记》《杂记(上下)》《丧大记》《奔丧》《问丧》《服问》《间传》《三年问》《丧服四制》等。

④记述专项礼制,如《王制》《礼器》《郊特牲》《玉藻》《明堂位》《大传》《祭法》《祭统》《深衣》等。

⑤记述日常生活礼节和守则,如《曲礼(上下)》《内则》《少仪》等。

⑥记述孔子言论,如《坊记》《表记》《缁衣》《仲尼燕居》《孔子闲居》《哀公问》《儒行》等(不过,据后人考证,它们中多为战国末或秦汉间儒生假托孔子答问之作,《礼运》等也属此托名之作)。

⑦结构比较完整的儒家论文,如《礼运》《学记》《祭义》《经解》《大学》《中庸》。

⑧具有专门目的的篇章,如用于授时颁政的《月令》,意在为王子示范的《文王世子》。

王文锦的划分撷采众人之说,还是优于前人的。此说有利于人们对《礼记》驳杂内容的理解和把握。

三、《礼记》的主要思想内容

(一)阐述儒家的政治理想及以礼治世的政治主张

1.人类社会的"大同"与"小康"

儒家的学说历来以积极入世、匡扶天下为己任,孔子"祖述尧舜,宪章文武"(《中庸》)之意,是深感于尧舜、文武之君贤能与圣明之道而发出的旨在力主当世君王遵循先圣之典范的倡言。孔子所倡言的臻至社会,是"大同"的理想社会:"大道之行也,天下为公,选贤与能,讲信修睦。故人不独亲其亲,不独子其子,使老有所终,壮有所用,幼有所长,矜寡、孤独、废疾者皆有所养;男有分,女有归。货恶其弃于地也,不必藏于己;力恶其不出于身也,不必为己。是故谋闭而不兴,盗窃乱贼而不作。故外户而不闭,是谓大同。"(《礼运》)

这种臻至的"大同",是上古时代的理想社会。孔子认为,随着社会历史的发展,这种"大同"也仅仅是社会理想而已,他主张用贤明圣王禹、汤、文武时代的治国之略来建立当世的小康社会,即"礼义以为纪,以正君臣,以笃父子,以睦兄弟,以和夫妇,以设制度"(《礼运》),以礼义为纲纪,谨慎地实行礼制,以此来彰明道义,成就信用,明察是非,倡导仁爱、谦让、礼貌之行,君臣、父子、兄弟、夫妇既有差别,又有和同,从而构建一个差别有等、礼义有序而又融洽和谐的社会,此即为"小康"。

在儒家所构建的小康社会中,政治理想的核心就是其一贯倡导的"仁"与"德"。其仁,是以人为本:"故为政在人,取人以身,修身以道,修道以仁。"(《中庸》)意谓行政在于获得人才,获取人才要靠身正,而修正自身要靠道德修养,修养道德就要靠仁义。仁义从家庭伦理来说是爱自己的亲人,从社会关系来说就是尊敬贤人,亲亲、尊尊乃是仁义的具体表现。在儒家倡导的仁德观念中,贤明之君的典范作用是至关重要的:"禹立三年,百姓以仁遂焉。"(《缁衣》)意谓夏朝时禹在君位三年,百姓在禹的修正自身、仁德施政中得到了教化,因而仁道得以畅行。

仁德可以拥有天下,如历史上著名的虞芮之讼:西伯阴行善,诸侯皆来决平。于是虞、芮之人有狱不能决,乃如周。入界,耕者皆让畔,民俗皆让长。虞、芮之人未见西伯,皆惭,相谓曰:"吾所争,周人所耻,何往为?只取辱耳。"遂还,俱让而去。诸侯闻之,曰:"西伯盖受命之君。"(《史记·周本纪》)

仁德以亲亲为始:"亲亲也,尊尊也,长长也,男女有别,此其不可得与民变革者也。"(《大传》)亲爱自己的父母亲人,尊敬尊者,敬爱长辈,男女有别,此是人的伦理纲常之道,且万世不可变革。

历史是有管仲之忠告作明证的。管仲有病,桓公往问之,曰:"仲父病,不幸卒于大命,将奚以告寡人?"管仲曰:"微君言,臣故将谒之。愿君去竖刁,除易牙,远卫公子开方。易牙为君主,惟人肉未尝,易牙烝其子首而进之。夫人唯情莫不爱其子,今弗爱其子,安能爱君?君妒而好内,竖刁自宫以治内。人情莫不爱其身,身且不爱,安能爱君?闻开方事君十五年,齐、卫之间不容数日行,弃其母,久宦不归。其母不爱,安能爱君?臣闻之:'矜伪不长,盖虚不久。'愿君久去此三子者也。"管仲卒死,桓公弗行。及桓公死,虫出尸不葬。(《韩非子·难一》)伦理纲常之道,法家与儒家是相通的,齐桓公生前作为伯主,尊奉周天子,以周礼拱卫天下,得到诸侯的拥戴,但晚年却背弃了亲亲之道而宠信奸邪之徒,最后落得如此结局,令人深思!

"故为政在人,取人以身,修身以道,修道以仁。"(《中庸》)孔子过泰山侧,有妇人哭于墓者而哀,夫子式而听之。使子路问之曰:"子之哭也,壹似重有忧者。"而曰:"然。昔者吾舅死于虎,吾夫又死焉,今吾子又死焉。"夫子曰:"何为不去也?"曰:"无苛政。"夫子曰:"小子识之,苛政猛于虎也。"(《檀弓下》)

儒家还主张要在社会施政中,"一道德以同俗,养耆老以致孝,恤孤独以逮不足,上贤以崇德,简不肖以绌恶"(《王制》),即规范人们的道德观念来移风易俗,做到赡养老人而使全社会尊老敬老,尊重贤德之人而使人们更加崇尚道德,摈弃无德之行使得人们摒除邪恶,最终构建一个没有荒废的土地,没有无业的游民,人人安居乐业、勤奋努力的理想小康社会:"无旷土,无游民,食节事时,民咸安其居,乐事劝功。"(《王制》)纵使在这样的小康社会中无法完全实现"大同""天下为公"的理想,但是对于矜寡、孤独者,即那些穷苦而无处可求告之人,也应该有经常性的粮食救济而使得他们能够生存,还有那些"瘖(哑)、聋、跛、躄(瘸)、断(四肢残缺)者、侏儒、百工"等,则"各以其器(能)食之"(《王制》),就是用各自的技能来供官役,养活自己。在此,儒家勾画了一个封建农业的"小康"社会,其"仁""德"的观点和主张完全融入了政治统治范畴,反映了以"仁政"为核心的儒家学说和政治主张。

2.礼为纲纪

作为儒家学说的创始人,孔子积极主张"复礼",这种"礼"即为儒家赞美颂扬的周礼。西周王朝建立后,周公制礼作乐,以礼来规范社会,治理天下。周武王崩,成王年幼,"周公践天子之位以治天下。六年朝诸侯于明堂,制礼作乐,颁度量,而天下大服。七年致政于成王"(《明堂位》)。那么,在礼乐之治中,"天下大服"的西周社会就成为儒家向往的一种上下有序、纲常有度的理想社会形态。

所以,孔子一方面对于春秋时期礼坏乐崩的社会现状深有慨叹:"丘也小人,不足以知礼。"(《哀公问》)而另一方面,他反复强调礼在治理社会中的重要作用:"民之所由生,礼为大。""古之为政,爱人为大。所以治爱人,礼为大。"(《哀公问》)"爱人"即为"仁",为政爱人,是为仁政,仁政就是以礼治来统帅社会治理,并通过教化使礼得以实施:"礼者,君之大柄也,所以别嫌明微,傧鬼神,考制度,别仁义,所以治政安君也。"(《礼运》)"礼"成为国君持有的治国的重要手段,能够用来治理国政、安定君位。不仅如此,"礼"在儒家看来还是人伦纲常,维系着人们的家庭伦理关系和社会秩序,制约着人们的思想道德乃至行为准则。

先秦儒家自孔子始即构建了一个完备而严密的政治、思想、文化体系,而"礼"是这一体系中至为重要的纲纪,在人的社会中建立了父慈子孝、兄良弟弟(悌)、夫义妇听、长惠幼顺、君仁臣忠之礼。值得我们今天正确解读的是,这个"礼"对所有关系成员进行制约,首先有慈父,再约束其子守孝道;为夫者有道义,再言及为妻者要听从;做长辈的仁惠,年幼者顺服;君王有仁德,为臣者尽忠。否则,就背离了礼为纲纪的准则。

"礼者,履也"(《祭义》),"言而履之,礼也"(《仲尼燕居》)。礼,是为人们的言行制定一整套所应遵循的规范和准则,其本质在于"行修言道"(《曲礼上》),即行为要有修养,语言符合道义。

儒家认为，"礼"乃人与禽兽的重要区别所在："鹦鹉能言，不离飞鸟。猩猩能言，不离禽兽。今人而无礼，虽能言，不亦禽兽之心乎？"禽兽父子聚麀，没有伦理，因此被称作"禽兽"。人的社会有圣人出现，"为礼以教人，使人以有礼，知自别于禽兽"（《曲礼上》）。可见，"礼"为纲纪，实乃为人的最基本准则，也是中国传统文化自古以来最引以为傲之道。

齐庄公袭莒于夺，杞梁死焉，其妻迎其柩于路而哭之哀，庄公使人吊之，对曰："君之臣不免于罪，则将肆诸市朝，而妻妾执；君之臣免于罪，则有先人之敝庐在，君无所辱命。"（《檀弓下》）按丧礼，国君吊唁臣子之丧，应该前往臣子家所设立的殡宫，齐庄公穷兵黩武攻打莒国，战争进行得非常惨烈，杞梁战死。杞梁之妻迎其棺柩哭于路，拒绝了齐庄公不按君臣之礼吊唁的行为。循礼守礼的杞梁之妻被赞誉。

礼作为人之言行的准则，可培养人的品行修养："修身践言，谓之善行。行修言道，礼之质也。"人有礼则安，无礼则危。"敖不可长，欲不可从，志不可满，乐不可极。"（《曲礼上》）"居丧不言乐，祭事不言凶，公庭不言妇女。"（《曲礼下》）"不窥密，不旁狎，不道旧故，不戏色。"（《少仪》）

"临财毋苟得，临难毋苟免。"（《曲礼上》）古代不乏恪守此礼的女子。《列女传》记载：苔子治陶三年，名誉不兴，家富三倍。其妻数谏不用。居五年，从车百乘归休。宗人击牛而贺之，其妻独抱儿而泣。姑怒曰："何其不祥也！"妇曰："夫子能薄而官大，是谓婴害。无功而家昌，是谓积殃。昔楚令尹子文之治国也，家贫国富，君敬民戴，故福结于子孙，名垂于后世。今夫子不然。贪富务大，不顾后害。妾闻南山有玄豹，雾雨七日而不下食者，何也？欲以泽其毛而成文章也。故藏而远害。犬彘不择食以肥其身，坐而须死耳。今夫子治陶，家富国贫，君不敬，民不戴，败亡之征见矣。愿与少子俱脱。"姑怒，遂弃之。处期年，苔子之家果以盗诛。唯其母老以免，妇乃与少子归养姑，终卒天年。君子谓苔子妻能以义易利，虽违礼求去，终以全身复礼，可谓远识矣。

礼还涉及人日常生活的言行修养：

> 为人子者，居不主奥，坐不中席，行不中道，立不中门。

> 幼子常视毋诳，童子不衣裘、裳。

> 凡与客入者，每门让于客。

> 尊客之前不叱狗。让食不唾。

贫者不以货财为礼,老者不以筋力为礼。

共食不饱,共饭不泽手。毋抟饭,毋放饭,毋流歠,毋咤食,毋啮骨,毋反鱼肉,毋投与狗骨。毋固获,毋扬饭,饭黍毋以箸。毋嚃羹,毋絮羹,毋刺齿,毋歠醢。(《曲礼上》)

3.礼因人情而立

"天命之谓性,率性之谓道,修道之谓教。"(《中庸》)性、道、教是人生所必不可少的要素。性,是天与自然所赋予的,即天性;道,是人循性之所行,即行为准则"礼";教,是修养之道,即教养人之行为合乎道。冠礼成就成人之志,婚礼合二姓之好、亲爱之情,丧礼示哀戚之至也,节哀顺变。

宰我问:"三年之丧,期已久矣! 君子三年不为礼,礼必坏;三年不为乐,乐必崩。旧谷既没,新谷既升,钻燧改火,期可已矣。"子曰:"食夫稻,衣夫锦,于女安乎?"曰:"安!""女安则为之! 夫君子之居丧,食旨不甘,闻乐不乐,居处不安,故不为也。今女安,则为之!"宰我出,子曰:"予之不仁也! 子生三年,然后免于父母之怀。夫三年之丧,天下之通丧也,予也有三年之爱于其父母乎!"(《论语·阳货》)故三年丧,从天子至庶民自古而今之达丧。

因人情,故丧礼"知生者吊,知死者伤";"邻有丧,舂不相。里有殡,不巷歌";"临丧则必有哀色,执绋不笑,临乐不叹"。(《曲礼上》)

治理社会,首要的是治理人心,而人心则有"七情",即"喜、怒、哀、惧、爱、恶、欲",治理人心即是治情。儒家清醒地认识到:"饮食男女,人之大欲存焉;死亡贫苦,人之大恶存焉。故欲恶者,心之大端也。人藏其心,不可测度也,美恶皆在其心,不见其色也。欲一以穷之,舍礼何以哉?"(《礼运》)人们最贪爱的欲望是饮食,代表着钱财;男女,代表着情色;最恨恶的是死亡、贫苦,此爱恨之情蕴藏在心中,难以测度,唯有以礼为准则来衡量之。

在儒家看来,礼的作用还在于"定亲疏,决嫌疑,别同异,明是非"(《曲礼上》),礼能够用来确定人们的家庭伦理和社会关系的亲疏远近,决断嫌疑,区别同异,明辨是非,礼即为家庭伦常及社会关系的纲纪。"道德仁义,非礼不成;教训正俗,非礼不备;分争辨讼,非礼不决;君臣、上下、父子、兄弟,非礼不定。"(《曲礼上》)礼成为社会道德仁义、善恶曲直的准则,以礼教化民风民俗,分辨争议是非,人们就能崇尚辞让,讲信修睦,舍弃争夺与掠杀,天下就会大治;如果舍弃家庭伦常和社会关系之礼,天下就会出现大患。这就是礼对于治理人心和维系天下秩序所具有的重要作用。

在儒家的学说中,礼成为治理国家的典章制度和根本大法,成为家庭、社会中人与人之间亲疏、上下、尊卑的准绳和尺度。用礼构建一个包含伦理道德和政治道德的规范秩序,以其治世,"失之者死,得之者生";以礼来教导民众,则"天下国家可得而正"(《礼运》)。孔子尤倡以礼教化民人,礼治与德治并重:"夫民教之以德,齐之以礼,则民有格心;教之以政,齐之以刑,则民有遁心。"(《缁衣》)意谓用道德教化民人,用礼来规范民人,民就会有归附仁德之心;而用政令来训诫民人,用刑罚来整肃民人,民就会有逃避刑令之心。故"人有礼则安,无礼则危",不仅如此,"富贵而知好礼,则不骄不淫;贫贱而知好礼,则志不慑"(《曲礼上》)。"礼"不但成为社会安定的重要基础,而且能使富贵者因喜好礼节而去骄奢淫逸,贫贱者因喜好礼节而不再生怯乏志。总之,儒家倡导以礼治世,极力推崇礼教修德化民之功,旨在努力为世人创建一个上下有序、和谐有度的理想化的社会形态。当然,这也是对封建统治者提出的政治主张。

(二)恪守中道的人生哲学与修身治国的政治抱负

1."中庸"之道

《中庸》据传为孔子的孙子子思(伋)所作。[1] 郑玄《目录》中也言此乃"孔子之孙子思伋作之"。所以,历代学者多信此说,更将此篇作为儒家传统学说的代表作之一。

"中庸"之义,中即适中,不偏不倚,恪守中道,无过无不及;庸,是常的意思。中庸,即中为常道,也就是说要常守中道。儒家认为:"天命之谓性,率性之谓道,修道之谓教。"(《中庸》)性、道、教是人生所必不可少的要素。性,是天与自然所赋予的,即天性;道,是人循性之所行,即行为准则;教,是修养人之道,就是教养人之行为合乎道。关于中庸之道,众多学者认为它是儒家从内在心性出发而建立的世界观,其基本特征是立足于儒家所倡导的"修身"之说,在强调了人性由天赋予这一出发点之后,更突出了人须努力修身而得"道"的人生目标,即自觉修养自身之天性,在"教"中实现"中庸"之道。在修道的漫漫征途中,艰难、困惑会时时困扰,天赋予之"本性"也使修道之教鲜能持久。说到本质,即是

---

[1] 司马迁.史记:第 6 册[M].北京:中华书局,1982:1946.

守中之德难以至善至美,自始至终,因"中庸其至矣乎"(《中庸》)。"中庸"本身也许是完善至极,所以"民鲜能久矣",很少有人能长久地实行它。儒家所称颂的虞舜,可谓是大智圣贤,其恪守中道体现在他的施政当中,"好问而好察迩言,隐恶而扬善,执其两端,用其中于民"(《中庸》),舜好请教别人而又善于分辨身边人的言论,替他人隐匿不足而宣扬他人之长处,对于过与不及两方面的意见则采取折中的办法来施行,这便是圣贤所守之中道,坚守中道即和畅通达。儒家认为:"中也者,天下之大本也;和也者,天下之达道也。致中和,天地位焉,万物育焉。"(《中庸》)只有达到"中和"的境界,天地间的万物才能各得其位,万物也才能够化育生长。这便是中道至和的极高境界,由人自身而及自然万物。

能够恪守中道之人须教而后修有"大德","大德者必受命"(《中庸》),此命乃为天命,即享受天之厚报。儒家至此并不能摆脱天命主宰的力量,但是在天命之下,其更强调人的自身之道,修道之教的核心乃为"至诚":"诚者,天之道也;诚之者,人之道也。"(《中庸》)因为诚是天之德,所以,修养自身之诚,则是人之德。有天性之诚,是由诚而明道;有教之诚,是由明道而诚。只有天下至诚之人,才能彻底尽其天性,其后才能尽他人之天性乃至万物之天性,故言"至诚无息"。最真诚的德永不止息,这便是常守中道的根本。由此我们可以看出,儒家力图在天命与人性之中寻求一条依靠人的努力而达到的人生至善之路,以"天命之谓性"来言人性的本源,人只能接受天的赋予,但通过修道之教可以使人通达尽万物天性而与天地相参的圣贤之路。不仅如此,"唯天下至诚,为能经纶天下之大经,立天下之大本,知天地之化育"(《中庸》),这是多么伟大的至诚者啊!人生若能有至诚之德,即常守中道,就可以经天纬地,确立天下之根本,甚至通晓天地化育之功妙,这就是至善之人生。

2.修身治国

《大学》是记"博学可以为政"之篇,其倡导广博地学习并通过不懈的努力而致于"为政"。宋代的朱熹在《大学章句》中,将此篇分为"经"与"传"两部分,认为前两节是阐述"大学"之道,是曾子所述的孔子之言;而后诸节皆为传,是曾子的门人所记曾子对孔子之言的解释。此说并无定论,但朱熹将《大学》和《中庸》《论语》《孟子》合称"四书",乃是将此篇尊崇至极,所以《大学》为其后历代学者所重视。

大学之道,以"明明德""新民""止于至善"为三纲领,广博学习的目的就是要彰明人生之初所秉承于天的内心最美善的德性,使人不断地自明其德并得以自新,从而能够使人至于最美善的道德境界,这便是"大学"所要致力于心治至德至善的目标。而要达到这一切,须"知止而后有定,定而后能静,静而后能安,安而后能虑,虑而后能得",即经过止于善境、定、静、安、虑一系列必要的途径而后得到至善。更为重要的是,达到至善的最高境界是要使人有所作为,成就远大的理想:"明明德"于天下,即怀有远大的政治抱负。儒家据此提出八条目来明确人生所应具有的远大志向:"格物""致知""诚意""正心""修身""齐家""治国""平天下"。其中,"修身"乃是万民之本:"自天子以至于庶人,壹是皆以修身为本。"(《大学》)所谓修身即是端正自己的内心,对于与生俱来的诸如人情之愤怒、恐惧、喜好、忧患等,皆通过修养自身而达到"端正",使"心不在焉",即不为外界环境和事物扰乱内心;人居处于自己的家庭、族人之中,必有亲疏、爱恶、畏敬、哀怜之情,所以,要修养自我身心,摈除以喜恶之情来对待他人,要做到"好而知其恶,恶而知其美",喜欢一个人要知道他的短处和不足,厌恶一个人要明白他的长处和优点。实际上,做到这一点是相当不易的,因此要修其身而后才能"齐家",正所谓"君子有诸己,而后求诸人;无诸己,而后非诸人"(《大学》)。首先自己做到了,才能要求他人做到;自己不沾染的,才能去禁止他人。自我身修而后齐家,为人父、为人子、为人兄弟、为人夫都做好了,家庭和睦,值得人们效法,而后民众以之为典范,才可以教育国人。

修身对于修养仁爱、礼让之德是至为重要的:"上老老而民兴孝,上长长而民兴弟(悌),上恤孤而民不倍(背弃)。"(《大学》)这便是修身治国从而使天下太平的重要根本。修身治国就是要以身作则,以修养己身之德来规范自己的行为,作民众的表率。儒家认为:"民以君为心,君以民为体。心庄则体舒,心肃则容敬。心好之,身必安之。君好之,民必欲之。心以体全,亦以体伤。君以民存,亦以民亡。"(《缁衣》)这种心修与体全、君以民存之关系,正是修身、治国的最好诠释。

《中庸》与《大学》均以人的内心修养为中心,追求恪守常道,遵循礼的行为规范,建立一种修养自身与外在治平达到统一的人生观和政治追求。这种强调主观意识修养、以己达人进而治国、平天下的主张,力图实现理想的人生目标而使天下归于至善至德,可谓是体现了儒家的世界观。

(三)尊师重教的教育理论、以乐教化的文化观念

1.尊师重教,教学相长

儒家创立之始便重视教育,孔子可谓是中国历史上私家讲学授徒之第一人。孔子是一位伟大的教育家,他把接受教育的权利由贵族专有变成广而及之于民众,从此,儒家逐渐形成一套系统而完整的教育理论,《学记》篇阐明了中国古代传统的教育学说。

首先,儒家阐明了办学兴教对于化民成俗的重要意义。"化民成俗,其必由学","建国君民,教学为先"。(《学记》)教育与学习是至关重要的,"玉不琢,不成器。人不学,不知道"(《学记》)。因此,"天子命之教,然后为学"(《王制》)。古代学校的设置,"家有塾,党有庠,术(遂)有序,国有学",从民众之家到乡邑、国都,都有学校供人学习,学官要先安排好学校的管理,学生入学则要先树立好学习的志向,即"凡学,官先事,士先志"(《学记》)。当然,儒家论及的教育必以先王所传之经典为教学内容,如乐正设立四门课程,"顺先王《诗》《书》《礼》《乐》以造士(培养人才)。春秋教以《礼》《乐》,冬夏教以《诗》《书》"(《王制》)。

其次,儒家在教育理论中阐述了有关的教学原则,讲明教与学的相互关系:"学,然后知不足;教,然后知困。知不足,然后能自反(反省)也;知困,然后能自强也。故曰:教学相长也。"(《学记》)"学者有四失,教者必知之",则明确指出学生易犯的四种过失,作为教育者必须了解并帮助其纠正:"或失则多,或失则寡,或失则易,或失则止。"(《学记》)有的学生学习失于贪多,有的失于过分狭隘,有的失于变易不定,有的失于浅尝辄止。而作为教师,就是要善于发现学生的长处和各自特点,从而帮助他们拾遗补阙。对那些善于学习的学生,是"师逸而功倍";而对那些不善于学习的学生,往往是"师勤而功半"。(《学记》)因此,加强学习、增长学识既是一个渐进的过程,同时也是一个教与学须付出艰辛努力的过程。其中,教师的因势利导、因材施教又是最为重要的,因而尊师为重教的首要前提,"师严然后道尊,道尊然后民知敬学"(《学记》)。"师道尊严"便成为千百年来中国传统教育的理论学说。

2.以乐教化的文化观念

孔子曰:"安上治民,莫善于礼。"(《经解》)旨在将社会纳入一个系统庞大

而整齐有序的礼制中。如何实现这一社会理想,使民众在思想道德和行为上都自觉自愿地遵循这个制度,遵守这个秩序,儒家从治理人心的角度出发,推崇音乐对人的教化作用:"凡音者,生人心者也。情动于中,故形于声。声成文,谓之音。是故治世之音安以乐,其政和;乱世之音怨以怒,其政乖;亡国之音哀以思,其民困。声音之道,与政通矣。"(《乐记》)儒家认为,音乐产生于人心,人的情感由心而发,所以表现为心之声,心之声变成曲调,就叫作音乐。所以,太平之世的音乐祥和欢乐,是因为政治和畅;乱世之音仇怨而愤怒,是因为政治混乱;亡国之音悲哀而忧思,是因为人民无以依靠而困苦不堪。因此,音乐之声是社会兴衰的真实写照。有鉴于此,儒家倡导以乐来教化民人,先王"制《雅》《颂》之声以道之",即先王制定《雅》《颂》音乐来引导人们,"听其《雅》《颂》之声,志意得广焉;执其干戚,习其俯(俯)仰诎(屈)伸,容貌得庄焉;行其缀兆,要其节奏,行列得正焉,进退得齐焉。故乐者,天地之命,中和之纪,人情之所不能免也"。(《乐记》)人们听了《雅》《颂》的音乐,心境就会变得宽广;挥舞着干戚舞具,学会了俯仰身躯、屈伸肢体等舞姿,人们的容貌就变得庄重了;按照舞蹈的行列行进,并按照音乐的节奏人们就知道队列需要进退保持一致才能整齐。所以,音乐体现了天地自然和社会秩序对人的影响,是使人们保持心态平和的纲纪,是人类社会所必不可少的情感需要之体现。用音乐对人进行教化,推而及之构建人类社会的文化,音乐对于人的德行培养以及社会风尚的推崇与发展,具有非常重要的意义。

儒家推崇三代之教,"凡三王教世子必以礼乐,乐所以修内也,礼所以修外也"(《文王世子》)。所以,在教化的意义上,"制礼也以节事,修乐以道志。故观其礼乐,而治乱可知也"(《礼器》)。"礼节民心,乐和民声"(《乐记》),如此而言,音乐的内涵具有了政治和道德伦理的意义。所以《乐记》谈到"音声"时认为,"音"之所生,"其本在人心之感于物也"。音乐是由人对自然、社会等等外界的感悟而产生的,因此具有感染人心的力量,"乐由中(内心)出","乐者,通伦理者也"。因此,"审声以知音,审音以知乐,审乐以知政,而治道备矣"(《乐记》)。故乐可彰显人心,"情见而义立"。以其教化,"可以善民心。其感人深,其移风易俗"(《乐记》),且能够达到"乐终而德尊"。

音乐因其内涵而有了雅正与曲邪之别:"奸声感人",就会有"淫乐兴",淫声害于德;"正声感人",就会有"和乐兴",和乐有利于天下。故言:"生民之道,乐为大焉。"(《乐记》)儒家因此大力推崇以雅正之音兴教,倡导歌颂雅正之乐:"广大而静,疏达而信者,宜歌《大雅》;恭俭而好礼者,宜歌《小雅》;正直而静,廉而谦者,宜歌《风》。""歌者,直己而陈德也。"(《乐记》)所以,君王历来都重视雅正文化的确立及教化,虽然"五帝殊时不相沿乐,三王异世不相袭礼"(《乐记》),但儒家倡"雅正"之乐为天下之宗则不变。

(四)礼的理性精神与礼仪的意义

1.礼以效法天地为宗

早期儒家认为,人的社会须建立完整有序的秩序,为了建立和维系这种秩序,儒家提出了遍涉人伦纲纪、社会生活乃至政治领域诸多方面的礼制:"朝觐之礼,所以明君臣之义也。聘问之礼,所以使诸侯相尊敬也。丧祭之礼,所以明臣子之恩也。乡饮酒之礼,所以明长幼之序也。"(《经解》)那么这种礼制的精神是什么呢?

《中庸》云:"今夫天,斯昭昭之多,及其无穷也,日月星辰系焉,万物覆焉。今夫地,一撮土之多,及其广厚,载华岳而不重,振河海而不泄,万物载焉。"天地乃万物得以覆载的所在。孔子还说:"天何言哉?四时行焉,百物生焉。"(《论语·阳货》)天即是四时行、百物生的客观自然。

原始荒蛮时期,人们就开始注意观察和思考人赖以生存的宇宙自然。其时,社会生产力低下,人与自然的抗争是非常艰难的,人们的生存经常受到自然的威胁,天灾人祸诸如火山爆发、洪水干旱、虫灾瘟疫以及疾病、饥饿等等无时无刻不在威胁人们的生命。那样的年代,"未有宫室,冬则居营窟,夏则居橧巢;未有火化,食草木之实,鸟兽之肉,饮其血,茹其毛;未有麻丝,衣其羽皮"(《礼运》)。就是在如此低劣的条件下,人们为了感谢天地赐予的万物和哺育之恩,"事神致福",礼拜天地自然的仪式已经出现。"其燔黍捭豚,污尊而抔饮,蒉桴而土鼓。"(《礼运》)即使是在石头上烤食,用手撕肉,掘土为坑来饮水,用陶罐作鼓,土块作鼓槌,人们也虔诚而庄重地举行拜祭天地的仪式,事"天"而致福佑。"礼"就这样产生了。人们认识客观自然世界并由此而引发的一种"感恩图报"的思想演化成对天地自然的崇拜,这正反映了自然崇拜熔铸着我们祖先朴素的唯物主义认识观。

对天地自然敬奉的观点,直接影响到当时的政治生活和社会生活。"古之

制礼也,经之以天地,纪之以日月,参之以三光(日、月、星),政教之本也。"(《乡饮酒义》)

儒家以天地、阴阳、四时等自然现象作为法则的理性精神,确立礼制来规范人们的言行。这就是构建礼的基础之一。比如,"天之正色苍而玄,地之正色黄而纁,圣人法天地以制衣裳"(《杂记上》)。在此,效法天地规范了人们的服制。

效法自然由天地而推及四方。古人认为,东代表春,使万物萌生,东主青色;南代表夏,万物生长,天气变得炎热,南主赤;西代表秋,万物收获,出现霜降,西主黄、白;北代表冬,天气转冷,万物敛藏,北主黑。《月令》云:春,天子驾仓龙,载青旗,衣青衣;夏,天子乘朱路(车),载赤旗,衣朱衣;秋,天子驾白路,载白旗,衣白衣;冬,天子乘玄路,载玄旗,衣黑衣。这正是一幅天子四季巡视天下图,以车马、旌旗、服饰的不同色彩昭示天下,告知天下民人遵守"天道"。

这种四方色彩还被用于行军布阵的军礼中:"行,前朱鸟而后玄武,左青龙而右白虎,招摇在上,急缮其怒。"(《曲礼上》)自然界有阴阳,在人类社会中亦有阴阳之别,男为阳,女为阴,儒家相应制定了阳礼、阴礼以规范男女之行为。"以阳礼教让,则民不争""以阴礼教亲,则民不怨"。(《周礼·大司徒》)这种对天地自然的崇拜与礼的产生、确立是并行不悖的。儒家并非忽视自然规律的研究,如此这般把自然规律渗透到社会人事当中去,把社会所要遵循的规范、准则赋予了天地自然的色彩,旨在表现"礼"的至高无上,这就使得"礼"更加具有神圣不可冒犯的威严性。

2.阐释礼仪的意义

儒家以礼为人类社会的纲常,故而将礼推及人伦和社会关系,乃至人们的行为规范,其意义在于"正容体,齐颜色,顺辞令"(《冠义》),礼仪是其形式,礼义是其内涵,容貌庄重,体态端正,在不同场合神情得当,言辞和顺,礼仪得体,也就具备了礼的内在精神,就能够"正君臣,亲父子,和长幼"(《冠义》),就建立起人与人相互和谐的关系,这样就真正确立了礼义。

《礼记》有若干篇,具体论及了冠、昏、丧、祭、射、御、朝、聘之礼,但其不同于《仪礼》多是言及繁文缛节的礼仪,而是重在阐释"八礼",即礼仪的深远意义:"夫礼始于冠,本于昏,重于丧祭,尊于朝聘,和于乡射,此礼之大体也。"(《昏义》)

冠礼,是古代男子二十岁时所举行的加冠礼,也即成人礼,礼仪中所叙述的在祢庙、在阼阶上进行的加冠礼,在于表明父子世代相传的意义,"以著代也"(《冠义》)。三次加冠的仪式,与母亲、兄弟所行之拜礼等,意在明示冠者已经成人,同他须行成人礼。而示其成人的意义,是从此将要以成人之礼要求他,使之担负起"为人子、为人弟、为人臣、为人少者"的责任与义务,这样才能"君臣正,父子亲,长幼和","孝弟忠顺之行立,而后可以为人"(《冠义》)。只有具备了孝敬父母、敬爱兄长、忠于国君、顺从长上的德行,才可以成为"人";而唯有具备了人的品德,才能够去治理人。这便是冠礼的意义所在。冠礼为诸礼之始,从"弃尔幼志"到"顺尔成德",具有使人之所以成为人的礼义。

婚礼的意义,则是"合二姓之好,上以事宗庙,而下以继后世"(《昏义》),因而婚礼十分受重视,须完成"纳采、问名、纳吉、纳徵、请期、亲迎"的礼仪过程,旨在表明婚礼为恭敬、谨慎及尊重的正礼。儒家认为,唯有对婚礼恭敬、谨慎及尊重,才能有夫妇之间的相互尊重与亲爱;夫妇相互亲爱,才能确立夫妇之间的道义:"夫妇有义,而后父子有亲;父子有亲,而后君臣有正。"(《昏义》)唯有如此,从夫妇的家庭到君臣的社会,才能建立起一个和谐有序、家人相互亲爱、君良臣忠的社会体系。因此,婚礼成为礼的根本,"昏礼者,礼之本也"(《昏义》)。

正因为具有了夫妇有义、父子有亲的家庭伦理道德,所以,丧礼的意义就在于体现了"仁义礼知(智)"做人的道义,而此道义体现为亲情(恩)、理(义)、节度(节)、权变(权)等四项原则。因而"为父斩衰三年",大丧需服三年之丧,就是体现了报恩尊亲的原则;"毁不灭性,不以死伤生",孝子悲哀痛苦,但不可危及生命健康,就是体现了节哀顺变、不以死者伤害生者的"义"与"节"的原则;而服丧期间种种改变礼节的行为,则可视为"权变"之宜,并非一味强调恪守礼仪而不能有所逾越。

宗庙祭礼的意义,在于祭祀先祖不忘其所出,敬奉父母而行孝道:"生则敬养,死则敬享,思终身弗辱也。"(《祭义》)故君子有"终身之丧"。父母在世时,要恭敬地赡养;父母死后,要恭敬地祭祀,做到终身都不可使父母的声名受到辱没。而这种信念要陪伴终身,终不敢遗忘父母的忌日。所以,孝立为三等:"大孝尊亲,其次弗辱,其下能养。"(《祭义》)即大孝是使双亲受人尊敬,其次是不辱没双亲的声名,最下等的孝则是仅能赡养父母。特别值得注意的是,《礼记》中的"孝"还涉及广泛的社会行为:"居处不庄,非孝也;事君不忠,非孝也;莅官不敬,非孝也;朋友不信,非孝也;战陈无勇,非孝也。"(《祭义》)因而孝子无论是在家庭里还是在社会中,都要谨慎行事,从诸多方面约束自己的行为,坚持庄敬、忠诚、敬业、尽职、诚信和勇敢的道德信念,这也是孝子为父母尽孝而不使其蒙羞受辱甚至遭受灾难所必须坚持的原则,这就使得祭礼具有了广泛而深远的礼义。

《礼记》还阐释了其他礼仪的意义。

《射义》记述了古老的射箭之礼。诸侯举行射礼,必先举行燕礼;乡大夫、士举行射礼,则必先举行乡饮酒礼。射礼的意义,在于天子用以选择贤能之士,乃至考核诸侯才德:"射者,仁之道也。射求正诸己,己正而后发,发而不中,则不怨胜己者,反求诸己而已矣。"(《射义》)射箭作为一项礼仪,体现了仁之道。因为射箭时要求射者端正己身,己身端正了然后才能发射,如果没有射中,不要埋怨胜过自己的人,而是要反省自身,找出自己的不足与问题,这便是通过射箭培养了仁之德行和君子的风度。以此而论,天子可以通过射箭来观察有道德之诸侯,选拔有才德之士。

《燕义》则是阐释《燕礼》的意义。燕礼,即宴饮之礼。其中有诸侯与群臣宴饮之礼,有诸侯之间相互往来宴饮之礼,有天子宴饮诸侯之礼。按《射义》所述,诸侯行射礼,也要先行宴饮之礼。燕礼的意义,在于体现上下相尊之义。以诸侯与群臣行燕礼为例,燕礼中设宾主,主即为诸侯国君,宾则为大夫,宾主之间举杯酬酢,相互敬酒,就是表明君臣的礼敬:"臣下竭力尽能以立功于国,君必报之以爵禄。"(《燕义》)立功与颁赐爵位必然是在庄重肃穆中进行的,而宴饮中君臣和乐的场面和气氛,则是表现了君臣上下相亲而不怨、和睦安宁之义。

乡饮酒礼是乡大夫宴请宾客之礼,其体现了尊贤养老之义:"六十者坐,五十者立侍,以听政役",表示尊敬长者。"六十者三豆,七十者四豆,八十者五豆,九十者六豆"(《乡饮酒义》),则是表明敬养长者。而乡饮酒敬老养老的目的,乃是使国人受到尊老敬老的教化,"成教而后国可安也",这便是乡饮酒礼的真正意义。

从上述儒家阐释礼仪的意义来看,我们可以体会到,儒家为礼仪制度赋予了种种道德准则和行为规范的深刻意义,而在繁文缛节的礼仪中,则浸透着儒家所力倡的"修身、齐家、治国、平天下"的政治纲纪。

3.立中制节的礼仪制度

立中制节是儒家礼仪制度重要的原则之一。它的确立以严格的节度为基础,在社会生活、人与自然的关系中强调一种"中道"——"无过""无不及"。旨在倡导客观的理性,以规范人们的行为和道德准则,从而维系一个更为合理而完备的社会秩序。

"凡挚,天子鬯,诸侯圭,卿羔,大夫雁,士雉,庶人之挚匹。""妇人之挚,椇榛、脯脩、枣栗。"(《曲礼下》)挚,即见面礼。拜见天子执鬯,鬯是一种香酒,应该是黑米酿制而成,很廉价,但是象征天子之德如同这香酒一样,馨香天下;诸侯执圭,圭又叫镇圭,其形制上圆下方,象征天圆地方,诸侯为天子所封,用圭镇守保有其社稷,上奉天子,下合其万民;卿是天子之官,卿执羔,即一只羊羔,象征天子之官如同羊羔一样洁白无瑕,品行纯正,群而不党;大夫是诸侯之官,雁是候鸟,按时节迁徙,大夫执雁,象征诸侯之官要下级服从上级,按序而行;士执雉,雉即山鸡,俗称野鸡,又被称作"死节鸟",这种鸟有一种习性,宁肯折颈而死也不接受人的豢养,象征士不为功名利禄所诱惑,守气节,有节操;庶人执匹,匹即鹜,家鸭,有翅膀但不能飞翔,象征庶人要脚踏实地,当然还有重土难迁之义,其摆脱不了封建农耕文化的局限性。妇人无外交,唯有拜见公婆时执见面礼,主要是枣栗、脯脩等,枣栗象征着早立,成家立业之义。

立中制节使礼仪不仅仅是外在的形式,还寓意着有节有义、有节操。齐大饥,黔敖为食于路,以待饿者而食之。有饿者蒙袂辑屦,贸贸然来。黔敖左奉食,右执饮,曰:"嗟!来食!"扬其目而视之,曰:"予唯不食嗟来之食,以至于斯也!"从而谢焉,终不食而死。(《檀弓下》)立中制节,恪守节度,"不食嗟来之食"成为中国人的节操、品格。

"岁凶,年谷不登,君膳不祭肺,马不食谷,驰道不除,祭事不县,大夫不食粱,士饮酒不乐。"(《曲礼下》)立中制节,恪守节度,对贵族及统治者也是同礼。

先秦儒家对天地自然及其规律是十分重视的,他们将先人在自然科学领域中所获得的经验加以总结,并使之作为"礼制"确定下来,教化世人恪守、遵从。"礼以时为大"(《礼器》),孔子也言:"先王制礼,过时弗举,礼也"(《曾子问》),强调"时"的作用。《礼器》亦云,昔先王制礼,"必须天时"。

因此,儒家将时令纳入礼教中去,使之成为制度,万民恪守节度。"命典礼,考时月定日"(《王制》),即考校四时、日月,使生产及社会生活各当其节。一部《月令》,即是一部考四时、定日月的典章。十二月令所记叙的正是人们对于自然界四时变化的认识,人们已从自然现象中总结出规律:春天,"东风解冻,蛰虫始振,鱼上冰,獭祭鱼,鸿雁来","草木萌动","王命农事",开始农耕,播种五谷,祭祀山林川泽,以祈福佑,禁止砍伐,禁止绝杀幼虫及牝牲,以宜万物生长,明确有"国君春田不围泽,大夫不掩群"(《曲礼下》)的狩猎制度;夏,"鹿角解,蝉始鸣,半夏生,木堇荣","劳农劝民,毋或失时","驱兽毋害五谷","农乃登麦";秋,"凉风至,白露降,寒蝉鸣","农乃登谷,天子尝新,先荐寝庙",以丰收的果实祭享先祖,并审决狱讼;冬,"命百官谨盖藏,命司徒循行积聚,无有不敛"(《月令》)。纵观一年四时,"春作夏长,秋敛冬藏"(《乐记》)。一年四季,周而复始。这里,礼的规则成为农业生产的时间表,人们遵循自然规则,适应四时变化,协和万物生长。

生产生活按时而举,表现出人们懂得如何利用自然、顺应自然规律而生存。"林麓川泽,以时入而不禁"(《王制》),其中不乏保护自然之义。春不伐木、不杀牝等,已具有适于"时"、合于"度"保护生态自然的思想观念。

自然规律不仅影响了人们的生产活动,亦影响了人的社会,自然融入了社会化意识,人事活动因"时"而行,合"度"而举。《月令》已有"孟春之月,天子乃以元日祈谷于上帝";季秋之月,"大享于明堂"。"春祈秋报"不单纯是法自然、合时令的意识,而是有了更为普遍的意义,由"时"而引出界限和度的概念,也就是说,涉及人们社会生活的"礼"的制定和施行也有它的限度——节。这就是"立中制节"所包含的第二个内容,即"先王之制礼,不可多也,不可寡也,唯其称也"(《礼器》)。追求中道,无过无不及。

社会生活中礼的"立中制节"——合度,涉及的领域甚广。量地制邑、分田制禄、命官论贤、朝聘巡守、行赏罚、设国学、为田渔、制国用、广备储蓄、丧葬祭祀、赋税徭役等等,均在其列,立学以教化百姓。礼教要求人们应效法天地自然法则,有时有度,有数有量,不过逾越。

礼的"节度"是变化多端的。"礼有以多为贵者,天子七庙,诸侯五,大夫三,士一";"有以少为贵者",如天子祭天特牲,即一牲;"有以大为贵者",诸如宫室之量,器皿之度,棺椁之厚,丘封之大;"有以小为贵者",如宗庙之祭,主人献尸用角,尊者小,卑者大。(《礼器》)以上种种,均以顺应客观现实的要求为度。

为什么礼要求有"节度"呢?以丧葬之礼为例:大肆铺张以显示孝亲,其丧期无数,悲哀无度,甚至毁瘠而死者有之;"彼朝死而夕忘之""曾鸟兽之不若"者亦有之。差别如此之大,如果没有规则,对于维护社会秩序是极为不利的。

所以，先秦儒家主张不将个人的感情、意愿过多地夹杂在各种关系之中，而是倡导客观的理性，以"节"和"度"来规范人们的言行。如对于丧事，"三年以为极"，"哀戚之至也，节哀顺变"；而那种"直情而径行者"（《檀弓下》），即哭踊无节，衣服无制者，即被视为"戎狄之道"。至于"殉葬"，无论什么原因，儒家都是极力反对的，视其为"非礼也"。

礼规是繁多的，"曲礼三百"，"威仪三千"。在繁复的礼仪规则中，"节"是一个把握人们行为规则的度。礼在教化中有目的地加入这个因素，使得礼更加秩序化，更加严密，成为一个完整的、严密的体系。如此进行教化，才能将社会纳入一个和谐的系统之中。

礼是中国传统文化的重要组成部分，在中华民族的个性中，礼文化留下了深深的烙印，堪称我们民族个性的理性基础，在几千年的历史中，这种礼制或沿革嬗变，或试图另辟蹊径，但都无法背离礼的精神实质，无论是今天还是未来，社会终将维系这种秩序。而从某种意义上来讲，社会发展更科学更严密的秩序，也是古代"礼制"在现代社会的一种新体现。那么，在中华民族传统文化所面临的复兴与挑战中，构筑一个合度的桥梁，正是我们在21世纪所应该深刻思考的新课题。

四、历代研究《礼记》的概况

西汉初年，高祖皇帝刘邦所据鲁地，即有诸儒讲诵《诗》《书》，习礼弦歌，始得修治经学。历惠帝、高后时，其时公卿皆武力功臣，儒者未能继续兴学。文景之世，帝王好刑名、黄老之术，虽有儒者博士，但只是备员而已，不得进官。

汉初，因秦始皇焚书，书籍散亡。能言礼者，以鲁人高堂生为最。礼，古来传之，汉时已不完备，即使以孔子所传之礼而言，《礼经》亦已阙失许多。高堂生所传之礼，就是先秦流传下来的散乱并且缺失许多的古代礼仪，即今之《仪礼》（也作《士礼》）十七篇。《汉书·艺文志》中记载"《礼古经》五十六卷，经七十篇"。孔疏引《汉志》云"经十七篇"，疑是今本之误。班固言道："《易》曰：'有夫妇、父子、君臣、上下，礼义有所错。'而帝王质文，世有损益，至周曲为之防，事为之制，故曰：'礼经三百，威仪三千。'及周之衰，诸侯将逾法度，恶其害己，皆灭去其籍,自孔子时而不具,至秦大坏。汉兴,鲁高堂生传《士礼》十七篇。"①班氏所述,就是先秦礼制兴衰以及汉初传礼的概况。

到了孝宣帝世,高堂生所传之礼,唯有后苍最明,戴德、戴圣、庆普皆其弟子。此时,大小戴及庆氏三家所传的礼学皆立于学官。按《汉志》载,传礼者十三家,唯高堂生及五传弟子戴德、戴圣之名今在。高堂生之后,又有萧奋、孟卿、后苍,待传及二戴和庆氏是为五传。但三家立于学者,应为《礼经》,即高堂生所传之《仪礼》。西汉立十四博士,礼博士官为大小戴,而大小戴所受于后苍之礼,是《礼经》十七篇,此时《礼记》应为《汉志》之《记》百三十篇。

《礼记》四十九篇,《后汉书》载有郑玄所注四十九篇之目,郑玄《六艺论》云:"今礼行于世者,戴德、戴圣之学也。"

东汉灵帝熹平四年(175),灵帝诏许诸儒正定五经文字,并刊于石,立石碑于洛阳太学门外,使天下诸生咸取正焉,当时蔡邕自书〔丹〕于碑,使工镌刻。(《后汉书·蔡邕传》)所刻石经为《鲁诗》、小夏侯《尚书》、《仪礼》、《公羊春秋》、《鲁论语》等,可见其时经文仍以今文经为典。可惜石经在六朝以后渐渐散佚,今仅存一千九百余字,保留在宋洪适的《隶释》中。翁方纲《汉石经残字考》载,其辑熹平石经残字计:《尚书》五百四十七字,《鲁诗》一百七十三字,《仪礼》四十五字,《公羊春秋》三百七十五字,《论语》九百七十一字,共二千一百一十一字。可窥一斑。

东汉中期,《礼记》四十九篇已有传本,曹褒即持庆氏礼,传《礼记》四十九篇,且此前还有《礼记章句》四十九篇。《后汉书·桥玄传》载:"七世祖仁,从同郡戴德学,著《礼记章句》四十九篇,号曰桥君学。"②至通儒马融、卢植,皆注书有《礼记》,卢植曾上书言:"臣少从通儒故南郡太守马融受古学,颇知今之《礼记》特多回冗,臣前以《周礼》诸经,发起粃谬,敢率愚浅,为之解诂。"③《隋志》则载有"《礼记》二十卷,卢植注"。而对《礼记》一书作出最大贡献的是东汉末年的郑玄。郑玄所注之书,有"《周易》、《尚书》、《毛诗》、《仪礼》、《礼记》、《论语》、《孝经》、《尚书大传》、《中候》、《乾象历》,又著《天文七政论》、《鲁礼禘祫

---

① 班固.汉书·艺文志[M].北京:中华书局,1962:1710.
② 范晔.后汉书·桥玄传[M].北京:中华书局,1962:1695.
③ 范晔.后汉书·卢植传[M].北京:中华书局,1962:2116.

义》、《六艺论》、《毛诗谱》、《驳许慎〈五经异义〉》、《答临孝存周礼难》,凡百余万言"[1]。而今仅存其中的《毛诗笺》《周礼注》《仪礼注》《礼记注》四种,其他诸本或为辑本,或为残缺本,或有亡佚。

郑玄(127—200),字康成,东汉高密人。"遂造太学受业,师事京兆第五元先,始通《京氏易》、《公羊春秋》、《三统历》、《九章算术》。又从东郡张恭祖受《周官》、《礼记》、《左氏春秋》、《韩诗》、《古文尚书》。以山东无足问者,乃西入关,因涿郡卢植,事扶风马融。"[2]从此可知,郑玄从东郡张恭祖处受《礼记》,而从张恭祖处同受者还有《周官》《古文尚书》等古文经,因此,此《礼记》亦当为古文经。且《汉书》中载有鲁恭王从孔宅壁中得古文《礼记》,河间献王献古文《礼记》之事。张恭祖,史传未载,不详何人,但郑玄从其处受《礼记》之学应是可信的。郑注经书是为"郑学",郑注行而使汉学衰微。郑注融合今古文,以古文为宗,兼采今学之益,虽使两汉家学不可考,但也使经注广行天下,尤其是郑注出而使《礼记》脱离《礼经》而独传,并与《周礼》《仪礼》享有同等尊位,鼎足为三,使礼学开始了一个新时代。

三国曹魏时,曹氏立十九博士,有《易》《书》《毛诗》《周官(礼)》《仪礼》《礼记》《孝经》等,且宗郑学。

魏世王肃,博古通今,遍注群经,但其不好郑氏学,注经以与郑注立异为本,时称"王学"。因其身份为司马氏姻亲,故而凭借司马氏的政治权势而使其经注皆立于学官,其中包括王肃注的《礼记》三十卷。(《三国志·魏书·王肃传》)王学行于晋初,以至当时郊庙之礼皆用王说,而不采郑学之义。(《晋书·礼志上》)这种情况到了东晋才有改变。晋元帝初年修治学校,简省博士,将旧制博士十九人改为置五经博士九人,即置《周易》王氏(弼),《尚书》郑氏,《古文尚书》孔氏,《毛诗》郑氏,《周官》《礼记》郑氏,《春秋左传》杜氏、服氏,《论语》《孝经》郑氏博士各一人,郑学得以复兴。(《晋书·荀崧传》)而且值得注意的是,此时礼学中《礼记》的地位已超过旧时的《礼经》(《仪礼》),而《仪礼》却未能立有博士,说明此时的《礼记》之学已渐重要,而此五经博士所立之学,也基本奠定了唐代经书注疏所据之学的基础。

---

[1] 范晔.后汉书·郑玄传[M].北京:中华书局,1962:1212.
[2] 范晔.后汉书·郑玄传[M].北京:中华书局,1962:1207.

南北朝时期,经学亦分为南学、北学。南北所治经学,"章句好尚,互有不同",然此时所治"三礼",皆尊奉遵循郑氏之学。

南朝宋、齐年间,经学益衰,其间国学虽时有开置讲经,但往往时间很短,不能持久;而乡里则鲜有开馆习经,以致公卿之辈罕通经学。即使朝中儒臣,也是独学而不肯授徒讲学,故后生之学拥经而无所讲习。到梁武之世,始较为重视经学,天监四年(505),梁武帝颁诏开设五馆,建立国学,总以五经教授,置五经博士各一人,其中吴兴人沈峻(字士嵩,梁吴兴武康人)博通五经,尤长"三礼";建平的严植之(字孝源,梁建平秭归人)讲习郑氏礼;会稽的贺玚(字德琏,梁会稽山阴人)传家业,善"三礼",并撰有《礼》讲疏数百篇及《宾礼仪注》百四十五卷。沈峻、严植之事迹均见于《梁书·儒林传》卷四十八、《南史·儒林传》卷七十一,贺玚事迹见于《梁书》卷四十八、《南史》卷六十二。梁武帝命博士各主一馆,每馆有数百儒生,由朝廷供给其用度,其明经者,即除为吏,一时怀经负笈者云集响应;又选学生往受业于庐江何胤(字子季,梁庐江人)。何胤事沛国刘瓛,受《礼记》等经,著有《礼记隐义》《礼答问》等书,其事迹见于《梁书·处士传》卷五十一、《南史》卷三十。其时还有清河东武城人崔灵恩,尤精"三礼",为国子博士,著《三礼义宗》;庐江人何佟之,好"三礼",为尚书左丞;吴郡人皇侃撰有《礼记义疏》《礼记讲疏》;吴郡人戚衮受"三礼"于刘文绍,入陈,撰《礼记义》四十卷,行于当时;吴兴人沈文阿,治"三礼""三传",先仕梁,后仕陈,撰有《礼记》义疏,其事迹皆见于《南史·儒林传》。

北朝经学较南朝兴盛,北魏初定中原,始建都邑,便以经术为先,立太学,置五经博士,生员千有余人。北周诸帝敦尚儒学,尊崇儒术,北朝大儒为世人所宗仰者,当为北魏徐遵明(字子判,北魏华阴人)。徐幼孤好学,受业于数师,博通诸经,时"三礼"并出遵明之门,其传"三礼"之学于李铉。北魏还有刘献之,撰《三礼大义》四卷。北齐的李铉,渤海南皮人,师事徐遵明,撰定《三礼义疏》。北周的沈重,武帝礼聘至京师,授骠骑大将军,露门博士,撰有《礼记义》三十卷。熊安生,北周露门博士,所传也为徐遵明之学,著有《礼记义疏》,其后诸生能通礼经者,又多是安生门人,尽通《小戴礼》。其事迹皆见于《北史·儒林传》。

南北之学虽然所尚互殊,"南人约简,得其英华;北学深芜,穷其枝叶"(《北史·儒林传》卷八十一)。但是其治经方法,相较于汉学而言,则大体相同。汉代治经以经文为本,讲注经文,重治经义,考证名物制度;魏晋以后至南北朝,尤其是南北朝之治经,则重在疏解经注,对于名物制度略而不讲,义疏之学兴起,一改治经之学风,至为突出者是其间为《礼记》郑注作义疏而享有盛名者,南为皇侃,北为熊安生,皇侃著有《礼记义疏》四十八卷、《礼记讲疏》九十九卷,熊安生著有《礼记义疏》三十卷。而今皇、熊二家注疏皆见采于唐孔颖达《礼记正义》中,其他诸书皆亡佚。自此可见,唐代五经之注疏原本于皇、熊二家之说,南北之经学以皇、熊二氏之《礼记》疏开唐人注疏之先河。也由此得见,其时诸儒于经学中重"三礼"之学,而于"三礼"中重《礼记》之学。

及隋并陈,即立经学博士,褚晖、顾彪、鲁世达等皆以南学见重。孔颖达,字仲达,唐冀州衡水人,隋末举明经,入唐,累官国子司业,迁祭酒。唐贞观中,孔颖达所撰《礼记正义》七十卷,题"国子祭酒孔颖达,国子司业朱子奢,国子助教李善信、贾公彦、柳士宣、范义頵、魏王参军事张权等奉诏撰"。此书从贞观四年(630)太宗诏定,至贞观十六年(642)书成。孔颖达既卒,博士马嘉运驳其所定义疏之失,于是又有皇诏令其更定,然而其功未成。至唐高宗永徽二年(651),高宗诏诸臣又对孔颖达《五经正义》加以考证,并加以增损,至永徽四年(653)颁孔颖达《五经正义》于天下。自此至宋,每年明经取士皆依《五经正义》本。

从汉代至唐初,经学发展时代久远,在四百多年当中,凡博士传讲经书,皆分门授徒,故各经所传,非止一家之数。《汉志》中载,汉时传礼即有十三家之多,而孔颖达奉诏所定五经之疏,《易》主王弼注,《书》主孔安国传,《诗》主毛亨传、郑玄笺,《礼》主郑玄注,《左传》主杜预解。

东汉时的"七经",至唐增变为"九经",以之取士,"九经"即《易》《书》《诗》《周礼》《仪礼》《礼记》《春秋》《论语》《孝经》,还有的将"九经"列为《易》《书》《诗》《周礼》《仪礼》《礼记》《春秋左氏传》《春秋公羊传》《春秋穀梁传》等,但无论是哪一种说法,《礼记》都被列入经书的行列,且为"大经",时人多习之。(《新唐书·选举志》卷四十四)这一点,乃孔颖达《礼记正义》之功。

孔颖达宗郑氏之学,并使郑注得传,虽然使《礼记》"登堂入室",升入"经书"之列,且形成了唐代《礼记》于"三礼"中独盛的局面,但孔疏一出,治《礼记》之诸家学说也临于殆尽。孔氏言:"大小二戴共氏而分门,王(肃)郑(玄)两家同经而异注,爰从晋、宋,逮于周、隋,其传礼业者,江左尤盛。其为义疏者,南人有贺循、贺玚、庾蔚、崔灵恩、沈重宣、皇甫侃(即皇侃)等,北人有徐道(应为遵)明、李业兴、李宝鼎、侯聪、熊安等。其见于世者,唯皇、熊二家而已。"(孔颖达

《礼记正义序》）可见在唐初，流传于世的治礼之学，仅存皇侃、熊安生两家，自汉末始传下来的王肃、郑玄之礼学，历经晋、隋世多年，虽有诸家传习，但存留者寥寥。而对于皇、熊两家，孔氏认为："熊则违背本经，多引外义，犹之楚而北行，马虽疾而去逾远矣。又欲释经文，唯聚难义，犹治丝而棼之，手虽繁而丝益乱也。皇氏虽章句详正，微稍繁广，又既遵郑氏，乃时乖郑义，此是木落不归其本，狐死不首其丘。此皆二家之弊，未为得也。然以熊比皇，皇氏胜矣。……据皇氏以为本，其有不备，以熊氏补焉。"可见，孔颖达以郑学为宗，摈弃王学；尚南学，多取皇侃之说以之为本；轻北学，少用熊安生之言，以之为补充。即使这样，孔氏对所取皇、熊二氏之说也是"翦其繁芜，撮其机要"，保留其说而减之又减。因而《隋书》《旧唐书》的志中载录的诸家《礼记》注本、传本，至《新唐书·艺文志》中所录已是不多，而在《文献通考·经籍考》中，前有的注疏本则仅存《礼记正义》七十卷（也有《礼记》郑玄注本），其他注本皆已不传。

北宋初年，治经恪守汉唐之学，遵循古义，秉笃实之风。至宋仁宗庆历年间（1041—1048），经学始发生变化，宋临江新喻人刘敞（字原父），庆历年间得进士，累官集贤院学士、判御史台。（《宋史》卷三百二十七）刘敞学识渊博，著《七经小传》三卷。七经是《尚书》《毛诗》《周礼》《仪礼》《礼记》《公羊传》《论语》。其所谓"小传"，乃是杂论经义，论者好以己意改经，完全改变了先儒治学淳朴之风，开宋人治经好标新立奇之先河，宋人毁《周礼》，疑《孟子》，进而形成疑经、改经、删经之风。宋时"三礼"之学，已不承郑玄之说，孔疏也被摈弃，王安石著《周礼新义》二十二卷（原书已佚），并以之取士，其书尽反先儒之说，以一己之见，改古人之事，变三代之礼。宋代大儒河南二程——程颢、程颐兄弟，先是将《礼记》中的《大学》篇"次其简编"，即移易旧文，后有朱熹为之"更考经文，别为次序"，并将《大学》《中庸》从《礼记》中分出，与《论语》《孟子》并立，称之为道统之学。朱熹作《大学章句》《中庸章句》《论语集解》《孟子集解》而有《大学》《中庸》《论语》《孟子》之"四书"，宋帝以朱熹之"四书"立于学官，"四书"自此与"五经"并行于世。故《礼记》在宋学中为四十七篇，置《大学》《中庸》于《礼记》经书之外。这也是《礼记》之学之一变。

宋代治《礼记》之学影响最著者，乃是卫湜所撰的《礼记集说》一百六十卷。其书作于南宋宁宗开禧（1205—1207）、嘉定（1208—1224）年间，历时二十余载，"采撷群言，最为赅博，去取亦最为精审。自郑注而下，所取凡一百四十四家，其他书之涉于《礼记》者,所采录不在此数焉。今自郑注、孔疏而外,原书无一存者。朱彝尊《经义考》采掇最为繁富,而不知其书与不知其人者,凡四十九家,皆赖此书以传,亦可云礼家之渊海矣"①。由此可见,卫湜习宋学之风,不以郑注、孔疏为宗,但其采集百四十四家《礼记》之说,客观说来,保留了汉至南宋以来诸家学说,故纪昀称其为礼家之渊海,不为过矣。

元代尊奉的是宋学,以宋学中的朱子之学为大宗,《易》《书》《诗》皆以朱熹之说为主。仁宗于皇庆年间(1312—1313)颁布的考试程式,就是以官方的规定将朱子的经说作为标准学说广布天下,并将朱子的《四书章句集注》也列入经书科考之内。但是,由于朱熹只注《大学》《中庸》二篇,并未给《礼记》其他四十七篇作注,故而元代"三礼"所立科考科目之《礼记》仍沿用郑注、孔疏,而"三礼"中唯《礼记》被列为考试科目,也足显当时统治者传承了唐代经学传统,重《礼记》之学于《周礼》《仪礼》二经之上。

元代《礼记》之学最著者,是吴澄的《礼记纂言》和陈澔的《礼记集说》。吴澄,字幼清,元崇仁人,初为国子监司业,迁翰林学士,后为经筵讲官,时人称其为草庐先生(所居草屋题为草庐)。《礼记纂言》三十六卷,每一卷为一篇。其以《礼记》经文庞杂为由,疑多错简,故每一篇中,文皆以类相从,并移易旧文,凡通礼九篇,丧礼十一篇,祭礼四篇,通论十一篇,各为标目。如通礼,首为《曲礼》,并以《少仪》《玉藻》等篇附之,《大学》《中庸》依程朱之学而别为一书,《投壶》《奔丧》归于《仪礼》,《冠义》《昏义》《乡饮酒义》《射义》《燕义》《聘义》等六篇别辑为《仪礼传》。② 可见,其言《礼记》已并非原本之《礼记》。吴澄不仅承继了程朱之说,而且"改并旧文,俨然删述",实是沿承了宋代经学之风。陈澔,字可大,元都昌人,号云庄,故其作《礼记集说》也作《云庄礼记集说》,今本十卷,朱彝尊《经义考》作三十卷。元仁宗时科举之制,《易》《书》《诗》《春秋》皆以宋儒新说,参以古注疏,唯《礼记》则专用古注疏。陈澔《集说》实亦承宋学之风。陈澔之父大猷师饶鲁,鲁师黄榦,榦为朱子之婿,故陈澔应承朱子之学。③ 其《集说》即置《大学》《中庸》之二篇于《礼记》之外而不释,唯说《礼记》四十七篇。

---

① 见《四库全书总目提要》卷二十一《经部·礼类三》第169页。
② 见《四库全书总目提要》卷二十一《经部·礼类三》第169页。
③ 见《四库全书总目提要》卷二十一《经部·礼类三》第170页。

又陈澔《集说》比之郑注、孔疏，其说浅显；比之宋卫湜《集说》，其说简明，虽未为其时儒者所称，然而明初始定《礼记》用陈澔注；胡广等人修《五经大全》，《礼记》一经亦以陈澔注为主，并用以科举取士（亦独举《礼记》，而弃《周礼》《仪礼》二经）。自此世人诵习相沿，陈说得以流传，尤其是于初学《礼记》之经者，此书别有益处，以至于清初定制，亦仍旧贯，以澔说为童蒙之书。①

明代初年，治经之学仍沿元代各经所主，《礼记》一经用郑注、孔疏。至永乐十二年（1414）十一月，明成祖命翰林院学士胡广、侍讲杨荣等修《五经四书大全》；十三年（1415）九月，《大全》告成，成祖亲自制序，列之卷首，命礼部刊赐天下，其中有《礼记大全》三十卷，又有《四书大全》三十六卷。《礼记大全》以元陈澔《集说》为宗，其采掇诸儒之说凡四十二家，而此诸儒之说，排斥古注疏于外，实为元人之诸说。至此，《礼记》之学已是古经学尽弃，以澔说为宗而使众经说皆去，故使学者"全不睹古义"②。又明代朝廷以陈澔注《礼记》为科举取士之经则，比元代兼修郑、孔之学又显空疏浅陋，故明代经学走向衰微。而明代比较有影响的治《礼记》之学者，还有黄道周的《礼记》注五篇。黄道周，字幼平，号石斋，明漳浦人。明熹宗天启二年（1622）进士，崇祯十一年（1638）官为少詹事，进《礼记解》五篇，即《月令明义》四卷、《表记集传》二卷、《坊记集传》二卷、《缁衣集传》四卷、《儒行集传》二卷。黄道周之《礼记解》多为指辨郑康成等先儒之说，驳难前人之学，实为沿袭宋学之遗风。

清初，仍以宋学为治经之所宗，承元、明旧制，陈澔《集说》仍为士子考试之典。至康乾之世，统治者数次御纂经书之新疏，已开启兼采汉、宋经学之风，其时大儒以王夫之、顾炎武、黄宗羲为代表，王夫之有《礼记章句》四十九卷，黄宗羲有《深衣考》一卷，今存。他们以汉儒之说、宋学为宗，因他们曾潜心于朱子之学，又不轻议汉儒之说，故而重汉儒、宋学中笃实之风。清人认为，若无有汉郑康成之礼学，则礼经无有后传；朱子之学，本有其实，是因古人之学而成，但后人却不究其实而孤陋言之，因此，清人治经以汉、宋之说杂采并重。乾隆十三年（1748），钦定《三礼义疏》，其中《礼记义疏》八十二卷，是为《三礼义疏》之第三部。此《礼记》经文一反宋学之风，沿汉学之四十九篇，作七十七卷，附载图五

---

① 见《四库全书总目提要》卷二十一《经部·礼类三》第170页。
② 皮锡瑞.经学历史[M].北京：中华书局，1959：289.

卷。义疏称"三礼"以郑康成为专门，王肃亦一代通儒，并指斥后儒所见，"曾不逮肃之弃馀，乃以一知半解，哗然诋郑氏不闻道"，而宋儒之所阐发"亦往往得别嫌明微之旨"。[①] 所以，此义疏广摭群言，详征博引，曲证旁通，亦颇采宋儒之说以补郑注所未备，并批评陈澔《集说》删除《大学》《中庸》二篇于《礼记》四十九篇之外而不载，是为妄削古经。可以说，此钦定之《礼记义疏》，打破了元末明初以来陈澔《集说》对于《礼记》之学的垄断，其采汉、宋之学说，开汉学复兴之始。

清代复兴汉学之最盛者，当为乾嘉学派，然而乾嘉学派沿汉学之遗风，实乃重考据之学，且其重《周礼》《仪礼》之学，对于《礼记》的研究，则为次之。如江永撰《礼记训义择言》八卷，所采为《礼记》中自《檀弓》至《杂记》共八篇注家异同之说。虽与陈澔说颇有出入，然持论多为精赅，且有臆度之说，终不如郑注。

清代治《礼记》之学较著者，一是孙希旦所撰的《礼记集解》六十一卷，二是朱彬的《礼记训纂》四十九卷。孙希旦，字绍周，号敬轩，清瑞安（今属浙江）人，乾隆四十三年（1778）进士，历任翰林院编修、四库馆之国史三通馆纂修官。其《集解》首取汉郑玄注、唐孔颖达正义，删其繁芜，撮取枢要，并兼采宋元以来诸儒之说。孙氏不囿于汉宋经学门户之见，且对于《礼记》中之名物制度考核精审，是清代《礼记》学之较著者。朱彬，字武曹，号郁甫，清宝应（今属江苏）人，朱氏为乾隆时举人，此《训纂》指明陈澔《集说》之疏略，取汉代至清朝诸儒之故训、注疏，博采广摭，撮其精英，且于义理亦有阐发，于训诂也有根据，但《训纂》简约有余而详审不足，不可谓为一部力作，此后《礼记》之学，也再未有出其右者。在清朝近三百年的历史中，实际上《礼记》的研究并未出现超越唐代孔疏之作，而且较之同期清儒所治《周礼》《仪礼》之学，《礼记》经书的地位也大不如从前。不过，《礼记》之《王制》篇及《礼运》篇中所言明的孔子托古改制及大同的社会理想，成为清朝末年资产阶级民主改良和民主主义的旗帜，并且成为深入人心的民主思想而影响久远，这恐怕是此前治《礼记》之学的诸位清儒所始料未及的。

近现代对《礼记》的研究影响较著者，有梁启超的《要籍解题及其读法》、王文锦的《经书浅谈》，二者均对《礼记》四十九篇作出分类，对其内容进行划分。王梦鸥的《礼记今注今译》、杨天宇的《礼记译注》主要是对《礼记》一书作详细

---

① 见《四库全书总目提要》卷二十一《经部·礼类三》第172页。

今注,并有白话译文。杨天宇的《〈礼记〉简述》,则对《礼记》一经作了较为全面的概括和介绍,对《礼记》一书的作者、成书时代及历代研究《礼记》之学等进行了具有总结性的概述,值得重视。王锷的《三礼研究论著提要》,则对"三礼"的历代研究进行了全面的总结、论述,具有重要的学术意义和文献价值。

五、参考书目

①《礼记注》一卷,(汉)马融撰,(清)马国翰辑,《玉函山房辑佚书》本。

②《礼记卢氏注》一卷,(汉)卢植撰,(清)马国翰辑,《玉函山房辑佚书》本。

③《月令章句》一卷,(汉)蔡邕撰,(清)马国翰辑,《玉函山房辑佚书》本。

④《礼记王氏注》二卷,(三国魏)王肃撰,(清)马国翰辑,《玉函山房辑佚书》本。

⑤《礼记新义疏》一卷,(南朝梁)贺玚撰,(清)马国翰辑,《玉函山房辑佚书》本。

⑥《礼记正义》七十卷[残存八卷(卷六十三—卷七十)],(唐)孔颖达撰,《四部丛刊三编》本。

⑦《月令解》十二卷,(宋)张虙撰,《四库全书》本。

⑧《礼记要义》三十三卷,(宋)魏了翁撰,《四部丛刊续编》本。

⑨《礼记集说》一百六十卷,(宋)卫湜撰,《四库全书》本。

⑩《礼记纂言》三十六卷,(元)吴澄撰,《四库全书》本。

⑪《礼记集说》十卷,(元)陈澔注,上海古籍出版社1986年影印本。

⑫《礼记集说大全》三十卷,(明)胡广等辑,《四库全书》本。

⑬《礼记章句》四十九卷,(清)王夫之撰,《船山遗书》本。

⑭《礼记偶笺》三卷,(清)万斯大撰,《皇清经解续编》本。

⑮《礼记校勘记》六十三卷,《释文校勘记》四卷,(清)阮元撰,《皇清经解》本。

⑯《礼记补疏》三卷,(清)焦循撰,《皇清经解》本。

⑰《礼记郑读考》一卷,(清)俞樾撰,《皇清经解续编》本。

⑱《小戴礼记平议》四卷,(清)俞樾撰,《皇清经解续编》本。

⑲《礼记今注今译》,王梦鸥注译,新世界出版社2011年版。

⑳《礼记译注》,杨天宇撰,上海古籍出版社1997年版。

㉑《礼记》(注释翻译),(日)服部宇之吉撰,台湾新文丰出版公司1978年版。

㉒《礼记正义》七十卷,《附释音礼记注疏》六十三卷,(汉)郑玄注,(唐)孔颖达正义,(唐)陆德明释文,中华书局影印阮元刻本《十三经注疏》,中华书局1980年版。

㉓《经学通论》,(清)皮锡瑞著,中华书局1954年版。

㉔《经学历史》,(清)皮锡瑞著,中华书局1959年版。

㉕《中国古代文化史》,阴法鲁、许树安主编,北京大学出版社1989年版。

㉖《三礼研究论著提要》,王锷编著,甘肃教育出版社2001年版。

三礼选注

《周礼》选注

天官冢宰第一①

惟王建国[1]，辨方正位[2]，体国经野[3]，设官分职[4]，以为民极[5]。

注释

[1]"惟王建国"至"以为民极"句：六官之首（按：除《冬官》）同此序，以其建国设官为民不异。惟，辞（虚词），不为义。王，天子之号，三代所称。按：《书传》云：周公不为王，"一年救乱，二年伐殷，三年践奄，四年建侯卫，五年营成周，六年制礼作乐，七年致政成王"。建，立也。

[2]辨：别也，别四方，先须视日景（影）以别东、西、南、北四方，正君臣之位，君南面、臣北面，使有分别。正位：谓四方既有分别，又于地之中正宫室、朝廷之位，使得正。

[3]体：犹分也。孙诒让："本无分义，以总为一体，分为众体。"国：谓城中也，分国城之中为九经九纬，左祖右社。经：谓为之里数。野：谓城外井田，井田之法，九夫为井，井方一里。郑司农云："营国方九里，国中九经九纬，左祖右社，面朝后市，野则九夫为井，四井为邑之属是也。"

---

① 天官，象天所立之官，周天有三百六十馀度，天官亦总摄三百六十官，故云"象天"。冢，大也。宰，官也。天者统理万物，天子立冢宰使掌邦治，总御众官，使不失职。不言司者，大宰总御众官，不主一官之事。

[4]设官分职:立官以治民,设天地四时之官,即六卿也。既有其官,须有司职。职,谓主也,天官主治,地官主教,春官主礼,夏官主政,秋官主刑,冬官主事。六官,官各六十,则合有三百六十官。官各有主,故百事举。

[5]极:中也。设官分职以治民,令天下之人各得其中,不失其所。

乃立天官冢宰,使帅其属而掌邦治[1],以佐王均邦国。

注释

[1]掌:主也。邦治:佐助王治理邦国。

治官之属:大宰,卿一人[1];小宰,中大夫二人;宰夫,下大夫四人。上士八人,中士十有六人,旅下士三十有二人[2]。

注释

[1]大宰:官名,也称冢宰。六卿之首,百官之长。冢,言大(音泰),进退异名。列职于王则谓之大,与五卿并列,各自治六十官;总百官则称冢,以其天官象天覆万物。冢,山顶曰冢。

[2]旅:众也,以其理众事,故特言旅。下士:治众事者。自大宰至旅下士,转相副贰,即下一级是上一级两倍的数量,以上皆是得王简策任命,为王臣。而下文中的府、史、胥、徒等不得王之简册任命,官长自辟选任,而非王臣。

府六人,史十有二人[1],胥十有二人,徒百有二十人[2]。

注释

[1]府:治(管理)府藏。史:掌书,主造文书。凡府、史皆其一官之长所自辟召,除其课役而使之,非王臣也。《周礼》之内,府、史大例皆府少而史多,府又在史上,唯有御史一百二十人,数多且在府之上,郑玄认为"以其掌赞书数多也";唯有天府一官,府职多于史,因其所藏物重。又有府兼史,以其当职事繁;或空有史而无府者,以其当职事少,得史即足。至于地官中的角人、羽人等职官,只有府而无史,以其当职文书少而有税物须藏之;天官之腊人、食医之等府、史俱无,以其专官行事而无须府藏、文书。

[2]胥(xù):其有才智而为什长,一胥十徒。徒:徒众,给使徭役者。《周礼》上下文,有胥必有徒,但是天官之鳖人、腊人之类空有徒无胥,得徒则足矣;食医之类则胥、徒并无,以其专官行事,则无须胥、徒。

宫正[1],上士二人,中士四人,下士八人,府二人,史四人,胥四人,徒四十人。

注释

[1]宫正:官名,为宫中官之长,主宫室之事,亦掌卫三宫卿大夫、士之事。正,长也。安身先须宫室,故为先。宫正,由上士二人为官首,中士四人为之佐,下士八人理众事,府二人主藏文书,史四人主作文书,胥四人为什长,徒四十人给徭役。下文诸官体例府、史、胥、徒之义皆然,不每文重释。

宫伯[1],中士二人,下士四人,府一人,史二人,胥二人,徒二十人。

注释

[1]宫伯:官名,与宫正同主宫中事,主宫中卿大夫、士之嫡子、庶子,行其秩叙,授其舍次(住宿)之事。伯,长也。

膳夫[1],上士二人,中士四人,下士八人,府二人,史四人,胥十有二人,徒百有二十人。

注释

[1]膳夫:食官之长。人之处世,在安与饱,故饮食次于宫室。膳,善也,时令美食曰珍膳。自膳夫至腊人,皆为职官,供王膳羞、饮食、馔具之事。

庖人[1],中士四人,下士八人,府二人,史四人,贾八人[2],胥四人,徒四十人。

注释

[1]庖人:官名,主以六兽、六禽供庖厨。庖,谓厨。

[2]贾(gǔ):庖人用牲当市买,贾主市买,知物贾(价)。

内饔[1],中士四人,下士八人,府二人,史四人,胥十人,徒百人。

注释

[1]内饔:官名,所主王及王后、世子在宫廷内的饮食烹调及宗庙祭祀牺牲的割烹。饔,熟食曰饔,为割亨(烹)煎和之称。

外饔[1],中士四人,下士八人,府二人,史四人,胥十人,徒百人。

注释

[1]外饔:官名,掌宫廷外祭祀牺牲的割烹、宴会饮食和抚恤孤子、耆老宴席的烹调。

亨人[1],下士四人,府一人,史二人,胥五人,徒五十人。

注释

[1]亨(烹)人:官名,主为内、外饔煮肉。凡称"人"之官名,皆以其事名官。

甸师[1],下士二人,府一人,史二人,胥三十人,徒三百人。

注释

[1]甸师:官名,为下文兽人、渔人、鳖人、腊人等主供给野物的众官之长。郊外曰甸。师,犹长也。甸师供给野味,又供给薪材以烹饪。

兽人[1],中士四人,下士八人,府二人,史四人,胥四人,徒四十人。

注释

[1]兽人:官名,掌罟田兽,冬献狼,夏献麇。

渔人[1],中士二人,下士四人,府二人,史四人,胥三十人,徒三百人。

注 释

[1]渔人:官名,供给鱼物,掌四时为梁以捕鱼,如春献王鲔(wěi,鲟鱼)。渔,本又作"鱼"。

鳖人[1],下士四人,府二人,史二人,徒十有六人。

注 释

[1]鳖人:官名,掌供介物。介物,龟鳖之属。

腊人[1],下士四人,府二人,史二人,徒二十人。

注 释

[1]腊(xī)人:官名,掌供给脯脩(干肉)之官。腊,干曰腊,朝曝,于夕乃干,故云腊之言夕。或作"久"字,久乃干成。

医师[1],上士二人,下士四人,府二人,史二人,徒二十人。

注 释

[1]医师:官名,众医之长。掌天下医之政令,聚药以供医事。自医师以下至兽医,主疗疾之事。人有生则有疾,故医次于食馔之后。

食医[1],中士二人。

注 释

[1]食医:官名,掌调和四季饮食五味之官。食有五味调和及药膳之类,春多酸,夏多苦,皆须调和,与药等效。

疾医[1],中士八人。

注 释

[1]疾医:官名,掌医治万民之疾病。

疡医[1]，下士八人。

注释

[1]疡（yáng）医：官名，掌医治万民肿疡、溃疡及创、折等。疡，创、痈。

兽医[1]，下士四人。

注释

[1]兽医：官名，掌医治牛马等家畜的疾病。兽，指牛马之类。《尔雅》："两足而羽谓之禽，四足而毛谓之兽。"兽中可以兼牛马，牛马亦有兽称。

酒正[1]，中士四人，下士八人，府二人，史八人，胥八人，徒八十人。

注释

[1]酒正：官名，掌营造酒之政令，以式法授酒材，为造酒的酒人、浆人等官之长。自酒正至宫人，陈述酒饮肴羞之事。医治既毕，须酒食养身，故次列酒肴之官。

酒人[1]，奄十人[2]，女酒三十人[3]，奚三百人[4]。

注释

[1]酒人：官名，掌酿酒之官，负责供给祭祀与宴饮所需之酒。
[2]奄：职官名，等同于府、史之类，由因连坐而没入官府为奴的宦人担任。奄，谓精气闭藏。
[3]女酒：职吏名，由因连坐而没入官府通晓酿酒之女奴担任。为奚之什长，一女酒管理十名奚，等同于胥与徒的关系。
[4]奚：职事名，即女工，由因连坐而没入官府的女奴（官婢）担任，给使造酒之事。

浆人[1]，奄五人，女浆十有五人[2]，奚百有五十人。

注释

[1]浆人:官名,掌供给王、王后和世子之六饮——水、浆、醴、涼(凉)、醫、酏(yǐ)等。除水外,均需用粟米酿制并去其糟,入于酒府。

[2]女浆:职吏名,负责制作供给六饮,由知晓制作酒水饮料的女奴担任。

凌人[1],下士二人,府二人,史二人,胥八人,徒八十人。

注释

[1]凌人:官名,掌冰之官,供给内、外饔之膳羞用冰。冬日纳冰藏冰,夏日用冰。凌,冰室。

笾人[1],奄一人,女笾十人[2],奚二十人。

注释

[1]笾人:官名,职掌四笾荐羞(食物)进献之事。竹筐曰笾。

[2]女笾:职吏名,负责供给四笾荐羞,由通晓四笾荐羞进献之礼的女奴担任。

醢人[1],奄一人,女醢二十人[2],奚四十人。

注释

[1]醢(hǎi)人:官名,掌管进献盛于豆中的肉酱。醢,肉酱。

[2]女醢:职吏名,负责制作供给肉酱,由通晓制作肉酱的女奴担任。

醯人[1],奄二人,女醯二十人[2],奚四十人。

注释

[1]醯(xī)人:官名,职掌酿醯。醯,醋。

[2]女醯:职吏名,负责制作供给醋,由通晓酿醋的女奴担任。

盐人[1],奄二人,女盐二十人[2],奚四十人。

注释

[1]盐人:官名,掌盐之政令,以供百事之盐。盐乃调和上食之物。
[2]女盐:职吏名,负责供给盐,由通晓盐事的女奴担任。

幂人[1],奄一人,女幂十人[2],奚二十人。

注释

[1]幂人:官名,掌供给覆盖饮食的巾布之事。幂,以巾覆物。
[2]女幂:职吏名,负责覆盖饮食的巾布,由通晓以巾覆物的女奴担任。

宫人[1],中士四人,下士八人,府二人,史四人,胥八人,徒八十人。

注释

[1]宫人:官名,掌王之六寝,又掌王沐浴、执烛、扫除之事,以安息王身。孙诒让:"掌王寝,亦主服御之事。"

掌舍[1],下士四人,府二人,史四人,徒四十人。

注释

[1]掌舍:官名,掌管王会同诸侯时所居之馆舍(即行宫)和临时设置的帐舍,如车宫、帷宫等,还负责止息之舍的警卫之事,亦是安王身之事。舍,行所止息之处。自掌舍至掌次,安不忘危。

幕人[1],下士一人,府二人,史二人,徒四十人。

注释

[1]幕人:官名,掌管王野外临时驻扎休息所需的帐幕。幕,覆在帷上者。在旁曰帷,在上曰幕。

掌次[1]，下士四人，府四人，史二人，徒八十人。

注释

[1]掌次：官名，掌管张设王临时驻扎所需的帐幕，"掌王次之法，以待张事"。幕人供之，掌次张之。次，用帷幕设置的临时驻扎之舍。

大府[1]，下大夫二人，上士四人，下士八人，府四人，史八人，贾十有六人，胥八人，徒八十人。

注释

[1]大府：掌天下贡献于王的九赋，负责收受贡献于王的货贿，颁行货贿于诸府之事，为王治府藏之长。国有贾市，大府官须有市买，并须知物货善恶。下领玉府、内府、外府至司裘、掌皮等职官，皆是府藏之事，既有其余，理须贮积，或出或纳，一并统计备案。

玉府[1]，上士二人，中士四人，府二人，史二人，工八人[2]，贾八人[3]，胥四人，徒四十有八人。

注释

[1]玉府：官名，掌王之金玉、玩好、兵器，收藏保管精良之器，以玉为主。
[2]工：能治玉之工匠。
[3]贾：贾人，能辨玉之善恶、贵贱品质，评估玉的等级和价格。

内府[1]，中士二人，府一人，史二人，徒十人。

注释

[1]内府：官名，掌宫内九贡、九赋、九功之贡赋和良兵、良器之收藏。

外府[1]，中士二人，府一人，史二人，徒十人。

注释

[1]外府：官名，主天下泉（钱币）之流通，以供给百事。钱币本为宫廷外流

通之物,与内府所主相对。

司会[1],中大夫二人,下大夫四人,上士八人,中士十有六人,府四人,史八人,胥五人,徒五十人。

注释

[1]司会(kuài):官名,主天下之大计,即统计、稽查邦国、都鄙、官府的财政收支,为统计官之长。会,大计,每年所进行的统计稽查。

司书[1],上士二人,中士四人,府二人,史四人,徒八人。

注释

[1]司书:官名,主计会之簿书,即掌管会计的账簿。

职内[1],上士二人,中士四人,府四人,史四人,徒二十人。

注释

[1]职内:官名,主入,掌邦国的赋税收入于太府,辨其财用之物而掌其总理。职,主也。

职岁[1],上士四人,中士八人,府四人,史八人,徒二十人。

注释

[1]职岁:官名,主岁计以岁断,即掌管每年年终赋税之大统计。统计邦之赋出入,对照官府、都鄙财税之数,以待会计考核稽查。

职币[1],上士二人,中士四人,府二人,史四人,贾四人,胥二人,徒二十人。

注释

[1]职币:官名,掌以式法来敛聚官府、都鄙与邦国财政费用之节余,供给王用于赏赐,与职岁通职,财不久停,职之而已。

司裘[1]，中士二人，下士四人，府二人，史四人，徒四十人。

注释

[1]司裘：官名，掌管制作裘皮类衣饰等用品，并负责设府库保管。司，专任其事，事由于己。

掌皮[1]，下士四人，府二人，史四人，徒四十人。

注释

[1]掌皮：官名，掌秋敛皮，冬敛革，春献之，亦有设府库保管之责。

内宰[1]，下大夫二人，上士四人，中士八人，府四人，史八人，胥八人，徒八十人。

注释

[1]内宰：官名，宫中（即后宫）众官之长。相对于大宰治百官，内宰主治妇人之事，又教后宫妇德之事。自内宰至屦人，陈言王后及夫人等内教妇功，包括妇人衣服之事。

内小臣[1]，奄上士四人[2]，史二人，徒八人。

注释

[1]内小臣：官名，掌后宫王后之命，正其服位，主服侍并辅佐王后之事。
[2]奄：职官名，掌后宫之事的阉官，以其有贤行而封命为士。

阍人[1]，王宫每门四人，囿游亦如之[2]。

注释

[1]阍(hūn)人：官名，掌守王宫中门（雉门）以及囿游门禁，司昏晨以启闭：昏时闭门（故名阍人），晨时启门，由被处以墨刑之人担任。阍，宫门。

寺人[1],王之正内五人[2]。

注释

[1]寺人:官名,掌王之内宫的戒令,即王后寝宫中由阉人担任的近侍。寺,侍也,取亲近侍御之义。

[2]正内:路寝。

内竖[1],倍寺人之数。

注释

[1]内竖:官名,王后寝宫的近侍,掌通王内外之命,由未及加冠(十五至十九岁)者担任,因其无须为礼,出入便疾。竖,童竖,未冠者。

九嫔[1]。

注释

[1]九嫔:王宫之妇官。嫔,妇也,即内宫之女官,掌妇学之法以教九御,以其有妇德而听天下之内治,天下内和而家理。

世妇[1]。

注释

[1]世妇:妇官名,掌祭祀、宴饮宾客、丧纪诸礼中帅宫女濯溉,由有妇德者任之,无则阙,故无确定之人数。

女御[1]。

注释

[1]女御:妇官名,掌御叙于王之燕寝,即负责安排侍王燕寝妃妾的序列。

御,进也,侍也。

女祝四人[1],奚八人。

注释

[1]女祝:女官名,掌王后在宫内祭祀、祷祠之事,由通晓祝事且识文字的女奴担任。

女史八人[1],奚十有六人。

注释

[1]女史:女官名,掌王后及后宫之礼,由通晓礼节的女奴担任。其职责与王之大史掌礼相同。

典妇功[1],中士二人,下士四人,府二人,史四人,工四人,贾四人[2],徒二十人。

注释

[1]典妇功:官名,掌妇式之法,主管后宫嫔妇及宫内女功之事,为掌管妇人丝枲(xǐ,麻)功官之长。典,主也。出入由己,课彼作人,故谓之为典。

[2]贾:职事名,因丝枲品质有善恶、贵贱之不同,故须设贾人进行估价。

典丝[1],下士二人,府二人,史二人,贾四人,徒十有二人。

注释

[1]典丝:官名,掌管收入蚕丝并负责保管,辨别确定蚕丝等级,分发给外内女工进行加工。

典枲[1],下士二人,府二人,史二人,徒二十人。

注释

[1]典枲:官名,掌管收纳麻并负责保管,分发给徒(女工)进行加工。枲,

麻,雄麻。

内司服[1],奄一人[2],女御二人[3],奚八人。

注释

[1]内司服:官名,掌王后及宫内命妇之六服,为宫中裁缝官之长。

[2]奄:阉,即宦官。因内司服掌管衣服事多,须男子兼掌;而与妇人同处,故由阉人担当。

[3]女御:职吏名,负责制作供给宫内六服,由通晓王宫衣服制度的女奴担任。

缝人[1],奄二人,女御八人,女工八十人[2],奚三十人。

注释

[1]缝人:官名,掌王宫缝制衣服之事,负责缝制供给王及王后的衣服。

[2]女工:职吏名,即裁缝,由通晓裁缝技艺且手巧的女奴担任。

染人[1],下士二人,府二人,史二人,徒二十人。

注释

[1]染人:官名,掌染丝帛。

追师[1],下士二人,府一人,史二人,工二人,徒四人。

注释

[1]追(duī,一曰雕):官名,掌王后、命妇之首服(头饰),以首服配衣。追,治玉石之名,雕琢玉石。《诗经·大雅·棫朴》云:"追琢其璋。"璋是玉为之,则追与琢皆是治玉石之名。而男子首服由夏官弁师掌管,以男子为阳,又取夏时万物长大,长大乃冠,故归在夏官。

屦人[1],下士二人,府一人,史一人,工八人,徒四人。

注释

[1]屦(jù)人:官名,掌王及王后各种鞋的制作及保管。屦、舄(xì,复底之鞋)皆在下体,故男子、妇人之屦同在此官。

夏采[1],下士四人,史一人,徒四人。

注释

[1]夏采:官名,掌管王大丧时手持冕服在大祖庙招魂,并乘车建緌(ruí)于四郊招魂。緌,一种旗,将羽毛系于竿首。夏采,本指夏翟之羽色,夏即五色;翟(音狄),雉名,《尔雅》云:"伊洛而南,素质,五采皆备成章,曰翚。江淮而南,青质,五采皆备成章,谓之鹞。"《禹贡》:"徐州贡夏翟之羽。"有虞氏以为緌,至周世或无,故染鸟羽而用之,谓之夏采。丧事是终,故"夏采"在天官末职。

一、大宰

大宰之职,掌建邦之六典,以佐王治邦国[1]:一曰治典,以经邦国,以治官府,以纪万民[2];二曰教典,以安邦国,以教官府,以扰万民[3];三曰礼典,以和邦国,以统百官,以谐万民[4];四曰政典,以平邦国,以正百官,以均万民[5];五曰刑典,以诘邦国,以刑百官,以纠万民[6];六曰事典,以富邦国,以任百官,以生万民[7]。

注释

[1]建:建立,制定。六典:即治典、教典、礼典、政典、刑典、事典,分别由天官冢宰、地官司徒、春官宗伯、夏官司马、秋官司寇、冬官司空掌管,又统辖在天官冢宰之下。王执六典治理邦国而不独治,有六官辅佐。典,常也,经也,法也。王谓之礼经,常所秉持以治天下;邦国官府谓之礼法,常所坚守以为法式。邦、国:大曰邦,小曰国,邦之所居亦曰国。

[2]治典:冢宰帅其属掌管的邦国治理的法典,诸如下文八法、八则、八柄等,辅佐王均平邦国。经:治理。纪:作纲纪。

[3]教典:司徒帅其属掌管的邦国教化的法典,辅佐王安顺邦国。扰:犹驯也,驯顺。

[4]礼典:宗伯帅其属掌管的邦国礼法之典,辅佐王和谐邦国。统:犹合也,统合,礼所以统叙万事。

[5]政典:司马帅其属掌管的邦国军政军赋法典,辅佐王平定邦国。

[6]刑典:司寇帅其属掌管的邦国刑法之典,辅佐王刑律邦国。诘:犹禁也,作详细刑罚以查禁四方。

[7]事典:司空帅其属掌管的邦国百工之典。《司空》之篇亡,《天官·小宰》曰:"六曰冬官。"

以八法治官府[1]:一曰官属,以举邦治[2];二曰官职,以辨邦治[3];三曰官联,以会官治[4];四曰官常,以听官治[5];五曰官成,以经邦治[6];六曰官法,以正邦治[7];七曰官刑,以纠邦治[8];八曰官计,以弊邦治[9]。

注释

[1]八法:即下文官属、官职、官联、官常、官成、官法、官刑、官计等。按:八法为治理邦国的纲领——治国首先要治官,官吏尊卑有差,职责等同,治理为本,安平为宗。府:百官所居曰府。

[2]官属:谓六官其属各六十,即各个官府之间的领属关系。按:《天官·小宰》曰:"以官府之六属举邦治:一曰天官,其属六十。"天官下属有宫正、膳夫、医师、酒正等,医师下属有食医、疾医、疡医、兽医等,皆是官属。举:进行,兴起。邦治:邦国政务,治理之事。

[3]官职:谓六官之职,即六官官府中各个官吏的职责规章。辨:别,分别。按:《天官·小宰》曰:"以官府之六职辨邦治:一曰治职……二曰教职……三曰礼职……四曰政职……五曰刑职……六曰事职……"每位官吏各尽其职。

[4]官联:谓连事通职,各官相佐助。国有大事,一官不能独办,则六官共举之。联,读为连,古书连作联。按:《天官·小宰》曰:"以官府之六联合邦治:一曰祭祀之联事,二曰宾客之联事,三曰丧荒之联事,四曰军旅之联事,五曰田役之联事,六曰敛弛(赋役征收与减免)之联事。"

[5]官常:谓各自领守其官之常职(职责范围),非连事通职所共举。官治:邦治。

[6]官成:谓官府之成事品式(成例范式)。按:《天官·小宰》曰:"以官府之八成经邦治:一曰听政役以比居,二曰听师田以简稽,三曰听闾里以版图,四

曰听称责以傅别(借贷契约),五曰听禄位以礼命,六曰听取予以书契,七曰听卖买以质剂(即合同。长券叫质,用以购买马牛之属;短券叫剂,用以购买兵器珍异之物),八曰听出入以要会(会计簿书)。"

[7]官法:谓职官所主之法度,职官主祭祝、朝觐、会同、宾客等,则皆自有其法度。《天官·小宰》曰:"以法掌祭祀、朝觐、会同、宾客之戒具。"

[8]官刑:谓司刑所掌墨罪、劓罪、宫罪、刖罪、杀罪之五等刑罚。一说此是正五刑,施于天下,非为官刑。官刑,上能纠(察)职责的典章。

[9]官计:谓三年则大考核群吏之治而诛赏之。《天官·小宰》:"以听官府之六计,弊群吏之治:一曰廉善,二曰廉能,三曰廉敬,四曰廉正,五曰廉法,六曰廉辨。"即用以审断群吏之治。廉,察考。弊:裁断,判决。

以八则治都鄙[1]:一曰祭祀,以驭其神[2];二曰法则,以驭其官[3];三曰废置,以驭其吏[4];四曰禄位,以驭其士[5];五曰赋贡,以驭其用[6];六曰礼俗,以驭其民[7];七曰刑赏,以驭其威[8];八曰田役,以驭其众[9]。

注释

[1]则:亦法,法则。典、法、则,实同而异其名。都鄙:王畿之内公卿大夫之采邑及王子弟的食邑。都之所居曰鄙。周时周公、召公、毛公等之采邑皆在王畿内。

[2]祭祀:谓采地之中祭祀先君之宗庙、社稷、五祀的制度。驭其神:受纳所祭祀神灵的善佑。按:在祭祀之中,宗庙先祖神须按制度祭祀而不得随意增减;至于社稷配食,则取句龙、后稷等上古有功者为神而纳之善,不得僭越礼制淫祀。驭,同"御"。

[3]法则:谓官府之宫室、车服等级制度。制度与在官者则为法则。驭其官:使在官者不得僭越等差,亦是驱之使入善。

[4]废置:官吏废置(撤职任命)的制度。废,犹退也,废退其无能者。置,推举贤能者。驭其吏:掌控官吏的升迁而不得随意任免。

[5]禄位:授予俸禄、爵位的制度。禄,如同于月俸。位,爵次。驭其士:督勉学士各尽其才。士,学士,谓有贤行、有道艺学业之士,则诏之以爵位、禄赏。

[6]赋贡:赋贡制度。赋,口率出泉(钱)也,即按人口比例出钱纳税,上之所求于下。贡,功也,九职之功所税也,下之所纳于上。按:采地之民,口率出泉

为赋,一夫之田有井田之法。驭其用:调节财赋以开源节流。按:赋税入于官,官府得之而须节财用。

[7]礼俗:谓婚姻、丧纪之礼和一直以来所通行的习俗。俗,旧所常行者为俗,风俗。驭其民:约束民人依礼仪。风俗而行,风化使之入善。

[8]刑赏:刑罚和奖赏制度。谓有罪刑之,有功赏之。驭其威:遏制官吏威势而不得仗势滥权,使人入善畏威。

[9]田役:因田猎、工程等征发劳役的制度。驭其众:调配民力而不夺农事。按:谓采地之中,田猎使役于民,皆当不夺农时使人入善。

以八柄诏王驭群臣[1]:一曰爵,以驭其贵[2];二曰禄,以驭其富[3];三曰予,以驭其幸[4];四曰置,以驭其行[5];五曰生,以驭其福[6];六曰夺,以驭其贫[7];七曰废,以驭其罪[8];八曰诛,以驭其过[9]。

注 释

[1]柄:即权柄,权力,王所秉执以统御天下群臣。诏:告知,辅助。按:大宰以此八柄诏告于王统御群臣,岁终考核,乃知官吏行政的得失。八柄为王所操持,但不独执,需群臣辅佐之。驭:此八柄皆是驱使群臣入善之事,故统言驭。

[2]爵:颁赐爵位的权柄。爵谓公、侯、伯、子、男、卿、大夫、士也。以德诏爵,有贤乃受爵,王以贤能善否颁赐爵位次第(等级)。

[3]禄:颁予俸禄的权柄。按:以功诏禄,王依臣功颁予俸禄而使臣下富足。

[4]予:赐予的权柄。幸:谓言行偶合于善,王则可以赐予爵禄或钱财,彰显王恩与崇善,用以劝勉后人。

[5]置:提拔任用官吏的权柄。有贤行,则置之于位。

[6]生:赦免死罪的权柄。又一说生犹养也,贤臣有大勋劳之老者,王有使子孙享养之的权柄,是福祐之道,以昭告在位群臣王恩泽被深广。

[7]夺:谓臣有大罪,王有杀之没入其家财的权柄。

[8]废:废黜、流放犯罪者的权柄。废,犹放也。谓臣有大罪,若不忍刑杀,则流放之。

[9]诛:斥责有过失臣子的权柄。诛,责也。按:臣有过失,非故意为之,王则以言语责让之。

以八统诏王驭万民[1]：一曰亲亲[2]，二曰敬故[3]，三曰进贤[4]，四曰使能[5]，五曰保庸[6]，六曰尊贵[7]，七曰达吏[8]，八曰礼宾[9]。

注释

[1]以八统诏王驭万民：大宰用八项准则辅佐王统御万民。统，统御。按：此八项是君与民上下等同皆须遵守的准则，民与在上者同有，也牵制下民使与上合，上行之，下效之，而以万民为主。

[2]亲亲：亲爱亲族。君与民俱亲九族之亲。

[3]敬故：不轻慢故旧。君与民皆须尊敬故旧朋友。

[4]进贤：招举贤德之人。贤，有德行者。按：有贤在下，君当招之，民当举之，君民皆得进贤。

[5]使能：下民有技能，君民共举任之。能，多才艺者。

[6]保庸：安保有功之人。保，安也。庸，功也。按：有功之人上下俱赏之以财禄，使之心安，即制度保障多劳者多得。

[7]尊贵：尊天下之贵者。谓若臣有贵者，君民共尊敬之。按：《孟子·公孙丑下》曰："天下之达尊者三：曰爵也，德也，齿也。"《礼记·祭义》曰："先王之所以治天下者五：贵有德，贵贵，贵老，敬长，慈幼。"

[8]达吏：察举勤劳之小吏的准则。达，使显达。吏勤劳在民间，在下位不能自达，故进之于上而重用之。

[9]礼宾：用礼节接待来朝的宾客诸侯，以示民亲仁善邻。按：天子礼于朝聘之诸侯，在下皆当礼于宾客。

以九职任万民[1]：一曰三农，生九谷[2]；二曰园圃，毓草木[3]；三曰虞衡，作山泽之材[4]；四曰薮牧，养蕃鸟兽[5]；五曰百工，饬化八材[6]；六曰商贾，阜通货贿[7]；七曰嫔妇，化治丝枲[8]；八曰臣妾，聚敛疏材[9]；九曰闲民，无常职，转移执事[10]。

注释

[1]以九职任万民：用九类职业任用天下万民。郑玄注：任，犹倳(zì)也。倳，建立。

[2]三农：平地、山、泽等三种地势之农业。九谷：黍、稷、秫(shú，黏性禾)、

稻、麻、大小豆、大小麦等九种穀物。按：郑玄谓三农是原(高而平之地)、隰(xí,低湿之地)及平地；九穀无秫、大麦，而有粱和菰(gū,菰米)，可备一说。

[3]园圃：种植蔬果、树木之事业。树果蓏(luǒ,瓜果之实)曰圃，园有其樊(藩篱)也。毓：同"育"，种植。草木：瓜果树木，谓在田畔树菜蔬、果蓏。

[4]虞衡：山林川泽之事业。虞衡，本是官名，掌管山林之山虞官、川泽之林衡官，也主管山泽之民。此官、民皆为九职之一。作山泽之材：开发利用和保护山林川泽的自然资源。

[5]薮牧：谓畜牧之事业。泽无水曰薮。牧，牧田，在远郊。薮、牧皆畜牧之地。养蕃鸟兽：长养繁育飞鸟走兽。

[6]百工：百种巧作之工匠事业。饬化八材：变化八种材质为器物而整饬(加工)之。饬，勤也，勤力加工以化八材：珠曰切，象(牙)曰瑳，玉曰琢，石曰磨，木曰刻，金曰镂，革曰剥，羽曰析。

[7]商贾：谓商贾之家所为的商贸事业。行曰商，处曰贾。阜通货贿：流通货贿使商品贸易繁荣兴盛。阜，盛也。金玉曰货，布帛曰贿。

[8]嫔妇：妇女从事之业。嫔妇谓国中有德行的妇人。嫔，妇人之美称。化治丝枲(xǐ,麻)：治理丝枲，制作布帛。

[9]臣妾：谓男女奴婢所为之业。臣妾，贫贱男女之号，或是奴隶、罪犯的后代，或是人质。聚敛疏材：采集百草根实。疏材，可食用的百草根实，疏不熟曰馑。

[10]闲民：谓无事业者。闲(闲)民无常职(固定职业)。转移执事：非止一家而不断更换为人执事，即以佣赁为业。

以九赋敛财贿[1]：一曰邦中之赋[2]，二曰四郊之赋[3]，三曰邦甸之赋[4]，四曰家削之赋[5]，五曰邦县之赋[6]，六曰邦都之赋[7]，七曰关市之赋[8]，八曰山泽之赋[9]，九曰弊馀之赋[10]。

注　释

[1]以九赋敛财贿：用九种赋税法征敛天下财物。财，泉(钱币)和穀物。赋，郑玄谓是口率出泉，即按人口比例出钱纳税(土地税)。按：此九赋所得财物，用九种法规调节使用，因为用处不同，故此九赋分为九处，每一处作一文书，以记录赋税支出情况。

[2]邦中之赋：在国都中之民出钱纳税，为二十分之一税。自邦中以至弊馀，可各入其所有谷物以当赋钱之数。

[3]四郊之赋：计远郊百里之内，民所用出钱纳税。四郊，距离国都百里之地。

[4]邦甸：距离国都一百里至二百里之地。郊外曰甸，百里之外、二百里之内。

[5]家削(xuē)：距离国都二百里至三百里之地。三百里之内地名削，其中有大夫采地谓之家，故名家削。按：大夫采地中，赋税归入大夫家。但大夫家采地外其地为公邑，公邑之内其民出钱纳税归入王家，故举家稍以表公邑之民。

[6]邦县：距离国都三百里至四百里之地。四百里之内地名县，有小都。按：邦县之赋归入采地之主，其中公邑之民出钱纳税归入王家。

[7]邦都：距离国都四百里至五百里之地。五百里之内有大都。按：大都采地，其赋入主；外为公邑，其中民所出钱纳税归入王家。以上六项皆为平民之土地税。

[8]关市之赋：征收的商人货物出入的关税和贾人经销货物的市场税。按：王畿四面，皆有关门及王之市集、廛(居民区)二处，商业活动皆须缴纳赋税，关市皆有物抵税。

[9]山泽之赋：获取山泽之利的山泽之民需缴纳的赋税。按：山泽之中的财物，山泽之民以时入而取之，有物当税以作邦赋；所税得之物，可贮之以待用。贮藏所产生的费用，交易时计算到货物价值中。

[10]弊馀之赋：百工营造之物结余因流通而获得的赋税，即官府物品回收流通而产生的赋税。按：百工为国营造之物有结余，将其归于职币官，但其物不入官府贮藏，有人为官府出钱获取之，此钱财谓之弊馀(币余)之赋。弊，通"币"。

以九式均节财用[1]：一曰祭祀之式[2]，二曰宾客之式[3]，三曰丧荒之式[4]，四曰羞服之式[5]，五曰工事之式[6]，六曰币帛之式[7]，七曰刍秣之式[8]，八曰匪颁之式[9]，九曰好用之式[10]。

注释

[1]以九式均节财用：用九种财物法式调节规范财物的使用，以避免奢俭无度。式，谓用财之节度。

[2]祭祀之式:诸如大祭、次祭用大牢,小祭用特牲等祭祀所需财物之法式。

[3]宾客之式:诸如上公饔饩(yōng xì)九牢、飧(sūn)五牢、五积等接待宾客所需财物之法式。按:等级不同,所需财物法式不同。饔饩亦作"饩",古代诸侯行聘礼时招待宾客之大礼。牢,牛、羊、豕三牲为一牢;九牢,牛、羊、豕各九,为招待宾客大礼所用。飧,晚饭。五积,五次供给宾客粮草牲牢。积,积贮。

[4]丧荒之式:诸侯、诸臣之丧以及荒年赈灾所需财物之法式。按:丧事所需有含、襚、赗、赠等财物,王家之丧所用极大,不在此类财物法式范围之内。荒,凶年也。

[5]羞服之式:谓王之饮食、衣服、车马、仪仗等所用财物之法式。羞,同"馐",膳羞,饮食之物也。服,车服。

[6]工事之式:谓百工巧作各种器物所需财物之法式。工,作器物者。

[7]币帛之式:外交往来赠予宾客礼品所需财物之法式。币帛,用以赠劳宾客之礼物。

[8]刍秣(chú mò)之式:饲养牛马喂食禾穀所需财物之法式。刍秣,喂养牛马的禾穀。

[9]匪颁之式:王按照常规分赐给群臣的钱财物品所需财物之法式。匪,分也。颁,同"班",谓班赐也。

[10]好(hào)用之式:王为与诸臣结好而不按常规进行赏赐所需财物之法式。好用,王燕(闲)饮时所施予臣下的赏赐。按:燕饮有所爱好,自因欢乐,则有赐予也。

以九贡致邦国之用[1]:一曰祀贡[2],二曰嫔贡[3],三曰器贡[4],四曰币贡[5],五曰材贡[6],六曰货贡[7],七曰服贡[8],八曰游贡[9],九曰物贡[10]。

注释

[1]以九贡致邦国之用:用九种贡纳方法收缴诸侯国给王进奉的财物。按:诸侯邦国每岁有常贡进献于王,诸侯国内得民税,大国贡半,次国三之一,小国四之一。所贡者,取当国所出美物,即特产。

[2]祀贡:进献王祭祀所需要的物品——牺牲、包茅之属。包茅,祭祀时用以滤酒的菁茅。按:《礼记·礼器》云:"三牲、鱼腊,四海九州之美味也。"

[3]嫔贡:进献招待宾客所需要的物品——皮帛、丝枲之属。嫔,故书作宾。

按:丝枲,青州所贡。

[4]器贡:供奉宗庙祭祀所需之器——银、铁、石磬、丹漆等兵器、礼器、乐器。按:银、铁,梁州所贡;石即砺砥,荆州所贡;磬即泗滨浮磬,徐州所贡;漆,兖州所贡。

[5]币贡:进献聘问时所需的馈赠礼品——绣帛、玉马、兽皮等。按:帛,即织有贝壳花纹之丝织物,扬州所贡;玉、皮(即熊黑、狐狸),并雍州所贡。

[6]材贡:进献各种木材、竹子——橁(chūn,椿)、幹(gàn,筑墙端木)、栝(guì,桧树)、柏、篠(xiǎo,小竹)、簜(dàng,大竹),并荆州所贡。

[7]货:进献金玉龟贝等自然所产珍贵之物。金,即金、银、铜三品及贝,扬州所贡;玉,雍州所贡;龟出九江,荆州所贡。

[8]服贡:进献制作祭服所需的布料絺(chī,细葛布)、纻(zhù,纻麻),豫州所贡。

[9]游贡:进献玩好之物。游,燕游、游玩。玩好有珠、玑(jī,珠)、琅玕(láng gān,似玉的美石)。珠,徐州所贡;玑,荆州所贡;琅玕,雍州所贡。

[10]物贡:进献当地特产之物,如鱼盐橘柚。鱼,徐州所贡;盐,青州所贡;橘柚,荆扬州所贡。按:九州之外,各地以其所贵之物为礼进贡,如肃慎氏(东北夷)贡楛矢(hù shǐ,楛木做杆的箭)之属。

以九两系邦国之名[1]:一曰牧,以地得民[2];二曰长,以贵得民[3];三曰师,以贤得民[4];四曰儒,以道得民[5];五曰宗,以族得民[6];六曰主,以利得民[7];七曰吏,以治得民[8];八曰友,以任得民[9];九曰薮,以富得民[10]。

注释

[1]以九两系邦国之名:用九种相和合的方式使天下诸侯与万民和睦相连。两,犹耦也,相偶,谓和合万民。系,音计,连缀也。谓王在邦国之中立法,使诸侯与民相连而和睦,不使背德而离散。

[2]牧,以地得民:获得封地的诸侯国君,可以凭借土地集安其国万民。牧,以获分封土地而得民之长官,也称州牧、诸侯。按:九州各有封域以居民。王畿外八州之中,每州别立一州牧,使有功德的侯伯担任,统领二百一十国。

[3]长,以贵得民:作为获得王分封的长官,诸侯国君以尊贵得到民众的尊敬和仰效。长,诸侯也,谓一国立诸侯,与民为君长,是一国之贵,民所敬仰。

[4]师,以贤得民:有德行而教育万民的老师,以贤德使万民归化,尊师重道。师,诸侯师氏,谓诸侯立教学之官为师氏,民则为学子,师氏以三德、三行,使学子归之。见《地官·大司徒》注释。

[5]儒,以道得民:教养国子道德、六艺的儒师,以德艺获得民众的尊重。儒,诸侯之保氏,掌六艺以教民。按:诸侯在师氏之下,又置一保氏之官,不与天子保氏同名,故号曰"儒"。

[6]宗,以族得民:宗族之长,以维系族人敦睦友亲而获得民众的敬爱。宗,古代宗法制度,以嫡长子继承为基础,始封立的嫡长子为其后裔之始祖,其后代子孙凡以嫡长子身份继承而代代相传者,即为大宗,也谓继别为大宗,百世不迁;始封立的庶子则是小宗,五世则迁。按:宗族之长团结凝聚族人,与族人饮食宴乐,序以昭穆。

[7]主,以利得民:公卿大夫作为采邑之主,宣化君王政教,以采邑所获之利让之于民而得民心。主,谓公卿大夫。民,采邑之民。谓公卿大夫世世食采不绝,当对其民薄税以安民。

[8]吏,以治得民:基层官吏,要善于行政治理而安定民生。小吏,在乡邑民间的官吏,诸如比长、闾胥等。

[9]友,以任得民:邻里之间守望相助而得信任,彼此托付。友,谓同一井田互助稼穑者、比邻聚居者。任,谓彼此相佐助、相托付。按:《孟子·滕文公上》曰:"乡田同井,出入相友,守望相助,疾病相扶,则百姓亲睦。"

[10]薮,以富得民:掌管山林川泽的官吏,将山泽自然材物让利于民而使民富足安乐。薮,指山林川泽。富,谓薮中财物。

正月之吉[1],始和布治于邦国都鄙[2],乃县治象之法于象魏[3],使万民观治象,挟日而敛之[4]。

注释

[1]正月:周之正月(夏历十一月)。吉:谓朔日(初一)。

[2]和:调和。按:凡新年之始治政,新旧交替,重(chóng)治法、新王事,而国法常定,需总结故事加以修改调和,故言始和。布:宣布。治:谓大宰掌管的治典。邦国都鄙:泛指天下。邦国,王畿千里之外所分封的诸侯国。都鄙,王畿千里之内所分封的公卿大夫的采邑、王子弟的食邑。

[3]县治象之法于象魏:将治典书写并悬挂在王宫门阙上。县,同"悬"。治象之法,文字书写的法典,也称治象。象魏,宫阙,也称观,位于君王宫门前左右两边的高台建筑,既可登高望远,也可悬挂法象使人观望,因此得名"象魏"。

[4]挟日:按照天干从甲日至甲日,凡十日。按:法象敛藏于明堂,正月后每月吉日再次悬象以昭告天下,谓之告朔。

乃施典于邦国[1],而建其牧[2],立其监[3],设其参[4],傅其伍[5],陈其殷[6],置其辅[7]。

注释

[1]乃施典于邦国:大宰要辅佐王在天下各邦国实施各项法典。

[2]建其牧:每一州之中立一牧,以侯伯有功德者加命作州长,谓之牧。建,立也。

[3]立其监:设立诸侯国国君。监,监理,谓公侯伯子男各监理一国。

[4]设其参:设置邦国辅助君王的三卿。参,三,谓卿三人(指上、中、下卿)。

[5]傅其伍:谓各设立五大夫辅助三卿。傅,辅助。伍,即五人,此指大夫五人。

[6]陈其殷:三卿下各设士九人为其助理——三九二十七人。陈,设。殷,郑玄释"殷,众也",谓众士。按:《礼记·王制》:"诸侯上士二十七人。"

[7]置其辅:谓三卿下各设府、史、胥、徒等辅佐理事之吏。辅,府、史等,由庶人在官府担任。

乃施则于都鄙[1],而建其长[2],立其两[3],设其伍,陈其殷,置其辅。

注释

[1]施则于都鄙:在王畿实施八则(见上文注释)。

[2]建其长:为各采邑、食邑设立其主。长,谓公卿大夫、王子弟为其采邑、食邑之主,一邑之长。

[3]立其两:谓每采地之中设立两卿。两,两卿。按:采邑降等,设立官爵之属不可等同于诸侯邦国。

乃施法于官府[1],而建其正[2],立其贰[3],设其考[4],陈其殷,置其辅。

注释

[1]施法于官府:在官府实施八法(见上文注释)。

[2]建其正:设立各个官府的正职长官。按:正职谓冢宰、司徒、宗伯、司马、司寇、司空等。

[3]立其贰:设立副职以辅佐长官。贰,副益也。《说文解字注》:"当云副也,益也。"按:副职谓小宰、小司徒、小宗伯、小司马、小司寇、小司空等。

[4]设其考:设立考核督查之官辅佐长官履行职责。考,成也,辅佐长官考核督查。按:考谓宰夫、乡师、肆师、军司马、士师等。《司空》篇亡,未闻其考。

凡治,以典待邦国之治,以则待都鄙之治,以法待官府之治[1],以官成待万民之治[2],以礼待宾客之治[3]。

注释

[1]典:六典,本以治邦国。则:八则,本以治都鄙。法:八法,本以治官府。均见上文注释。

[2]成:八成,本以治万民。按:据上文,官成在八法治官府中,小宰职掌。

[3]礼:宾礼,本以接待宾客。诸如聘礼、觐礼等。

祀五帝[1],则掌百官之誓戒[2],与其具脩[3]。

注释

[1]祀五帝:谓四郊及明堂等五方之帝,也称五色之帝——东方之帝为青帝,南方之帝为赤帝,中央之帝为黄帝,西方之帝为白帝,北方之帝为黑帝。

[2]誓戒:约束,训诫,约之以刑,戒之失礼。

[3]与其具脩:使百官供给祭祀所用的祭器、祭品,并扫除清洁祭祀场所。具,供给祭器等。脩,扫除粪洒(洒扫)。

前期十日,帅执事而卜日,遂戒[1]。及执事,视涤濯[2]。及纳亨,赞王牲事[3]。

注释

[1]前期十日:提前十天。即祭前十一日。执事:宗伯、大卜之属。戒:戒令百官始齐。齐,同"斋",斋戒。按:《礼记·祭统》:"散齐七日以定之,致齐三日以齐之。"即十天需散齐七日,致齐三日。散齐谓祭祀前七日不御不乐不吊,致齐谓祭祀前三日清心沐浴更衣。《礼记·祭义》:"致齐于内,散齐于外。"

[2]及执事:祭祀前日之夕,大宰率领宗伯、大卜之属视察。视涤濯:视察祭器及甑(zèng)甗(yǎn)等是否洗涤干净。按:甑、甗,蒸煮用的炊具,上层为甑,可以蒸;下层可以煮,中部有箅子的为甗。

[3]及纳亨,赞王牲事:等到祭祀日之晨,大宰牵祭祀之牲进入祭祀场所准时行纳亨礼,跟在王左右佐助以祭神。纳亨,纳牲,牵牲进入祭祀场所。亨,同"烹"。按:周人行大事选在日出之时。凡大祭祀,君亲牵牲,大夫赞之。《礼记·礼器》云"纳牲诏于庭",毛血以告杀,在俎上分割后乃纳与烹人,以燂(xún)肉行祭飨神。燂肉,煮至半熟用于祭祀的肉。燂,古同"焊",祭祀"三献燂,一献孰"。

及祀之日[1],赞玉币爵之事[2]。祀大神示亦如之[3]。享先王亦如之,赞玉几、玉爵[4]。

注释

[1]日:旦明也,谓清晨天大亮时。

[2]赞:帮助王进献礼器。玉币:礼神之物玉器与币帛,各如其方之色。按:祀五帝,迎气于四郊之外。《春官·大宗伯》:"以玉作六器,以礼天地四方。""以青圭礼东方,以赤璋礼南方,以白琥礼西方,以玄璜礼北方。"爵:酒器,盛酒进献神。按:享先王用玉爵,尚文;此祭天不用玉爵,尚质以示敬。大宰率卿大夫执玉币爵以至此祀圆丘、方泽祭所,王至而授之,王亲自执玉币,奠于神坐,亲酌以献尸。

[3]祀大神示亦如之:祭祀大神天神地祇也是如此。示,本又作祇(qí)。按:冬至祭天于圆丘,谓祀大神;此天谓大天,对五帝为小天。夏至祭地于方泽,谓祀大祇;此地谓大地,对神州之地为小地。大宰从掌百官警戒到赞玉币爵之

事皆如祀五帝之礼。

[4]玉几：祭享先王让鬼神凭依的玉质几案。玉爵：一种玉质酒器，祭祀时用来给鬼神献酒。按：祭享先王有玉几、玉爵，祭祀天地有玉爵，但不用玉几。

大朝觐会同[1]，赞玉币、玉献、玉几、玉爵[2]。

注释

[1]大朝觐：诸侯四时常朝不称大，诸侯为大会同而来称大朝觐。会：时见，无常期，谓诸侯其顺服者皆来会师，助王征讨不顺服者。同：殷见。殷，犹众也。谓十二年王如不巡狩，诸侯众来同见天子。按：大会同或于春朝，或于秋觐，也于冬、夏。《春官·大宗伯》：大会虽无常期，当春来即是春朝，当秋来即是秋觐，当夏来即是夏宗，当冬来即是冬遇。大同则有常期，春，东方六服尽来；夏，南方六服尽来；举春秋则冬夏亦可知。

[2]赞：助也，助王受此玉币、玉献、玉几、玉爵四者。玉币：诸侯朝见王时所进献的见面礼。玉献：诸侯献给王的本国珍异，亦执玉以致之。玉几：王会见诸侯时所凭依的玉质几案，立而设几，以示优享尊者。玉爵：王礼待诸侯之酢（zuò，宾主互相敬酒的酒器）爵。按：王接见诸侯，立依（扆）前，面朝南，其礼行于阼阶之上。诸侯会同皆依四时常朝，春、夏受赞于朝，受享（进献）币者于庙；秋冬受之于庙。受朝既讫，乃受享，献本国所有珍异；其行享之时，亦璧琮加束帛以致之。《秋官·小行人》谓四时常朝所合六币：圭以马，璋以皮，璧以帛，琮以锦，琥以绣，璜以黼。五等诸侯享天子用璧以帛，享后用琮以锦。大朝觐会同法，大约与四时常朝相同。

大丧[1]，赞赠玉、含玉[2]。

注释

[1]大丧：谓王丧，也包括王后、太子之丧。
[2]赞赠玉、含(hàn)玉：协助嗣王为死者赠玉、含玉。赠玉，既窆(biǎn)，即把死者的棺材放进墓穴后，赠用玄纁以入圹。含玉，死者口实，即给死者口中含的珠玉或米贝，天子含玉。按：《礼记·杂记》曰："含者，执璧将命曰：寡君使某含。"诸侯含以璧，大夫以下不用玉。

作大事[1]，则戒于百官，赞王命[2]。

注释

[1]大事：戎事，指征伐。
[2]赞王命：助王施行教令。

王视治朝[1]，则赞听治[2]；视四方之听朝，亦如之[3]。

注释

[1]王视治朝：王在治朝处理政事。按：治朝是在路门之外。王有五门三朝，外朝在皋门内、库门外，是断理疑狱之朝；治朝在应门内、路门外，也是群臣治事之朝；燕朝在路门之内，图宗人、嘉事，二者事简可并，非正朝。
[2]赞听治：佐助王平断政事。
[3]视四方之听朝，亦如之：王巡守天下四方、征伐在外时，所到之处平断政事，大宰亦是按照听朝法履行职责佐助王。

凡邦之小治，则冢宰听之[1]。待四方之宾客之小治。

注释

[1]邦之小治：邦国政事上的小事。按：大事决于王，小事冢宰断理。

岁终，则令百官府各正其治[1]，受其会[2]，听其致事[3]，而诏王废置[4]。

注释

[1]令百官府各正其治：命令百官及官府各自准确地整理好一年以来治理政务的文书档案。正，正处也。
[2]受其会：大宰接受百官一年以来的考核文书。会，大计也，考校，考核。
[3]听其致事：大宰根据百官提交的一年以来政务治理工作的文书记录，评断其政绩。
[4]诏王废置：将对百官的考核评断诏告于王，有罪者废之，退其爵；有功者

置之,进其爵。按:大无功,不徒废,必罪之;大有功,不徒置,必赏之。

三岁,则大计群吏之治[1],而诛赏之[2]。

注释

[1]大计:三载考绩,即三年大考核。

[2]诛赏之:提请王对大考核的官员予以问责或奖赏。按:对百官群吏每年进行考核的当年,已有废置。今三年大考核,大无功,不徒废,更加罪;大有功,不徒置,更加赏。

一六、医师

医师掌医之政令[1],聚毒药以共医事[2]。

注释

[1]医师:官名,众医之长官,掌管天下医药方面的政令,下辖食医、疾医、疡医、兽医等职官。医师由上士二人担任,下属有下士四人担任副职,府二人,史二人,徒二十人。

[2]聚毒药以共医事:所有药物并皆聚之,以供给疾医、疡医等使用。毒药,谓药之细辛、苦参,药之物恒多毒。按:药有的虽辛、苦但无毒,但有毒者多辛、苦。药中有毒的,诸如巴豆之类;药中无毒的,谓人参之类。

凡邦之有疾病者[1],有疕疡者造焉[2],则使医分而治之[3]。

注释

[1]疾病:谓内科疾病。

[2]疕(bǐ):头生疮、脓肿等。疡:身上创伤、生疮、溃疡等。造:到,造访。

[3]使医分而治之:医师根据患者的病状分别派给不同医生为其治病。按:医各有专能,疾病者托付疾医,疕疡者托付疡医,分而治之。食医、兽医,亦属医师,但食医主齐和(调和)饮食,不须到医师处治病;畜兽有疾病便造兽医,故亦不须造医师。

岁终,则稽其医事以制其食[1]。十全为上[2],十失一次之,十失二次之,十失三次之,十失四为下[3]。

注释

[1]稽其医事以制其食:考核医生们的业绩并以此确定来年他们的俸禄。食,禄也。

[2]十全为上:医生为病人治病,诊治全部准确的为上等。全,犹愈也,瘥愈。

[3]十失四为下:十分之四的误诊率为下等。按:谓疾医、疡医岁始至岁末,治病有愈有不愈,并有医案记录。岁终进行总考核,根据其所治愈与不愈之状而制定五等食禄:十全为上,谓医治十人瘥愈十人,制定为上等食禄;十失一次之,谓医治十人瘥愈九人,食禄少于上等;十失二次之,谓医治十人瘥愈八人,食禄少于瘥愈九人者;十失三次之,谓医治十人瘥愈七人,食禄少于治愈八人者;十失四为下,谓医治十人瘥愈六人,食禄少于瘥愈七人者。依《序官》所言,疾医事中士,疡医事下士。又《礼记·王制》:下士视上农夫,食九人禄;中士倍下士,十八人禄。中士食禄有常,今差别为五个等级,即中等者固守其本应有的食禄,而功高者增益之,功下者减损之,以勉励医者。

一七、食医

食医掌和王之六食、六饮、六膳、百羞、百酱、八珍之齐[1]。

注释

[1]六食、六饮、六膳、百羞、百酱、八珍之齐(jí):食,饭也。饮,酒浆也。膳,牲肉也。羞,有滋味者。此并是膳夫所掌管,食医掌管调和而已。齐,调和。按:食用六穀,稌(tú,稻)、黍、稷、粱、麦、菰(gū,茭白之实)。饮用六清,水、浆(用酒糟发酵酿制的醋水)、醴(lǐ,仅用一晚发酵,将酒糟和酒混合的甜酒)、凉(liáng,凉,用水混合酒的饮品)、医(yī,清粥中加入酒曲而酿制的饮品)、酏(yí,酿酒用的清粥)。膳用六牲,马、牛、羊、豕、犬、鸡。羞用百二十品,用牲及禽兽,雉、兔、鹑、鸠以备滋味,谓之庶羞。酱用百二十瓮,酱是总名,谓醯、醢,醢人供给醢六十瓮,醯人供给醯六十瓮。珍用八物,珍谓淳熬、淳母、炮豚、炮牂(zāng,母羊)、擣珍、渍、熬、肝膋(liáo,肠上的脂肪)等美食。淳熬,煎炒的醢(肉酱)加

在稻米饭上,再浇上油脂;淳母,煎炒的醢(肉酱)加在黍(黄米)饭上,再浇上油脂;炮豚,取豚(小猪)刳之,将枣填入其腹中,用苇席包裹后涂上泥密封好后在火上烧烤,涂泥皆烤干,擘开去掉泥和席,濯手用水调和稻米粉成粥(糊状),均匀涂抹在豚身上,再用油煎,煎时油要没过豚,煎好后将豚切成片放入小鼎中,再把小鼎放入大鼎,大鼎中水不能没过小鼎,慢火煨三日三夜毋绝火,而后调之以醢醯(酱醋)食之;炮牂,其制作方法与炮豚相同;捣珍,取牛、羊、麋、鹿、麇(jūn,獐子)之狭脊肉,反复捶捣,去其筋丝,柔其肉,煮熟后捞出,用醢醯调和而食之;渍,取必新宰杀的牛羊肉,薄切之,必绝其筋理,浸泡在美酒中一天一夜,用醢醯和梅汁调和而食之;熬,将牛肉两面捶捣,去其筋,平铺在编好的苇席上,撒上姜、桂末调料和盐,烤干而食之,做羊亦如之;肝膋,取一副狗肝,浸以狗肠上的脂肪,用火烤成焦香而食之。参见《天官》之《膳夫》《浆人》《醢人》《醯人》、《仪礼·公食大夫礼》(食,音嗣)、《礼记·内则》。

凡食齐视春时,羹齐视夏时,酱齐视秋时,饮齐视冬时[1]。

注释

[1]齐:谓调和,调剂。按:此谓饮食要根据一年四时不同的季节进行种类和温热凉寒的调和——四时常温,比类于春,春天食饭宜温;四时常热,比类于夏,夏天食羹宜热;酱即豆实酱,四时皆须凉,故秋天食酱宜凉;六饮水浆之等,四时皆须寒,故冬天食饮宜寒。

凡和,春多酸,夏多苦,秋多辛,冬多咸,调以滑甘[1]。

注释

[1]"凡和"至"调以滑甘"句:谓一年四时各尚其时节之味,但需以甘甜调和成之。滑,用菫(叶如细柳的菫菜)、荁(huán,菫类野菜)、枌(fén,白榆树叶)、榆(树叶)、免(wèn,新鲜的)槀(gǎo,晾干的)、滫(xiǔ,淘米水溲之)瀡(suǐ,米汤)以滑(调和菫菜、荁菜、枌叶、榆叶使柔滑);甘,用枣、栗、饴糖、蜜以甘之。按:四时之味依据五行学说而论,犹水火金木之载于土。东方木味酸,属春,春时调和食,酸多于余味一分;南方火味苦,属夏,夏时调和食,苦亦多于余味一分;西方金味辛,属秋,秋时调和食,辛亦多于余味一分;北方水味咸,属冬,

冬时调和食,咸亦多于余味一分。中央土味甘,属季夏,金木水火非土不载,于五行土为尊,于五味甘为上,故甘总调四味;滑,通利往来,亦所以调和四味。

凡会膳食之宜[1],牛宜稌,羊宜黍,豕宜稷,犬宜粱,雁宜麦,鱼宜菰[2]。凡君子之食恒放焉[3]。

注释

[1]凡会膳食之宜:凡是调配牲肉和饭食使之搭配相适宜。会,成也,谓其味相成。

[2]牛宜稌,羊宜黍,豕宜稷,犬宜粱,雁宜麦,鱼宜菰:稌,稻米。黍,黄米。稷,粟米。粱,高粱。麦,小麦、大麦。菰,菰米,茭白之实。按:依《本草》《黄帝内经·素问》,牛味甘平,稻味苦而又温,甘苦相成,牛宜稌;羊味甘热,黍味苦温,亦是甘苦相成,故羊宜黍;猪味酸,牝猪味苦,稷米味甘,亦是甘苦相成,故豕宜稷;犬味酸而温,粱米味甘而微寒,亦是气味相成,故犬宜粱;雁味甘平,大麦味酸而温,小麦味甘微寒,亦是气味相成,故雁宜麦;鱼味寒,鱼族甚多,寒热酸苦兼有,宜菰同是水物相宜。

[3]放:同"仿",犹依也。

一八、疾医

疾医掌养万民之疾病[1]。四时皆有疠疾[2]:春时有痟首疾[3],夏时有痒疥疾[4],秋时有疟寒疾[5],冬时有嗽上气疾[6]。

注释

[1]疾医掌养万民之疾病:疾医主管疗治万民疾病。养,疗治,必须将养,故以养言之。疾病,疾轻,病重。

[2]疠疾:阴阳、寒热之气不和之疾。疠,谓疠疫。

[3]痟(xiāo)首疾:谓头痛之外别有酸削之痛。痟,酸削也。首疾,头痛。按:春是四时之首,阳气将盛,唯金胜木,故有头首之疾。

[4]痒疥疾:皮肤长痒疹、疥疮。按:夏四月纯阳用事,五月以后阴气始起,唯水胜火,水为甲,疥有甲,故有疥痒之疾。

[5]疟寒疾:寒疟疾。按:秋时阳气渐消,阴气方盛,唯火胜金,兼寒兼热,故

有疟寒之疾。

[6]嗽上气疾：咳嗽气喘病。嗽，咳也。上气，逆喘也，向上喘息。按：冬时阴气盛，阳气方起，唯土胜水，以土壅水，其气不通，故有嗽上气之疾。

以五味、五穀、五药养其病[1]，以五气、五声、五色视其死生[2]，两之以九窍之变[3]，参之以九藏之动[4]。

注释

[1]五味：醯、酒、饴蜜、姜、盐之属。五穀：麻、黍、稷、麦、豆。五药：草、木、虫、石、穀五类药材。养：犹治也，病由气胜负而生，攻其赢（盈），养其不足者。按：假令夏时热，病者体寒，即是水，水赢而胜，火气负而不足，病者则五味中食甘，五穀中食稷，以甘稷是土之胜味，土克水是攻其赢也；土生于火，食甘稷也是养其不足也。五味，醯味酸，酒味苦，饴蜜味甘，姜味辛（辣），盐味咸。五穀，麻、黍、稷、麦、豆是据养疾而食之，非必入于药中。五药，草木虫石穀，草谓麻黄、芍药之类；木谓厚朴、杜仲之类；虫谓蜈蚣、蠃鳖之类；石谓磁石、白石之类；穀谓五穀之中麻、豆之等有入药成分。

[2]以五气、五声、五色视其死生：要根据人的五气、五声、五色来判断其疾病的轻重与生死。五气，五藏（脏）所出之气，肺气热，心气次之，肝气凉，脾气温，肾气寒。五声，言语音声和宫、商、角、徵、羽，五声数多者声浊，数少者声清，人之言语似之。五色，面貌青、赤、黄、白、黑，察其盈虚则吉凶可知。

[3]两之以九窍之变：要观察人的九窍开闭是否正常。两，谓九窍与所视为两。九窍，阳窍七，耳、目、鼻各二窍，口一窍；阴窍二，前阴尿道一窍，后阴肛门一窍。窍之变，谓开闭是否正常。按：阳窍七，在头露见，故为阳；阴窍二，在下不见，故为阴。九窍之开是其常，或开或闭即是非常。

[4]参之以九藏之动：要通过切脉诊断人的九藏活动情况，根据切脉，结合视五气、五声、五色、九窍之变诊断病情。参，两与九藏为参。九藏（脏），正藏五，即肺、心、肝、脾、肾，又有胃、旁（膀）胱、大肠、小肠。藏之动，谓诊脉至与不至，即知九藏之动。按：先观其气色，再诊其脉候。五藏肺心肝脾肾，并气之所藏，故得正藏之称；胃、旁胱、大肠、小肠，乃六府（腑）中取此四，以益五藏为九藏。六府，即胃、小肠、大肠、旁胱、胆、三焦。以其为受盛（承受）之性，故谓之为府，亦有藏称，故入九藏之数。《黄帝八十一难经》说，胃为水穀之府，小肠为受

盛之府，大肠为行道之府，旁胱为津滴之府，此则正府，故入九藏。胆为清净之府，三焦为孤府，非正府，故不入九藏。

凡民之有疾病者，分而治之。死终，则各书其所以，而入于医师[1]。

注释

[1]死终，则各书其所以，而入于医师：对治疗未愈而死亡的，要分别记录死亡的病因，并且呈报给医师备案。按：谓民之有病，不问老少皆治之。不愈，少者曰死，老者曰终。所以，谓书录其治之不愈之状。呈报医师，得以制其禄，且作为今后治疗病患可资借鉴的医案。

一九、疡医

疡医掌肿疡、溃疡、金疡、折疡之祝药、刮杀之齐[1]。

注释

[1]肿疡：谓局部红肿，形成硬块之痛，痛上生疮但未溃脓血。溃疡：痛而含脓血已溃破。金疡：刀剑等造成的创伤。折疡：如跌倒、摔落、外击等造成的骨折之伤。祝：当为注，即注药于疮。刮：刮去脓血。杀：谓以外用药去其恶（腐）肉，先注药而后刮杀。齐：即剂，用药剂量，疡医掌握用药剂量之宜。

凡疗疡[1]，以五毒攻之[2]，以五气养之[3]，以五药疗之[4]，以五味节之[5]。

注释

[1]疗：止病，治病，言治之则病止。
[2]五毒：五种含性酷烈的药，医方五毒之药为石胆、丹砂、雄黄、礜（yù）石、慈石。郑玄注云，今医方有五毒之药，作之，（五毒）合黄堥，烧之三日三夜，其烟上著，以鸡羽扫取之，以注创，恶肉破，骨则尽出。按：黄堥（máo，亦读wǔ），黄土烧制的瓦器，用以煎药。攻：治也。
[3]以五气养之：既刮杀而攻尽其恶肉，就依据病况用五谷疗养之。按：郑玄注"五气"当为"五谷"，字之误也。
[4]以五药疗之：义如前注。

[5]以五味节之：依据病情所宜食之，用酸苦辛咸甘五味以调节合成其药之力。

凡药，以酸养骨，以辛养筋，以咸养脉，以苦养气，以甘养肉，以滑养窍[1]。

注释

[1]"凡药"至"以滑养窍"句：谓以类相养。酸，木味，木根立地中，似骨。辛，金味，金之缠合异物，似筋。咸，水味，水之流行地中，似脉。苦，火味，火出入无形，似气。甘，土味，金木水火非土不载，土含载四者，似肉。滑，滑石也，凡诸滑物，通利往来，似窍。

凡有疡者，受其药焉[1]。

注释

[1]凡有疡者，受其药焉：凡国中有疡病患者，不须自身前来，也一并可以在疡医那里取药。药，即上述五药。

二〇、兽医

兽医掌疗兽病，疗兽疡[1]。

注释

[1]兽医掌疗兽病，疗兽疡：兽医掌管治疗家畜之疾病及疡病。按：兽医唯疗家畜，不疗野兽，但畜兽义通，今以畜解兽，故畜兽连言之。人患病，疾与疡别医；今此畜，病与疡同在一医，重人贱畜，故略同在一医也。

凡疗兽病，灌而行之[1]，以节之[2]，以动其气[3]，观其所发而养之。

注释

[1]灌而行之：先给家畜灌饮汤药而后牵着它行走。按：治疗家畜牛马羊猪等的疾病，因其病状难知，先灌饮药使之缓解病痛；又因其瘦弱，增强其气力。

[2]以节之：调节患病家畜步伐的缓急、大小。节，趋骤之节也。

[3]以动其气：活动它的脉气。气，谓脉气。以脉视之，而知其病情。

凡疗兽疡，灌而劀之以发其恶[1]，然后药之，养之，食之[2]。

注释

[1]灌而劀之以发其恶：给家畜先灌饮汤药，然后刮去脓血，去除疡疮部位恶性病变的腐肉。

[2]食之：喂给饲料。食，音嗣。

凡兽之有病者、有疡者，使疗之。死则计其数，以进退之[1]。

注释

[1]以进退之：根据文书记录的死亡家畜的数量，对兽医据功过而进退之。

五〇、九嫔

九嫔掌妇学之法[1]，以教九御妇德、妇言、妇容、妇功[2]，各帅其属而以时御叙于王所[3]。

注释

[1]九嫔：王之后宫女官，有九人，亦位列后宫嫔妃。妇学之法：谓妇人所学之法则，即教育妇女的"妇德"等四法则。

[2]妇德：谓贞顺。妇言：谓辞令。妇容：谓婉娩（音晚，仪容柔顺）。妇功：谓丝枲（xǐ，麻）。

[3]各帅其属而以时御叙于王所：各自率领所属的九御，按时序先后，月初卑者为始，望（十五日）后尊者为先，依次在王所休息的燕寝伺寝。按：九嫔，既习于妇德四法，又备于随顺之道，因此负责教导女御。御，犹进也，劝也，进劝王休息。叙，相次序。后宫嫔妃五等，尊卑依次为后一人、夫人三、九嫔、世妇二十七、女御八十一。凡群妃御见之法，卑者宜先，尊者宜后。女御八十一人当九夕，世妇二十七人当三夕，九嫔九人当一夕，三夫人当一夕，后当一夕，十五日轮一遍。自望日后反之。

凡祭祀,赞玉敦[1],赞后荐彻豆笾[2]。

注释

[1]赞:助也,协助(进献)。玉敦:祭祀时用以盛放黍稷的玉敦(duì)。玉敦,谓以玉饰敦。按:王后无外事,唯有宗庙祭祀与四时月祭等。

[2]赞后荐彻豆笾(biān):协助王后进献豆笾,祭祀完毕撤去祭器。彻,撤除。豆笾,祭器,木制的叫豆,盛放韭菹(zū,酱菜)、醓醢;竹制的叫笾,盛放干果、肉脯。按:王后祭祀时亲执玉敦而陈设之;九嫔执笾而授后,后陈设之,王后进献祭品但不撤除,而九嫔皆助后也。

若有宾客,则从后[1]。

注释

[1]则从后:当跟从王后为王举办的招待宾客的宴会做事。按:唯有诸侯来朝,王亲自飨燕(宴饮)宾客时,王后才会因此有招待宾客之事。王后须助王飨燕时,九嫔跟从王后前往做事。

大丧,帅叙哭者亦如之[1]。

注释

[1]大丧:王丧,王去世。帅叙哭者:协助王后并引导内外命妇皆依尊卑命数跟在王后的身后按前后次序列位哭丧。帅,犹道也。按:王丧,九嫔须帅导众命妇使有次序。王后哭,众命妇依次乃哭。

五一、世妇

世妇掌祭祀、宾客、丧纪之事,帅女宫而濯溉[1],为粢盛[2]。

注释

[1]世妇:女官,也是王之妃,位在九嫔之下,女御之上,未明设其官之人数,以有德的女子充之,无则阙,以示王不苟于色。世妇二十七人是推而言之。女宫:宫女,有妇官及刑女(女奴)。濯溉:洗涤。溉,同"溉",拭也,清也。按:此

妇人所掌,祭祀谓祭祀宗庙,宾客谓飨食诸侯在庙,丧纪谓大丧朝庙、设祖奠与葬礼出殡时的大遣奠,为此三事,则帅宫女而涚溉。

[2]为粢盛:为差择,谓挑选祭祀所用的黍稷。粢盛,将祭祀用的黍稷盛放在祭器中。

及祭之日,莅陈女宫之具[1],凡内羞之物[2]。

注释

[1]莅陈女宫之具:亲临祭祀宗庙,监督宫女陈列祭祀器具。莅,临也,亲临。陈,同"阵",陈列。

[2]内羞:房中之羞,皆从房中而来,谓糗饵、粉餈(cí,糍),是羞笾之实,皆稻米、黍米粉做成的熟食,合蒸曰饵,饼之曰餈。

掌吊临于卿大夫之丧[1]。

注释

[1]掌吊临于卿大夫之丧:掌管尊奉王命前往王畿内去世的卿大夫家吊丧。按:王后无外事,亲临吊丧畿内诸侯之三公、王子母弟。若畿外诸侯,则王后不吊。《礼记·丧大记》言,诸侯夫人吊卿大夫、士之丧,因其诸侯臣少,故不分别尊卑,夫人皆吊丧。《天官·司服》云,公卿大夫之丧,王皆亲自前往吊丧,又使世妇前往吊丧,此应使世妇致助丧礼物,致礼亦名为吊。

五二、女御

女御掌御叙于王之燕寝[1]。

注释

[1]女御:女官名,也叫御妻,亦是王之妃子,位列世妇之下,后宫嫔妃之列地位最低,亦无明确其在官之人数。御叙:陪伺王(就寝)的次序。叙,次,次序。按:言掌御叙,防王后、夫人、九嫔、世妇等妒忌自专,而女御掌之,官卑不敢专妒。王之燕寝:王有六寝——大寝一,称路寝,也是正寝,是王办公之处;小寝五,为燕寝,是王居住之所。王后、夫人等分别居于六宫。《仪礼经传通解》卷三

十陈祥道云:"王大寝一,小寝五。大寝听政向明而治也,故在前;小寝释服、燕息也,故在后。先儒谓王小寝五,而一寝在中,四寝于四角,春居东北,夏居东南,秋居西南,冬居西北,土王之月居中。后之六宫亦正宫在前,五宫在后,其制如王之五寝。"

以岁时献功事[1]。

注 释

[1]以岁时献功事:每年按时节贡献丝麻纺织成的布帛。功,成女功之事,丝麻为布帛,成而献之。

凡祭祀,赞世妇[1]。

注 释

[1]凡祭祀,赞世妇:凡宗庙祭祀,协助世妇引导督查宫女做事。赞,助其莅女宫。

大丧,掌沐浴[1]。后之丧,持翣[2]。

注 释

[1]大丧,掌沐浴:王及王后去世,女御掌管为尸体沐浴。按:王及后丧,沐用潘(淘米水),浴用汤(热水),始死放置于南牖下。但男子不死于妇人之手,《仪礼·士丧礼》述浴时男子抗衾(将衾被盖在尸体上),则不使妇人;王丧,沐或使妇人,而浴未必用妇人,或是供给汤物而已。

[2]后之丧,持翣:王后去世,出殡前往墓地下葬,女御持翣跟从在柩车左右,两边各有四人。翣,棺饰也,以木为框,宽三尺,高二尺四寸,蒙以白布,有长五尺之柄。按:《礼记·丧大记》记:"黻(青黑相间的似己形花纹)翣二,画翣二,皆戴绥(翣上两角分别挂有装饰五彩羽毛的绳)。"孔颖达云:翣在路则障车,入椁则障柩也。凡有六枚,二画为黼(黑白相间的斧形花纹),二画为黻,二画为云气。又《礼记·礼器》云:"天子八翣,诸侯六,大夫四。"天子又有龙翣二,其载皆加璧也;诸侯六翣,两角皆戴圭玉。

从世妇而吊于卿大夫之丧[1]。

注释

[1]从世妇而吊于卿大夫之丧:跟从世妇前往畿内的卿大夫家吊丧。按:跟从的世妇有数人,如同使者之介(随从)。王之三夫人象三公,九嫔象孤卿,二十七世妇象大夫,女御象元士。介数依命数为等差,则王之大夫四命,世妇之随从亦应四人。但《礼经》并无正文记载。

五三、女祝

女祝掌王后之内祭祀[1],凡内祷祠之事[2]。

注释

[1]女祝:女官名,掌管后宫祈祷之事,当为世代家传,由四人担任,下有女奴八人为其差役。内祭祀:谓六宫之中的灶、门、户等小神。按:《礼记·祭法》言王立七祀,有户、灶、中霤(小土神,亦社神)、门、行、泰厉(作祟的厉鬼)、司命,王后与王所祀相同。内祭祀灶、门、户者,因妇人无外事,无行神与中霤之神等,其灶与门、户,人所出入,动作有由,王后亦当祀之。《礼记·月令》:春祀户,夏祀灶,秋祀门。后世祭祀之时亦当依此。

[2]祷:疾病求瘳(chōu,病愈)。祠:报福。按:王后无外事,祷祠是非常之祭,故唯有求瘳、报福之事。

掌以时招、梗、襘、禳之事[1],以除疾殃[2]。

注释

[1]以时:谓随其事时(随时),不必要在一年四时。招、梗、襘(guì)、禳:四者皆为小祭祀之名。招,善祥未至,祭祀而招至;梗,恶祸未至,祭祀而御捍其不至;襘,祭祀而祈祷除去灾病;禳,祭祀而祈祷除却灾异。

[2]疾殃:疾病,祸殃。

五四、女史

女史掌王后之礼职[1],掌内治之贰[2],以诏后治内政。

注 释

[1]女史:女官名,是掌管后宫礼典、记载后宫史实的女官。女史设有八人,下属有十六人,均由有文化的女官奴或获罪之家的女子担任。

[2]内治之贰:治理王后六宫的内治法典本由内宰掌管,女史书写法典的副本并负责掌管。贰,副写之。按:《天官·内宰》云:"(内宰)掌书版图之法,以治王内之政令。"故知内治之法本由内宰掌管,女史则是书写副本。

逆内宫[1],书内令[2]。

注 释

[1]逆内宫:对王之六寝的内宫支出的所有费用财物及米粟,皆要核算统计。逆,钩考(探求考核)六宫之计。

[2]书内令:书记王后之令,并在六宫之中宣布执行。内令,王后之令。

凡后之事,以礼从[1]。

注 释

[1]凡后之事,以礼从:凡是王后参加祭祀、宾客、宴饮等重大典礼活动,女史亦执礼书跟在王后的身后,时时遵循礼典给予提醒。按:如同大史跟从于王一样。《天官·大史》:"大会同、朝觐,以书协礼事;及将币之日,执事以诏王。"郑玄注:"告王以礼事。"

地官司徒第二

一、大司徒

大司徒之职[1],掌建邦之土地之图与其人民之数[2],以佐王安抚邦国[3]。

注 释

[1]大司徒:地官之长,为教官,掌教典,由一卿担任。

[2]土地之图与其人民之数:天下之图,即九州郡国(十等)土地及车舆(交

通)地图。司徒既佐王安扰邦国,故先须知土地之图与民人之数。

[3]安扰:安定。

以天下土地之图,周知九州之地域广轮之数[1],辨其山林、川泽、丘陵、坟衍、原隰之名物[2];而辨其邦国、都鄙之数[3],制其畿疆而沟封之[4],设其社稷之壝而树之田主[5],各以其野之所宜木[6],遂以名其社与其野[7]。

注释

[1]周知九州之地域广轮之数:周,遍也。九州,扬、荆、豫、青、兖、雍、幽、冀、并也。广轮,马融云:"东西为广,南北为轮。"

[2]山林、川泽、丘陵、坟衍、原隰(xí)之名物:天下土地细分为十等:积石曰山,竹木曰林;注渎曰川,水钟曰泽;土高曰丘,大阜曰陵;水崖曰坟,下平曰衍;高平曰原,下湿曰隰。名物,十等土地之名及所生之物。

[3]而辨其邦国、都鄙之数:邦国,王畿外之诸侯国。都鄙,王畿内之采邑,分三等。

[4]制其畿疆而沟封之:畿,王都千里曰畿。疆,犹界也,边界。沟,穿地为阻,谓于疆界之上设沟,沟上封树以为阻固。

[5]设其社稷之壝(wéi)而树之田主:社稷,也是后土及田正之神。社,五土之总神,以句龙生时为后土官,因有功于民,死后配社而食享,名为后土;稷是原隰之神,原隰宜播种五谷,稷为五谷之长,立稷以表神名(号稷),周人始祖弃为尧时稷官,立稼穑之事而有功于民,死后乃配稷而食享,名为田正,故云社稷、后土及田正之神。壝,社稷坛四周的堳埒(méi liè),即土筑的矮墙。谓在宗庙中门之外右边设大社、大稷、王社、王稷,又在庙门之屏设胜国之社稷,其社稷外四面皆有土筑的矮墙。树之田主,籍田之内种树以为社稷主,使神依附。田主,田神(郑玄认为是神农),后土与田正之所依也。

[6]各以其野之所宜木:邦国、都鄙各自按照当地土质种植适宜生长的树木作为田主。野,田野,土地。

[7]遂以名其社与其野:据史传,夏后氏社以松,殷人社以柏,周人社以栗,三代所都异处,故所宜之木不同:夏居平阳宜松,殷居亳宜柏,周居镐京宜栗。故邦国、都鄙异处所宜之木亦复不同:若以松为社者,则名松社之野;以柏为社者,则名柏社之野。

以土会之法辨五地之物生[1]：一曰山林，其动物宜毛物，其植物宜早物，其民毛而方[2]。二曰川泽，其动物宜鳞物，其植物宜膏物，其民黑而津[3]。三曰丘陵，其动物宜羽物，其植物宜核物，其民专而长[4]。四曰坟衍，其动物宜介物，其植物宜荚物，其民晳而瘠[5]。五曰原隰，其动物宜臝物，其植物宜丛物，其民丰肉而庳[6]。

注释

[1]以土会(kuài)之法辨五地之物生：依据用土地计算贡税之法则，来辨别山林等五种不同的土地所适宜生长的生物——动物、植物及民人，以民之资生取于动植之物。会，计也。物生，生物，天之所覆，地之所载，地有五等，所生无过动、植及民，上文细别乃言十等，以类相并而分为五等。

[2]毛物：貂、狐、貒(tuān)、猪獾）、貉之属，均长有缛(rù)毛（细密之毛）。早物：皂物，栎树之实（皂斗），其汁可以染皂（黑）色。早，阮元校勘为"皂"（假借字），俞樾释为栎，即柞栎。毛而方：多毛而体方。

[3]鳞：有鳞甲的鱼龙等之属。膏：郑玄注为"櫜"(gāo)，櫜韬，莲芡之实的外层皮，莲是荷之实，芡是鸡头米之实，皆为川泽之植物。津：润，润泽。

[4]羽物：有羽毛的翟雉之属。核(hú)物：枣杏李梅之属，即有果核的植物。专(tuán)：通"团"，圆也。

[5]介物：水居陆生的甲壳类动物，诸如龟鳖之属。荚物：长有芒刺的蒺藜、荆棘类植物。荚，孙诒让注为"莿"(cì)，植物上长的芒刺。晳：白也。瘠：癯也，瘦之貌。

[6]臝物：浅（短）毛的虎豹貔貅(pí chī)之属，据有毛而言之，即为毛虫，故白虎入西方，乃毛虫之长；《尔雅》中有虎有豹，但《尔雅》及诸经皆不见有貅，《礼记·曲礼》云"载貔貅(xiū)"，郑注云"貔貅"，貅即貅也。丛物：丛生的萑(huán)苇之属，是两种芦类植物，蒹长成后为萑，葭长成后为苇。丰：犹厚也，肥胖。庳(bì)：犹短也，矮小。

因此五物者民之常[1]，而施十有二教焉：一曰以祀礼教敬，则民不苟[2]。二曰以阳礼教让，则民不争[3]。三曰以阴礼教亲，则民不怨[4]。四曰以乐礼教和，则民不乖[5]。五曰以仪辨等，则民不越[6]。六曰以俗教安，则民不偷[7]。七曰以刑教中,则民不虣[8]。八曰以誓教恤,则民不怠[9]。九曰以度教节,则民知足[10]。十曰以世事教能,则民不失职[11]。十有一曰以贤制爵,则民慎德[12]。十有二曰以庸制禄,则民兴功[13]。

注释

[1]常:常法,常态。

[2]祀礼:祭祀之礼,贾公彦云:"凡祭祀者,所以追养继孝,事死如事生。……死者尚敬,则生事其亲不苟且也。"苟:苟且,马虎,敷衍。

[3]阳礼:谓乡射饮酒之礼,酒入人身而随肢体发散,与阳主分散相似,故号乡射饮酒为阳礼也。不争:乡饮酒之时,五十者堂下,六十者堂上,皆是以齿让为礼,则无争抢、争斗。

[4]阴礼:谓男女婚姻之礼,男女本是异姓结为婚姻,合二姓之好,以示亲爱之情,因此婚姻及时,则男不旷、女不怨。

[5]和:和乐,和同。乖:乖戾,乖离。

[6]以仪辨等:以礼仪辨贵贱之等,知上下之节,诸如宫室、车旗、服饰皆有等级差别。仪,礼仪,谓以卑事尊,上下之仪有度。越:僭越。

[7]以俗教安,则民不愉(tōu):谓土地民人所生习俗,人之若变其旧俗,则民不安而为苟;若依其旧俗而化之,则民安其业,不为苟且。俗,即风俗,习俗。愉,通"偷",谓朝不谋夕,苟且。

[8]以刑教中(zhòng),则民不虣(bào):用刑罚教导民人循礼守法,得中正之道,民人就不会凶暴作乱。刑,以正邪,禁民作奸犯科,禁止暴乱。中,符合。虣,"暴"的本字,凶暴,暴虐。

[9]以誓教恤,则民不怠:民有厄丧,教之使相忧恤,则民不懈怠。誓,通"逝",因种种不幸而丧命。恤,谓有灾危则相忧,抚恤。

[10]以度教节,则民知足:以礼节制度教导民人,使知节制,自会知足而不贪得无厌。度,谓衣服宫室等尊卑不同的等级制度。

[11]以世事教能,则民不失职:用累世相传的技能教导民人,民人就不会失业,技能也不会失传——少而习焉,其心安焉,因教以能,不失其业。世事,谓士农工商之技艺、技能。

[12]以贤制爵,则民慎德:根据贤德高下颁赐不同的爵位,民人就会谨慎地修养自己的德行——爵以显贤,人有贤行,制与之爵。慎德,谓矜其善德,劝为

善也。

[13]以庸制禄,则民兴功:依据民人功劳的大小颁发不同的俸禄,民人皆努力兴其功业。庸,功,功劳,功绩。

以土宜之法辨十有二土之名物[1],以相民宅而知其利害[2],以阜人民[3],以蕃鸟兽[4],以毓草木[5],以任土事[6]。辨十有二壤之物而知其种[7],以教稼穑树蓺[8]。

注释

[1]以土宜之法辨十有二土之名物:根据不同的土地适宜生长不同的植物、动物及民人的法则,辨别十二分野土地所宜生长的物产和名称。十有二土,中国古人为了度量日月星的运动变化及其位置,将假想的黄道(太阳周年运动的轨迹)附近的一周天按由西向东的方向分为十二个等分,叫作十二星次,把分封的诸侯国分野为十二邦(大国,小国为附庸),上系十二星次,即由十二星次所主十二土:天有十二次,日月之所运行;地有十二土,王公之所国,依次是:星纪,吴越也;玄枵(xiāo),齐也;娵訾(jū zī),卫也;降娄(jiàng lóu),鲁也;大梁,赵也;实沈(shěn),晋也;鹑首,秦也;鹑火,周也;鹑尾,楚也;寿星,郑也;大火,宋也;析木,燕也。十二土各有所宜不同,所出之物及名皆有异。

[2]相:占视,观测,利处居之,害处远之。

[3]阜:犹盛也。

[4]蕃:蕃息也。

[5]毓:育,生也。

[6]以任土事:依就土地所宜生,因民才力之所能,来建立民人的生产生活秩序。十二土因地之所出生物不同,故民之所资事业有异,若居山者利其金玉、锡石、禽兽、材木,居泽者利其鱼盐,居陆者利其田蚕等。

[7]十有二壤:十二土。壤,亦土也。古人以万物所自生即言土,人所耕种而树蓺则言壤。

[8]稼穑树蓺:春稼秋穑,以树(种植)果木,以蓺黍稷。孙诒让云:"稼穑为种穀,树蓺为种果木。"稼,耕种。穑,收获。

以土均之法[1],辨五物九等[2],制天下之地征[3],以作民职[4],以令地贡[5],以敛财赋[6],以均齐天下之政[7]。

注释

[1]以土均之法:根据土地不同而合理征收财赋的法则。均,平也。

[2]五物:山林、川泽等五类土地所产之物。九等:五类土地按照土质分为九个等级:骍(xīng)刚(赤色而坚硬的土壤)、赤缇(tí,赤黄色不坚硬的土壤)、坟壤(润泽而疏松的土壤)、渴泽(干涸的泽地)、咸潟(xì,盐碱地)、勃壤(沙土地)、埴垆(zhí lú,黏性的黑色坚硬土壤)、强𣎆(jiàn,坚硬而成块的土壤)、轻嘌(biāo,轻脆的土壤),司徒官下还设置"草人"职官,负责管理九等土地的播种改良,促进生产。

[3]征:税也,包括租税、贡赋、徭役。

[4]民职:民人有九种职业(见《天官·大宰》)。民有职业,乃可税之。

[5]地贡:贡地所生,即九职所应缴纳之赋税。

[6]财:谓泉(钱)。赋:谓九赋及军赋。

[7]政:通"征",财赋。

以土圭之法测土深[1],正日景以求地中[2]。日南则景短多暑[3],日北则景长多寒[4],日东则景夕多风[5],日西则景朝多阴[6]。

注释

[1]以土圭之法测土深:用土圭测度日影之法来确定大地之中及南北所在,确定一年四时。土圭,一种圭形(玉质或陶质)器具,长一尺五寸,是古代用来测量日影长短以表阴阳(四时)、审其南北(四方方位)的工具。测,犹度也。深,南北东西之深。

[2]正日景以求地中:根据土圭测量日影的长短来求得南北东西之中央(地中)位置所在,郑司农云"颍川阳城地为然"者,是周公测日影之处。正日景,夏至日昼漏半(正午时分),立一八尺长表竿,表竿在日照下的投影长一尺五寸,正与土圭长短相等,此地即为地中:"日至之景尺有五寸,谓之地中。"如果寒暑阴风偏而不和,则是未得其所求之地中。凡日影于地,千里而差一寸。

[3]日南则景短多暑:立表测量所在的位置偏南,那么日影就会短于一尺五寸的土圭,与地中相比,千里之外的南地距离太阳近,气候酷热。

[4]日北则景长多寒:立表测量所在的位置偏北,那么日影就会长于一尺五寸的土圭,与地中相比,千里之外的北地距离太阳远,气候寒冷。

[5]日东则景夕多风:日出东方而西移,地中千里之外的东地近日,看到日升的时间较早;地中还是正午时分,东地已是夕阳西下而且多风。

[6]日西则景朝多阴:地中千里之外的西地远日,看到日升的时间较晚;地中已是正午时分,西地朝阳才升起而且多阴。

日至之景尺有五寸,谓之地中[1]:天地之所合也[2],四时之所交也[3],风雨之所会也[4],阴阳之所和也[5]。然则百物阜安[6],乃建王国焉[7],制其畿方千里而封树之[8]。

注释

[1]日至之景尺有五寸,谓之地中:地与星辰四游升降于三万里之中,是以万五千里半之而得地之中。具体测量方法见上文注释[2]"正日景"条。

[2]天地之所合也:天覆地载,天地和合。中国古人认为天圆地方,天笼盖大地,地包于天覆之中,天地不合,万物不生;天地相合,万物乃生。

[3]四时之所交也:一年四季依次交替,四季分明。交,交替,交换。

[4]风雨之所会也:风雨所至会合人心,即刮风下雨总是恰逢其时,风调雨顺。会,会合,会聚。

[5]阴阳之所和也:冬无愆阳,夏无伏阴,阴气、阳气四时和谐交融,不乱时序。冬天不会出现暖冬,夏天不藏阴邪之气。

[6]然则百物阜安:这里自然万物丰茂,民人繁衍兴旺。阜安,盛安。阜,盛。

[7]国:国都,都城。

[8]制其畿方千里而封树之:制定王都四方千里的地域为王畿,王畿中置都城,每边各五百里;在王畿的边界挖土沟并种植树木于沟上,作为保卫王都的牢固屏障。王畿,王都城周边千里的地域。封树,种树。

凡建邦国,以土圭土其地而制其域[1]:诸公之地,封疆方五百里,其食者半[2];诸侯之地,封疆方四百里,其食者参之一[3];诸伯之地,封疆方三百里,其食者参之一;诸子之地,封疆方二百里,其食者四之一[4];诸男之地,封疆方百里,其食者四之一。

注释

[1]凡建邦国,以土圭土其地而制其域:凡是分封建立诸侯邦国,用土圭测日影的方法测量邦国的土地并划定疆界。邦国,天子分封的诸侯国,按照等级设有公、侯、伯、子、男五等,并分别辖有若干附庸小国。凡诸侯为有功的牧正帅长及有德者,乃有附庸,以其可获取用禄。土其地,犹言度其地。土,测量计算。

[2]诸公之地,封疆方五百里,其食者半:公国封地的疆域是五百里见方,公国国君可占有一半其邦国收取租税的土地来作为食用,另一半(皆附庸小国)收取租税的土地则归属于天子。凡贡赋必先足其邦国礼俗、丧纪、祭祀之用,其余乃贡。大国土地贡赋重。

[3]参之一:侯国(以及伯国)收取租税的土地三分之一归属于天子,侯伯拥有三分之二。

[4]四之一:子国(以及男国)收取租税的土地四分之一归属于天子,子男拥有四分之三。小国土地贡赋轻。

凡造都鄙[1],制其地域而封沟之[2],以其室数制之[3]。不易之地家百亩[4],一易之地家二百亩[5],再易之地家三百亩[6]。

注释

[1]都鄙:王子弟、公卿大夫的采地,其界曰都,所居曰鄙。公在大都,卿在小都,大夫在家邑,其王子弟与公同在大都。

[2]制其地域:建立土地面积大小不同的都鄙地域等级制度——家邑二十五里,小都五十里,大都百里。

[3]其室数制之:依据都邑之内的户数,于四野之中设立层层的组织单位,建立制度来加以管理——九夫为井,四井为邑,四邑为丘,四丘为甸,四甸为县,四县为都等,即建立丘甸制度。室,城郭之宅,即户。

[4]不易之地家百亩:可以年年耕种而不需要休耕的上等土地,每家分给一百亩。易,改变,更换。

[5]一易之地家二百亩:需要一年耕种、一年休耕的次等土地,每家分给二百亩。

[6]再易之地家三百亩:耕种一年却需要休耕两年的薄地——年年耕种百亩、休耕二百亩,每家分给三百亩。

乃分地职[1],奠地守[2],制地贡而颁职事焉[3],以为地法而待政令[4]。

注释

[1]分地职:分其九职所宜也,即因地制宜地使天下民人分别从事九类中其所适宜的职业。"九职"参见《天官·大宰》"以九职任万民"条注释。

[2]奠地守:制定管理天下九职的基层官吏的职守,诸如衡麓、虞候等官吏掌禁令——山林之木,衡麓守之;薮之薪蒸(薪柴),虞候守之。奠,定,确定。守,职守,守禁令。

[3]制地贡:制定九职所应缴纳的土地税标准。颁职事:分命使各为其所职之事,谓分别命令吏民各自恪守其职,各尽其事。

[4]以为地法而待政令:以上作为国家的土地法,呈报天子,颁行于天下。

以荒政十有二聚万民[1]:一曰散利[2],二曰薄征[3],三曰缓刑[4],四曰弛力[5],五曰舍禁[6],六曰去几[7],七曰眚礼[8],八曰杀哀[9],九曰蕃乐[10],十曰多昏[11],十有一曰索鬼神[12],十有二曰除盗贼[13]。

注释

[1]以荒政十有二聚万民:遇有荒年,颁用十二项政令聚集万民而使其度过灾荒。荒,凶年也,五穀不登。郑司农云:"救饥之政,十有二品(条)。"

[2]散利:借贷种子、粮食。谓丰时聚之,荒时散之;积而能散,使民得利益。

[3]薄征:减轻其租税。薄,轻也。征,税也。

[4]缓刑:谓凶年犯刑,减缓刑罚。

[5]弛力:弛放万民力役之事,息徭役。

[6]舍禁:官府无禁民得利之令,即取消山泽之禁令,使民取蔬食。

[7]去几:关市不征税。郑玄谓去其税。

[8]眚(shěng)礼:减省吉礼。眚,通"省",减省。

[9]杀(shài)哀:谓省凶礼。杀,消减,减省。

[10]蕃乐:杜子春读"蕃乐"为"藩乐",谓闭藏乐器而不作。藩(fān),藩

蔽,闭藏。

[11]多昏:使民多婚嫁。凶年不须备礼而婚,即简化婚礼而减轻负担。

[12]索鬼神:搜索鬼神而祷祈之。谓凶年祷祈,求废祀而修之。索,求。

[13]除盗贼:饥馑则盗贼多,用急刑而惩除之。

以保息六养万民[1]:一曰慈幼[2],二曰养老[3],三曰振穷[4],四曰恤贫[5],五曰宽疾[6],六曰安富[7]。

注释

[1]保息:安民使蕃息。保,安也。

[2]慈幼:慈爱幼少。产子三人与之母,二人与之饩(xì,粮食);十四岁以下不从征。

[3]养老:敬养老者,五十异粻(zhāng,粮食),七十养于乡。

[4]振穷:救济民之穷困者。穷困者有四:曰矜(guān,鳏),曰寡,曰孤,曰独。振,同"赈",救济。

[5]恤贫:抚恤救助贫无财业的人,禀贷(借给粮食)之。

[6]宽疾:优待残疾人不为重役,轻处使之,取其半功而已,即宽免其劳役赋税。疾,指残疾之人,《礼记·王制》谓:"瘖(yīn,哑)、聋、跛、躄(bì,跛脚)、断(四肢残缺)者、侏儒、百工,各以其器食之。"

[7]安富:对富人平其徭役,不专取(不刻意索取),使富人安心。

以本俗六安万民[1]:一曰媺宫室[2],二曰族坟墓[3],三曰联兄弟[4],四曰联师儒[5],五曰联朋友[6],六曰同衣服[7]。

注释

[1]以本俗六安万民:依据旧俗六条使万民心安。不依旧俗创立制度,则民心不安。本,犹旧也。

[2]媺宫室:建造坚固的房屋以使人避除风雨寒暑,而不是使其华美。媺,即美,善也,此义重在坚固。宫室,贵族小民所居的房屋。

[3]族坟墓:人死后,坟墓按宗族分布排列,即同宗者生时居住相近,死相迫。族,犹类也。

[4]联兄弟:联合婚姻嫁娶而结成的异姓兄弟。《尔雅·释亲》云"父之党为宗族,母与妻之党为兄弟""妇之党为昏兄弟,婿之党为姻兄弟"。联,犹合也。一本作聚兄弟。

[5]联师儒:乡间子弟皆相联合同就师儒受教。古代设有各类学校——乡立庠,州党皆立序。师儒,乡里教以道艺者。

[6]朋友:此朋友据在学,同师曰朋,同志曰友。

[7]同衣服:衣服应齐一。同,犹齐也,相同。按照礼制,士以上衣服皆有采章,庶人皆同着深衣而已。故民虽有富者,衣服不得独异。

正月之吉[1],始和布教于邦国都鄙[2]。乃县教象之法于象魏[3],使万民观教象,挟日而敛之[4]。乃施教法于邦国都鄙,使之各以教其所治民[5]。

注释

[1]正月之吉:谓每年建子之月一日,即周正月朔日(今阴历的十一月初一)。

[2]始和布教:于此正月之时调整改革去年的政教法典讫,即向天下万民宣布。始和,开始调和改革。布教,司徒以布王教,向万民宣布调整改革了的新政教法典。

[3]县教象之法于象魏:把政教法典悬挂在雉门(王宫之门)的象魏(阙)之上,使万民观教象文书,知一年政教法典。

[4]挟日而敛之:十天后将悬挂的政教法典收藏起来,藏之于天子明堂。挟日,按照天干从甲日至甲日,即十天。

[5]使之各以教其所治民:若据邦国,使诸侯依据政教法典教化治理万民;若据都鄙,则使公卿大夫依据政教法典教化治理万民。

令五家为比,使之相保[1];五比为闾,使之相受[2];四闾为族,使之相葬[3];五族为党,使之相救[4];五党为州,使之相赒[5];五州为乡,使之相宾[6]。

注释

[1]五家为比:由五家组成,设一下士为比长,"比"也作"邻"。"比"至下文的"乡"皆为设立的民间自治组织,共有六级。民不独治,必须君长,故皆立其长

而以教令劝民。相保:相互连保——比舍相邻,保其行不为罪过。保,任也。

[2]五比为闾:二十五家为一闾,立一中士为闾胥。相受:宅舍若有破损,可相互寄托;遇有事情,相互托付。

[3]四闾为族:百家为一族,立一上士为族师。相葬:百家之内有丧葬者,使之相互助益。

[4]五族为党:五百家为一党,立一下大夫为党正。相救:遇有凶灾,使民相互救助。

[5]五党为州:二千五百家为一州,立一中大夫为州长。相赒(zhōu):民有礼物不备,则相互赒给。赒,周济,给足。

[6]五州为乡:一万二千五百家为一乡,立一六命卿(王之卿)为乡大夫。相宾:一乡之间对其有贤德者行宾客之礼以示尊敬。宾,礼敬,礼宾。

颁职事十有二于邦国都鄙,使以登万民[1]:一曰稼穑[2],二曰树蓻[3],三曰作材[4],四曰阜蕃[5],五曰饬材[6],六曰通财[7],七曰化材[8],八曰敛材[9],九曰生材[10],十曰学艺[11],十有一曰世事[12],十有二曰服事[13]。

注释

[1]颁职事十有二于邦国都鄙,使以登万民:大司徒掌天下民人之数,故在王畿外的诸侯邦国及王畿内的都城采邑颁行下民之职事十二条,使万民各成其业。颁,分。职事,职掌之事,职业。登,成。

[2]稼穑:谓三农生九谷也。种之曰稼,敛之曰穑。

[3]树蓻:谓园圃育草木。一说树谓植木,如树之榛栗;蓻谓种黍稷麻。

[4]作材:谓虞衡作山泽之材。

[5]阜蕃:谓薮牧养蕃鸟兽。阜,盛。蕃,蕃息。

[6]饬材:谓百工饬化八材。

[7]通财:谓商贾阜通货贿。货贿,即财也。

[8]化材:谓嫔妇化治丝枲。

[9]敛材:谓臣妾聚敛疏材。

[10]生材:谓闲民无常职,转移执事。郑玄谓养竹木。以上职事亦见《天官·大宰》。

[11]学艺:谓学道艺。

[12] 世事：谓以累世相传的职事教授传承，则民不失职。

[13] 服事：谓为公家服事者，若府、史、胥、徒及庶人在官者。

以乡三物教万民而宾兴之[1]：一曰六德，知、仁、圣、义、忠、和[2]；二曰六行，孝、友、睦、姻、任、恤[3]；三曰六艺，礼、乐、射、御、书、数[4]。

注释

[1] 以乡三物教万民而宾兴之：司徒主六乡，以三德、六行、六艺等三事教化乡内之万民；教成，举行乡饮酒之礼尊奉贤能者为宾客加以礼敬，并将其举荐给君王。物，犹事也。兴，举也，举荐。

[2] 知(音智)：明于事，遇事不惑。仁：爱人以及物。圣：通而先识。义：能断时宜，谓决断合时宜。忠：言出于心，皆忠实也。和：不刚不柔，宽猛相济。

[3] 六行(hèng)：六种善行。孝：善事于父母。友：善事于兄弟。睦：亲于九族。姻：亲于姻亲。任：信于有道——朋友有道德，则任信之。恤：赈(救济)忧贫穷者。

[4] 礼：五礼之义——吉、凶、宾、军、嘉，以其吉凶之等，各有其义。乐：六乐之歌舞——黄帝之《云门》、唐尧之《大咸》、虞舜之《大韶》、夏禹之《大夏》、商汤之《大濩》、周武之《大武》，以其作乐时有升歌下舞。射：五射之法——白矢(箭射穿靶子而露出其镞)、参(cān)连(前放一矢，后三矢连续而射)、剡(yǎn)注(谓羽头高镞低而去，即射箭迅疾而中)、襄(音相)尺(臣与君习射，不得与君并立，须相距君一尺而退)、井仪(四矢贯穿靶子，如井之容仪也)，以其有升降揖让之法。御：五御之节——鸣和鸾、逐水曲、过君表、舞交衢、逐禽左，四马六辔有进退之节。书：六书之品——象形、会意、转注、指事、假借、谐声(形声)，形声处事差品不同。数：九数之计——方田(以边线长短求面积的方法)、粟米(统御五谷交质变易计算之法)、差分(差分函数或差分运算，相应于微分运算)、少广(由已知长方形面积或长方体体积求其一边之长的方法)、商功(测量体积来计算工程用工的方法)、均输(以田地等级、家庭户人多少来计算赋税；以道路的远近、负载的轻重来计算运费；以物价的高低不等来求平均数等)、方程、赢不足(根据有余和不足以求隐杂之数来计算盈亏的一种算术方法)、旁要(即勾股)，有多少算计。

以乡八刑纠万民[1]：一曰不孝之刑，二曰不睦之刑[2]，三曰不姻之刑[3]，四曰不弟之刑[4]，五曰不任之刑[5]，六曰不恤之刑[6]，七曰造言之刑[7]，八曰乱民之刑[8]。

注释

[1]以乡八刑纠万民：司徒掌六乡，故掌管乡中以八正道纠察万民。刑，刑以正邪，即正典，正法。纠，纠察。

[2]不睦：不和睦同族之人。

[3]不姻：不亲和姻亲。

[4]不弟(悌)：不敬爱师长。

[5]不任：不信任朋友。

[6]不恤：不救助怜悯贫穷的人。

[7]造言：讹言惑众。

[8]乱民：乱名改作，执邪道以扰乱民心。

以五礼防万民之伪而教之中[1]，以六乐防万民之情而教之和[2]。

注释

[1]以五礼防万民之伪而教之中：吉、凶、宾、军、嘉五礼是用来节制民之奢靡诈伪，使其行为中正而有节度。

[2]以六乐防万民之情而教之和：用六乐荡正(感染陶冶)民之情思，使其内心和乐平和。

凡万民之不服教而有狱讼者[1]，与有地治者听而断之[2]；其附于刑者，归于士[3]。

注释

[1]不服教：不服从十二教教化而贪于财货冒犯礼规者。狱讼：狱讼相对而言，争罪曰狱，争财曰讼；若不相对，则争财亦为狱。

[2]有地治者：谓治乡州及都鄙的各级地方官。

[3]其附于刑者，归于士：其中有触犯刑法的，移交掌管司法的司寇官审理

判决。附,丽也,附着。士,司法官司寇士师之属。

祀五帝[1],奉牛牲[2],羞其肆[3]。享先王[4],亦如之。

注释

[1]祀五帝:王祭祀五帝。谓五时(四季)迎气于四郊,总享五帝于明堂,五帝,五方(五色)之帝——东方青帝,南方赤帝,中央黄帝,西方白帝,北方黑帝。

[2]奉牛牲:进奉牛牲。牛能任载,属于地类,故由大司徒进奉。

[3]羞其肆(tī):谓进献所别解的牲体(肩臂脊胁之属)。羞,进也。肆,陈牲体于俎上,即解牲体折节为二十一,别解去蹄。

[4]享:祭祀。

大宾客[1],令野修道委积[2]。

注释

[1]大宾客:指诸侯来朝。对文诸侯来朝称宾,卿大夫来聘称客;散文则宾客通。

[2]令野修道委积:大司徒令天下各级官员修整通往王城的道路,令遗人(职官名,见下文"遗人")储备刍薪米禾之等,以备宾客使用。委积,储存的刍薪米禾等生活资料,少曰委,多曰积。

大丧[1],帅六乡之众庶[2],属其六引[3],而治其政令[4]。

注释

[1]大丧:谓王丧。王丧至七月而葬。

[2]众庶:所致役也,指为王丧服劳役的六乡之民。按:《周礼》,征取一千人为王挽柩行至冢圹(墓穴)。

[3]属(zhǔ)其六引:行葬时牵引丧车的六条绳索。王之丧礼,六乡主六引。属,拴系。引,丧车索也。

[4]而治其政令:大司徒负责指挥检校挽柩之事。

大军旅,大田役,以旗致万民[1],而治其徒庶之政令。

注释

[1]大军旅,大田役,以旗致万民:凡是王亲自参加的征伐、田猎用旗帜招致众民(旗画熊虎,征召众庶预告集合之日,至日树旗,会合众民于其下)。

若国有大故[1],则致万民于王门[2],令无节者不行于天下[3]。

注释

[1]大故:谓王崩及寇兵(敌寇入侵或匪乱)。
[2]王门:孙诒让释为王宫之皋门、库门。
[3]无节者不行于天下:没有符节的人不得在各地随意通行。节,符节,用为行道之信,以防奸邪营私之患,故有节乃得行。《地官·掌节》有六节:山国用虎节,土国用人节,泽国用龙节,门关用符节,货财用玺节,道路用旌节。

大荒、大札,则令邦国移民通财、舍禁弛力、薄征缓刑[1]。

注释

[1]大荒:谓大凶年。大札:谓大疫病。则令邦国:谓令天下诸侯邦国。移民通财:把灾民迁移到粮食富足便宜的地方去;其有守不可迁移者,则把便宜的粮食运输到灾区。

岁终,则令教官正治而致事[1]。正岁[2],令于教官曰:"各共尔职,修乃事,以听王命。其有不正,则国有常刑[3]。"

注释

[1]岁终:周历季冬。前以其正月之吉始和——周之岁始,故此为周之岁终。教官:地官司徒其下属六十教官。正治:正直治理其文书,不得滥失。致事:呈上其计簿(文书)作为公文报告,述职以待考绩。
[2]正岁:夏历正月朔日(初一)。以其岁始当除旧布新。《周礼》上下凡言"正岁"者皆是夏之正月,又以其正月之吉是朔日。

[3]常刑:谓有二千五百条刑法,违反法律者各依轻重而受刑法惩处。

二、小司徒

小司徒之职,掌建邦之教法[1],以稽国中及四郊都鄙之夫家九比之数[2],以辨其贵贱、老幼、废疾[3],凡征役之施舍,与其祭祀、饮食、丧纪之禁令[4]。

注释

[1]小司徒:大司徒属官,由中大夫二人担任。建邦之教法:小司徒不仅辅佐大司徒,而且还掌管着天下国家有关教化的法规。

[2]稽:考也,考查,核实。夫家:谓男女,夫是丈夫,男也;家指称女子(男有室,女有家)。九比之数:司徒是主土地之官,故亦兼主采地之法,即考查核实每家男女人口之数及所出九赋。九,九夫为井。比,五家为比。

[3]辨:犹别也。贵:谓卿大夫之属。贱:谓占卜、计会、贩卖者。废疾:衰弱疲病者。

[4]征:谓征税。役:征徭役。施舍:贵与老幼、废疾者皆弛舍(减免)赋役。施,通"弛"。禁令:祭祀、饮食、丧纪皆有禁令,小司徒掌之不使人失礼法。

乃颁比法于六乡之大夫[1],使各登其乡之众寡、六畜、车辇[2],辨其物[3],以岁时入其数[4],以施政教,行征令[5]。及三年,则大比[6],大比则受邦国之比要[7]。

注释

[1]乃颁比法于六乡之大夫:于是向王都四郊之六乡的乡大夫颁布校比法。比,即校比法,谓校数户口、财物之法(考查核实每家人口及财产数量的方法)。

[2]登:成也,核定。人畜众寡,其数不恒,家家条录,数而比之则得成。众寡:民之多少。谓六口以上为多,五口以下为少。六畜:马、牛、羊、豕、犬、鸡。车:谓革车及大车。辇:用人挽或推而行进之车。

[3]物:除六畜、车辇以外的家中之财物。

[4]岁时入其数:(乡大夫)一年四时按季度向小司徒呈报考查核定的数据。

[5]行征令:颁行征收赋税、徭役的法令。

[6]及:至也。大比:全国大校比,谓使天下邦国进行全面的人口和财物核实统计。

[7]受邦国之比要:(小司徒)要接受天下各邦国呈送上来的大校比核实统计结果的文书。要,谓其簿(簿册,文书)。

乃会万民之卒伍而用之[1]。五人为伍,五伍为两,四两为卒,五卒为旅,五旅为师,五师为军[2]。以起军旅,以作田役,以比追胥,以令贡赋[3]。

注释

[1]乃会万民之卒伍而用之:小司徒辅佐大司徒以卒伍法编制六乡之六军而备战时之用。卒伍,皆是基层军事组织单位名,也指代各级军事组织。用,谓使民事之。

[2]"五人为伍"至"五师为军"句:伍、两、卒、旅、师、军,皆军众之名。伍五人,两二十五人,卒百人,旅五百人,师二千五百人,军万二千五百人。司徒掌六乡,故六军之士出自六乡,是按照农事和居民的基层组织而制定的军队组织体系,可使其恩足相恤,义足相救,服容相别,音声相识,不使异人间杂于其间,从而拥有恩义相随、亲密相伴的牢固凝聚力。

[3]起军旅:起兵作战。作田役:为田猎,服劳役。作,为。役,功力之事。追:逐寇也。胥:伺捕盗贼。贡:嫔妇百工之物。赋:九赋也。

乃均土地,以稽其人民而周知其数[1]。上地家七人,可任也者家三人[2];中地家六人,可任也者二家五人[3];下地家五人,可任也者家二人[4]。

注释

[1]均:平也。周:犹遍也。小司徒辅佐大司徒公平合理地分配土地,考查核实土地上的人口(可任及不可任事者),周详地知晓准确的人口数量。

[2]上地家七人,可任也者家三人:上等的土地分配给男女七口及七口以上的家庭,其中可承担兵役、徭役的劳动力有三个人。可任,谓丁强任力役之事者。七人之中,一人为家长,余六人在,强弱为半,所需养者众也。但一家或男多女少,或女多男少,不可齐准,今皆以强弱为半,是举其大概之数。

[3]中地家六人,可任也者二家五人:中等的土地分配给男女六口之家,其

中可承担兵役、徭役的劳动力每两家并有五个人(《周礼》不将人口按两个半人来计算)。

[4]下地家五人,可任也者家二人:下等的土地分配给男女五口及五口以下的家庭,其中可承担兵役、徭役的劳动力有二个人,因所养者寡也。郑玄认为有夫有妇乃成家,从此二人为一等,至十人则为九等——二人、三人、四人,是下地之三等;五人、六人、七人,是中地之三等;八人、九人、十人,是上地之三等。可备一说。

凡起徒役,毋过家一人[1],以其馀为羡[2],唯田与追胥竭作[3]。

注释

[1]凡起徒役,毋过家一人:凡是征发兵役和劳役,每家不能超过一个劳动力人口。

[2]以其馀为羡:其余的劳动力作为预备役。即一家兄弟虽多,仅一人为正卒,正卒之外其余皆为羡卒。羡,羡卒,预备士卒。

[3]田:田猎。追:追逐寇贼。胥:伺捕盗贼。竭作:尽行,(正卒和羡卒)齐出动。

凡用众庶[1],则掌其政教与其戒禁,听其辞讼,施其赏罚,诛其犯命者[2]。

注释

[1]用众庶:征用六乡之民服役。庶,平民,百姓。

[2]诛其犯命者:问责惩处那些违犯禁令的人。命,所以警告之,即出征前陈列队阵宣誓命令。

凡国之大事,致民[1];大故,致馀子[2]。

注释

[1]凡国之大事,致民:凡国家遇有兵戎之大事,小司徒在六乡之内征召百姓。

[2]大故,致馀子:国家遇有水火之灾及兵寇之事,小司徒则征召卿大夫之

子宿卫王宫。馀子,卿大夫之子弟。又郑司农云:"馀子谓羡也。"按:此义与上下文意不合。

乃经土地而井牧其田野[1],九夫为井[2],四井为邑[3],四邑为丘[4],四丘为甸[5],四甸为县[6],四县为都[7],以任地事而令贡赋[8],凡税敛之事[9]。

注释

[1]乃经土地而井牧其田野:小司徒辅佐大司徒掌管王畿采地(都鄙)划分土地经界,用井牧之法划分田野而授民。经土地,立五沟五涂之界,由匠人营造沟洫,其形制似井之字。井,在平坦肥美的土地(衍沃)划分井字田。牧,在水边湿地(隰皋)划分牧田,九夫为牧,次田二牧当上地一井。授民田之时,上地不易,家百亩;中地一易,家二百亩;下地再易,家三百亩。通率三家受六夫之地,一家受二夫,与牧地同。

[2]九夫为井:九夫所治之田也。井方一里,九夫之田。六尺为步,步百为亩,亩百为夫,一夫百亩。

[3]四井为邑:方二里。

[4]四邑为丘:方四里。

[5]四丘为甸:方八里,旁加一里,则方十里,为一成。一成积百井,九百夫,其中六十四井,五百七十六夫,出田税;三十六井,三百二十四夫,治洫(水渠)。因成间有洫,井间有沟,旁加一里使治沟洫,不出税,故为八里之甸。

[6]四甸为县:方二十里。

[7]四县为都:方四十里。故四都方八十里,旁加十里,乃得方百里,为一同也。一同积万井,九万夫,其中四千九十六井,三万六千八百六十四夫,出田税;二千三百四井,二万七百三十六夫,治洫;三千六百井,三万二千四百夫,治浍(kuài,水沟)。

[8]以任地事而令贡赋:用井牧法使人民因地制宜从事生产,命令他们缴纳贡赋。地事,谓农牧衡虞也。贡,谓山泽之材也。赋,谓出车徒、给徭役也。

[9]凡税敛之事:一井之田凡是应当收取的土地田税一并缴纳。按:《周礼》,百里之国凡四都,一都之田税入于王;五十里之国凡四县,一县之田税入于王;二十五里之国凡四甸,一甸之田税入于王。

乃分地域而辨其守[1]，施其职而平其政[2]。

注释

[1]乃分地域而辨其守：小司徒辅佐大司徒将王的天下划分成邦国、都鄙、乡遂等不同层级区域，明确各级官员的职守。分地域，谓建邦国，各有营域远近疆界；造都鄙，制乡遂。辨其守，邦国都鄙之内所有山川，使衡虞守之，明确职守。

[2]施其职而平其政：使百姓拥有自己的职业而公平合理地征取他们的税收。施其职，谓施民者之职。职，谓九职也。平其政，天下所有征税皆均平之。政，税也，亦当作征。

凡小祭祀[1]，奉牛牲，羞其肆[2]。

注释

[1]小祭祀：王玄冕所祭，即小祀，祭林泽百物、风师雨师等。
[2]羞其肆：见《地官·大司徒》之"羞其肆"条注。

小宾客[1]，令野修道委积[2]。

注释

[1]小宾客：诸侯使卿大夫来聘。
[2]令野修道委积：见《地官·大司徒》"大宾客，令野修道委积"。

大军旅[1]，帅其众庶[2]；小军旅[3]，巡役[4]，治其政令。

注释

[1]大军旅：大规模的军事战争，王亲自出征以旗致万民。
[2]帅其众庶：率领召集的六乡众正卒把他们交给大司徒。
[3]小军旅：王使臣子帅师征伐。
[4]巡役：巡行小力役之事，即巡视监管军中杂役。若大功役，则大司徒巡行之。

大丧,帅邦役,治其政教[1]。

注释

[1]大丧,帅邦役,治其政教:王丧,率领六乡征召的众徒役使他们做事,负责对他们进行有关的政令教化。邦,国也。役,丧役,从事丧葬的劳役,如正棺（待葬时正棺于庙）、引（葬时引柩车自庙至圹）、窆(biǎn,下棺于坎——把死者的棺材牵引着放入墓穴中)、复土（掘墓穴之时,掘土向外;下棺之后,反复此土以为丘陵——起坟）等。

凡建邦国,立其社稷[1],正其畿疆之封[2]。

注释

[1]立其社稷:诸侯邦国建立其国社稷,小司徒以文书法度与之,不可国国身往也。诸侯亦有三社、三稷,谓国社、侯社、胜国之社,皆有稷配之。

[2]畿疆之封:九畿皆有疆界封树以为阻固。畿,九畿。王畿以外有九畿,谓侯、甸、男、采、卫、要,立其以内六服为中国;其外以夷、镇、蕃三服为夷狄。王畿四面有此九畿,其相去各五百里。

凡民讼,以地比正之[1];地讼,以图正之[2]。

注释

[1]凡民讼,以地比正之:凡是六乡之民有赋役争讼之事,就依据对当地比邻民众进行核查的情况与记录的簿册判断是非。

[2]地讼,以图正之:有田地疆界的争讼,就用邦国官府所藏的地图版册来判定。按:凡量地以制邑,初封量土地时即有绘制的地图版册并收藏在官府,民有讼者,则以本图正之。

岁终,则考其属官之治成而诛赏[1],令群吏正要会而致事[2]。

注释

[1]治成:治事之计,即官府记录的每日处理公务的文书。成,计簿,日志。

诛赏:据其考核状况,有罪则诛责之,有功则赏之。

[2]令群吏正要会而致事:命令掌管教化的各部门群吏,严肃认真地整理好一年以来的月度工作记录簿册、年度工作记录簿册并呈报上来以待考核。要会,谓是月计、岁计总簿书——岁计言会,月计言要。致事,致其事之功状以待考也。

正岁,则帅其属而观教法之象[1],徇以木铎曰[2]:"不用法者,国有常刑。"令群吏宪禁令[3],修法纠职以待邦治[4]。

注释

[1]帅其属而观教法之象:小司徒辅佐大司徒于正岁悬教象之时,率其六十官之属于王宫雉门之外观教法之象。见《地官·大司徒》注释。

[2]徇以木铎(duó):徇行振以木铎。谓观教象之时,恐阇人杂合不听用其教,而徇行振以木铎,使静听之。木铎,以木为舌的大铜铃,宣布政教法令时巡行振木铎以警示众人。

[3]令群吏宪禁令:命令各级官吏在办公场所悬挂禁令文书,禁人使行不为非。宪,表悬之。

[4]修法纠职:修其法制,纠察职事。

及大比六乡四郊之吏[1],平教治[2],正政事[3],考夫屋及其众寡、六畜、兵器[4],以待政令。

注释

[1]大比:三年大校比户口。六乡四郊之吏:六乡之内比长、闾胥以上布列在四郊之内主民事者。

[2]平教治:依据文书评判教化治理业绩。以其三年大比之时,加大官吏黜陟(罢免和升迁)之礼。

[3]正政事:复须正直其政事公状,即规范官吏执行公务的行为。

[4]考夫屋:考查田地标准及数量。核准田地数量,使出地贡之时以相保任,不得隐误。夫屋,井田制土地单位,夫三为屋,屋三为井,出地贡者三三相任。兵器:兵与器,兵谓五兵,周时通常指矛、戟、弓、剑、戈;器,谓车辇任器等。

三、乡师

乡师之职,各掌其所治乡之教[1],而听其治[2]。

<注释>

[1]乡师:六乡的教官,由下大夫四人担任。各掌其所治乡之教:各自掌管其治理之乡的教化。乡师四人,其乡有六,二人共主三乡。

[2]而听其治:并且在乡民中对自乡大夫至伍长各级官员的治理工作进行审察评断,恐乡官有所滥权与失职。听,平察之,审察之。

（宋）聂崇义《新定三礼图》之乡师

以国比之法,以时稽其夫家众寡[1],辨其老幼、贵贱、废疾、马牛之物,辨其可任者与其施舍者[2],掌其戒令纠禁,听其狱讼。

<注释>

[1]以国比之法,以时稽其夫家众寡:此乡师以小司徒掌管的邦国九比之法（校比法）在四时稽查各家男女众寡的数量。夫家,一井九夫,指代乡中井田制和比闾制下的家庭。

[2]可任者:可承担兵役、劳役的人口。施舍:谓老幼、废疾者应免除兵役、劳役。

大役,则帅民徒而至[1],治其政令;既役,则受州里之役要[2],以考司空之辟[3],以逆其役事[4]。

<注释>

[1]大役,则帅民徒而至:邦国有大工程役使其民,乡师就率领征召的乡内

民徒到施工地。大役,谓筑作堤防、城郭等。帅,通"率"。至,谓至作所也。

[2]既役,则受州里之役要:工程开工后,必须接受乡里各州呈报的所遣民徒数量、姓名的簿册,用来记录所役之民功作。既,已也。役要,役人簿册,即花名册。

[3]以考司空之辟:按照司空制定的功作章程。司空,官名,六官之冬官,主百工土木工程役作。汉时《冬官》原文已亡佚,刘歆补以《考工记》。辟,法也,即功作章程,功作之事,日日录其程限。

[4]以逆其役事:考核役事者的工作情况,恐有滥失(偷工减料,弄虚作假)。逆,犹钩考也,探究考核。

凡邦事,令作秩叙[1]。

注 释

[1]凡邦事,令作秩叙:凡是邦国征召民役从事土木修建工程,命令乡里各级官吏协调征召功力之事,使之合常规、有秩序。秩,常也,功作之事皆出政令,多少有常。叙,犹次也。事有常次,则民不匮乏。

大祭祀,羞牛牲[1],共茅蒩[2]。

注 释

[1]羞牛牲:乡师辅佐大司徒进献祭祀的牛牲体。

[2]共茅蒩(zū):乡师供给祭祀所用放置于神位前摆放祭品的茅草席。蒩,同"苴",藉也(草席)。乡师得茅,束而切之,长五寸,做成草席。祭前祝设于几东席上,命佐食取黍稷,祭于其上;既祭,盖束而去之。另:杜子春注"蒩"当为"菹"。以茅为菹,若葵菹。葵,冬葵;菹,腌菜。

大军旅、会同[1],正治其徒役与其輂辇[2],戮其犯命者[3]。

注 释

[1]大军旅、会同:王亲自帅师征伐、与诸侯在国都外会见。

[2]正治其徒役与其輂(jú)辇:监督管理大军旅、会同征调的徒役与用于运

载辎重的车辆。徒役,谓六军之外别有民徒使役,皆出于乡。辇,马驾的车,用来载辎重。辇,人挽行之车,用来载任使之器。《司马法》曰:"夏后氏谓辇曰余车,殷曰胡奴车,周曰辎辇。"又曰:"夏后氏二十人而辇,殷十八人而辇,周十五人而辇。"

[3]戮其犯命者:惩处徒役之中那些违犯教化命令者。

大丧用役,则帅其民而至,遂治之[1]。及葬,执纛以与匠师御柩[2],而治役。及窆,执斧以莅匠师[3]。

注释

[1]治:谓监督其事。乡大夫主管乡民,役用乡民之时,乡师督察其事。下文"治役(监督役人)"与此同。

[2]及葬,执纛(dào)以与匠师御柩:下葬时,乡师执葆幢行走在柩车之前,与匠师率领众役御正其棺柩,防止棺柩在路上倾覆。纛,谓葆幢也,又作"羽葆幢",其形下垂如盖,幢首注有鸟羽,作引柩之用;葆,即盖斗。《尔雅》曰:"纛,翳也。"以指麾挽柩之役,正其行列之进退。匠师,事官之属,乡师主役,匠师主众匠,共主葬引。《冬官》亡,故未闻其考。此据匠师与乡师相对,其于司空若乡师之于司徒也。以义约之,故云匠师属冬官。

[3]及:至也。窆(biǎn):下棺也,葬时下棺入墓穴。执斧以莅匠师:乡师执斧以莅(临视)匠师,恐匠师不戒其事,须有用斧之处,故执斧助之,使匠师戒其事。匠师主丰碑之事。丰碑,王公下葬时牵引棺柩入墓穴的大木。丰,大也。丰碑外形如石碑,上安有鹿卢(又作"鹿栌""辘轳",用作下棺的滑车或绞盘),绕有绳索将棺柩缒入墓穴中。郑玄注:"丰碑,斫大木为之。"天子四丰碑,墓穴前后各一碑,各置重辘轳;圹两畔各一碑,皆置单辘轳。天子葬引棺柩者千人,分置于六绋,皆背碑负引,击鼓以为纵舍之节,匠师主当之,故云匠师主丰碑之事。

凡四时之田[1],前期出田法于州里,简其鼓铎、旗物、兵器[2],修其卒伍[3]。

注释

[1]凡四时之田:谓一年四季春蒐(sōu)、夏苗、秋狝(xiǎn)、冬狩等田猎之事。

[2]前期出田法于州里,简其鼓铎、旗物、兵器:凡田猎所需役徒等皆出于州里,故未田猎之前,乡师须向乡中各州宣布有关田猎的法令,并检查鼓铎、旗帜、兵器和器械是否完备可供使用。前期,田猎之前。田法,田猎的法令,人徒及所当有。

[3]修其卒伍:役徒组成的卒伍军事编制,皆须修治整顿,预备妥善。卒伍,百人为卒,五人为伍。

及期,以司徒之大旗致众庶[1],而陈之以旗物[2];辨乡邑而治其政令刑禁[3],巡其前后之屯[4],而戮其犯命者,断其争禽之讼[5]。

注释

[1]及期,以司徒之大旗致众庶:至田猎之期日,用司徒画有熊虎的大旗召集民众。大旗,九旗之一,旗上画有熊虎。致,召集,召至。此乃乡师为司徒召集民人,树司徒官之旗来召集于其下。乡师为大夫,致众本当用画有鸟隼之旗。按:《周礼》,旗帜各有不同,《春官·司常》掌九旗之物名,各有属:"日月为常,交龙为旂(qí),通帛为旃(zhān),杂帛为物,熊虎为旗,鸟隼为旟(yú),龟蛇为旐(zhào),全羽为旞(suì),析羽为旌(jīng)。"国家大阅兵时,颁发旗帜:"王建大常,诸侯建旂,孤卿建旃,大夫、士建物,师都建旗,州里建旟,县鄙建旐,道车载旞,斿(yóu)车载旌。"司徒既是卿官,寻常建旃,在军建熊虎;乡师既是大夫官,寻常建物,在军当以鸟隼之旟。

[2]陈之以旗物:用不同的旗帜作为区别标志,分别排列来自不同州里众役人的行阵。陈,同"阵"。

[3]辨:别异也。田猎之时,非只有六乡之众,亦有公邑之民,需分别之。

[4]巡其前后之屯:巡视督察屯聚的兵众及车辆启前殿后。郑玄曰:"前后屯,车徒异部也。"《夏官·大司马》云:"险野,人为主;易野,车为主。"是车徒异部也。

[5]断其争禽之讼:裁断因争夺猎物而出现的争讼。田猎得大兽公之,小禽私之,有争禽之讼,乡师断之。

凡四时之征令有常者[1],以木铎徇于市朝[2]。

注释

[1]凡四时之征令有常者：每月的政令及春蒐、夏苗、秋狝、冬狩等四时田猎制度皆为常态，按时例行发布。征令，公布法令。按：《月令》有孟春之月，"命修封疆，谓田之界分也"；仲春之月，"先雷三日，奋木铎以令兆民曰：雷将发声，有不戒其容止者，生子不备，必有凶灾"。此等皆为政令有常。

[2]以木铎徇于市朝：乡师各自在其乡内振木铎巡视于市朝以警示民众，使知之而不违背政令。

以岁时巡国及野[1]，而赒万民之艰厄[2]，以王命施惠。

注释

[1]以岁时巡国及野：乡师要随时巡视国都及都外六乡四郊的民人。岁时者，随其事之时（随时），不必四时也。

[2]艰厄：饥乏也。厄，乃非常之事。

岁终，则考六乡之治[1]，以诏废置[2]。

注释

[1]岁终，则考六乡之治：年终，乡师责查其治政文书，考核六乡各级官吏的功过业绩。岁终，谓周之季冬。

[2]以诏废置：报告给王与冢宰，对考核的官吏有功则置之，有过则废之。诏，告也。

正岁，稽其乡器[1]，比共吉凶二服[2]，闾共祭器[3]，族共丧器[4]，党共射器[5]，州共宾器[6]，乡共吉凶礼乐之器[7]。

注释

[1]正岁，稽其乡器：每年夏历正月，乡师要各自考校主管之乡储备的公用器物和吉凶礼服是否完备。正岁，谓夏历建寅之月。稽，考也。

[2]比共吉凶二服：主集合吉凶二服使相供，即五家为比的比长负责集资置

办并保管公用的物品祭服和吊服,供给比内五家参加各种祭祀、吊丧时使用,用毕归还。吉服,祭服也,即使比内无祭事,也有族祭酺(pú,人物灾害之神)、党祭禜(yíng,许慎言是风雨、雪霜、水旱、疠疫之神)、州祭社之等。凶服,吊服也,吊丧之服,丧服之衰裳是常服,丧家主人自共,而吊服是暂服,可以相共。共,供给。

[3]闾共祭器:主集合祭器使相共,即二十五家为闾的闾胥负责集资置办并保管公用的物品祭器,供给闾内二十五家祭祀时使用。祭器,诸如簠(fǔ)、簋(guǐ)、鼎、俎等。按:《礼记·郊特牲》言"同姓用簠",《仪礼·少牢馈食礼》云"皆用敦,同姓者乃用簠"。

[4]族共丧器:族师主集丧器,即一百家为族的族师负责集资置办并保管用的物品丧器,供给族内一百家办理丧事时使用。丧器,诸如夷槃、素俎、揭豆、輁轴(gǒng zhóu)等,上述比、闾、族之吉凶二服、祭器、丧器三者民所以相共也。夷槃,亦作"夷盘",盛冰以冰尸的大盘。按:《礼记·丧大记》有"士并瓦盘,大夫乃用夷盘"。素俎,未染色的白木礼器。揭豆,盛菹醢的礼器。輁轴,带有轮轴载棺柩的工具。《仪礼·士丧礼》云"小敛有素俎,大敛有揭豆"。

[5]党共射器:党正主集射器,五百家组成的党之党正,为在序学举行的春、秋二时乡射礼供给公用的器物射器。射器,弓、矢、楅(bī)、中(zhòng)之属。楅,乡射礼时所使用的插箭器。中,盛放竹筹的器具,在射礼或投壶中使用,用来计数。筹,也叫筭(算)。中之内可容八算,其背部形状各不相同,有鹿中、兕中、皮树中、闾中、虎中等。孔颖达《礼记·投壶》疏云,"中"之形,"刻木为之,状如咒鹿而伏,背上立一圆圈以盛筹"。皮树、闾,皆为兽名。皮树中在郊之大射时使用;闾,似驴,一角。

[6]州共宾器:二千五百家为州,州长一人,主集五党的公用器物宾器,以供给乡大夫行乡饮酒之礼或礼宾贤能者时使用。宾器,尊、俎、笙、瑟等礼乐之器。

[7]乡共吉凶礼乐之器:万二千五百家为乡,乡大夫主集公用之吉、凶、礼、乐四器,吉器若闾祭器,凶器若族丧器,礼乐之器若州党宾射之器。乡大夫恐州党以下有故不能自共,故旁使相共,则使民无废事,上下相补,则礼行而教化成。

若国大比,则考教[1]、察辞[2],稽器[3]、展事[4],以诏诛赏。

注 释

[1]若国大比,则考教:每三年国家大校比,乡师就要考核乡中教学之官,以

了解其道艺教化成效如何。

[2]察辞:视乡中之吏辞之虚实,即考查乡中各级官吏言辞有无虚假。

[3]稽器:考查乡中各级官吏所掌管的公用器物——礼、乐、兵器等有无缺失,是否完好。

[4]展事:仔细地察看乡中官吏所为,以知其善恶。展,展省视之。

四、乡大夫

乡大夫之职,各掌其乡之政教禁令[1]。

注释

[1]乡大夫:一万二千五百家组成的行政组织的长官,每乡由一卿担任。各掌其乡之政教禁令:六乡大夫各掌其乡之政令、十二教及五禁令。

正月之吉,受教法于司徒[1],退而颁之于其乡吏[2],使各以教其所治[3],以考其德行[4],察其道艺[5]。

注释

[1]正月之吉,受教法于司徒:建子之月,月朔之日(周历正月初一),乡大夫从司徒官那里领受十二教等教化政令及法典。

[2]乡吏:乡中州长以下至比长的官吏。

[3]以教其所治:根据政令和法典教化所治理的民人。

[4]德行:指六德、六行。见《地官·大司徒》注释。

[5]道艺:六艺、六仪。见《地官·大司徒》注释。

以岁时登其夫家之众寡[1],辨其可任者。国中自七尺以及六十[2],野自六尺以及六十有五[3],皆征之[4]。其舍者[5],国中贵者、贤者、能者、服公事者、老者、疾者皆舍。以岁时入其书[6]。

注释

[1]以岁时登其夫家之众寡:每年四时都要核定乡中每户家庭男女人口数量的多少。登,成也,定也(记录在册)。

[2]国中:城郭中也。七尺:谓年二十。

[3]六尺:谓年十五。

[4]征之:所征税者,即需缴税服劳役——筑作、挽引、修道渠之役及口率(按人口比例)出钱。田猎,五十则免;征伐,六十乃免。

[5]舍者:免除役事,不给徭役。

[6]入其书:把登记人口数量、征税和免徭役的情况记入文书,并报告给大司徒。

三年则大比[1],考其德行、道艺,而兴贤者、能者[2],乡老及乡大夫帅其吏与其众寡[3],以礼礼宾之[4]。

注释

[1]大比:此指兴贤举能,选士。

[2]兴贤者、能者:举荐德行优秀者,选拔才能杰出者。贤者,有德行的人,在身为德,施之为行,内外兼备即为贤者。能者,有道艺的人。乡中贤能者,皆集在庠学(乡学)。

[3]乡老:通常释其为地官之属,掌六乡之教化,每二乡由三公一人兼任,在朝称之"三公",在乡谓之"乡老"。清李惇《群经识小·乡老乡大夫》释为致仕之尊官,或乡党重望,故尊之曰公,非朝廷公卿。可备一说。众寡:谓乡人之善者无多少也,而堂上堂下皆有众宾前来观礼。

[4]宾:敬也。谓乡大夫率众人礼敬所举贤者、能者,以乡饮酒之礼尊之如宾,以示尊贤能。

厥明,乡老及乡大夫群吏献贤能之书于王,王再拜受之[1],登于天府,内史贰之[2]。退而以乡射之礼五物询众庶[3],一曰和,二曰容,三曰主皮,四曰和容,五曰兴舞[4]。此谓使民兴贤,出使长之[5];使民兴能,入使治之[6]。

注释

[1]厥明:举行饮酒礼的第二天。厥,其也。献:犹进也。王再拜受之:王行再拜礼接受进献的举荐贤能的文书,以示重视得到贤能者。

[2]登:上。天府:官名,春官宗伯的下属,掌管王祖庙之宝藏;举荐贤能的

文书亦是宝物,故藏于天府。内史贰之:内史抄写一份文书的副本保管,在王颁赐爵位俸禄时使用。内史,官名,《春官·内史》云掌策命诸侯群臣之事,使内史贰之。

[3]以乡射之礼五物询众庶:(乡大夫)用乡射礼的五个规范标准征询乡中众人(对被举荐的贤能者)的意见,并问于众庶,是否还有贤能者。举行乡射礼之时,民必观焉,因询之。

[4]和:谓闺门之内与家人相处和睦,行为举止得当。郑玄谓"和"载六德——知、仁、圣、义、忠、和。容:谓容貌,仪容。郑玄谓"容"包六行——孝、友、睦、姻、任、恤。主皮:无侯(箭靶)时可以张皮射之,谓善射。和容:射箭时仪态合于礼的标准。兴舞:射箭时舞步合于乐的节奏。

[5]使民兴贤,出使长之:让民众自己选举贤德者,让贤德者出任乡外之地的长官,以德行道艺教化众民。

[6]使民兴能,入使治之:让民众自己举荐才能杰出者,让才能杰出者在本乡治理民众的贡赋田役之事。

岁终,则令六乡之吏皆会政致事[1]。

注释

[1]六乡:王引之校"六"为"亓"(其),今从。会:计也,统计考核。致事:言其岁尽文书,将一年内所有的文书上报。

正岁,令群吏考法于司徒[1],以退,各宪之于其所治[2]。

注释

[1]正岁,令群吏考法于司徒:每年夏历正月,乡大夫命令州长及其以下各级官吏,到司徒官那里领受并考量教化法规。

[2]各宪之于其所治:各自把教化法规悬挂在其处理公务的场所。宪,表县之,即悬挂。

国大询于众庶[1],则各帅其乡之众寡而致于朝[2]。

注 释

[1]国大询于众庶:国家遇有大事需要与民众询谋——国有外敌入侵之危难、迁国都、立新君等("三询")。

[2]朝:外朝,三公九卿之所。

国有大故[1],则令民各守其闾,以待政令[2]。以旌节辅令,则达之[3]。

注 释

[1]大故:谓灾变、寇戎等。

[2]令民各守其闾,以待政令:乡大夫令州长以下各级官吏,让民众各自聚守在其闾门内的闾胥公务之所,等待国家的政令。

[3]以旌节辅令,则达之:使民听从政令出入往来,但皆须持有官府颁发的符节,辅有政令文书,才可以通行。旌节,符节,官府发放的准许通行往来的特别信物,无符节者则不能通行。

七、党正

党正[1],各掌其党之政令教治。

注 释

[1]党正:设五百家为党,其长官为党正,由下大夫一人担任,一乡有二十五党。

及四时之孟月吉日[1],则属民而读邦法以纠戒之[2]。春秋祭禜[3],亦如之。

注 释

[1]四时之孟月吉日:一年四季第一个月的初一。吉日,指朔日,阴历的每月初一。

[2]属(zhǔ)民而读邦法以纠戒之:聚集党中的民众宣读邦国的法令,用以纠察、警戒众人。属民,聚集。党正与民众关系较近,四孟、春秋祭及正岁,一年七读法;乡大夫掌管五州一万二千五百家,距民远,不读法;州长掌管五党二千

五百家,去民渐亲,故四读法。

[3]禜:许慎言是主风雨、冰霜、水旱与疠疫之神。郑玄释其为水旱之神。按:《礼记·祭法》有"雩禜祭水旱"。

国索鬼神而祭祀[1],则以礼属民,而饮酒于序以正齿位[2],壹命齿于乡里[3],再命齿于父族[4],三命而不齿[5]。

注释

[1]国索鬼神而祭祀:谓邦国在周历的建亥之月十二月(夏历十月)举行大蜡祭,祭祀诸多鬼神。《礼记·郊特牲》:"蜡者,索也。岁十二月,合聚万物而索飨之。"天子大蜡八,蜡祭有八神,先啬(指神农)一,司啬(指后稷)二,农(农官田畯)三,邮表畷(zhuó,田畯在田间工作时居住的房舍)四,猫虎五,坊(堤)六,水庸(沟渠)七,昆虫八。伊耆氏(古天子号,或云帝尧,孔颖达疏指神农氏)始为蜡。飨者,祭其神也,万物有功加于民,神使为之也,祭之以报焉。啬,同"穑"。

[2]饮酒于序以正齿位:党正召聚其民饮酒于序学(五百家设立的学校)中,而施行正齿位之礼。齿位,即"序齿",以年龄长幼排列座位论尊卑。《礼记·乡饮酒义》:"六十者坐,五十者立侍以听政役,所以明尊长也。六十者三豆,七十者四豆,八十者五豆,九十者六豆。"正,端正,立正气。民众一年三时务农,日常劳碌而阙于礼,至此农闲之时而党正率行尊长养老,以明正风孝悌之道。齿,指年龄。党正饮酒礼亡,以此事属于乡饮酒之义。

[3]壹命:谓天子授予的下士(爵位)。齿于乡里:按年龄与乡里众宾相排列饮酒礼上的席位座次。

[4]再命:谓天子授予的中士。齿于父族:父族(本族)有为宾者,按年龄与之相排列席位座次。

[5]三命:谓天子授予的上士。不齿:不与众宾按年龄排列席位座次,而是坐席于尊东,以示遵守礼法。

凡其党之祭祀、丧纪、昏冠、饮酒,教其礼事,掌其戒禁[1]。

注释

[1]其党:其五百家之民。教其礼事,掌其戒禁:党正对五百家民众教化礼

法之事,因此掌管其戒命督禁。

凡作民而师、田、行、役[1],则以其法治其政事[2]。

注释

[1]作:兴。师:征伐。田:田猎。行:巡守。役:劳役。
[2]其法:师、田、行、役各有法典,如大司徒之役法,大司马之战法、田法等。

岁终,则会其党政,帅其吏而致事[1]。正岁,属民读法而书其德行道艺[2]。

注释

[1]会其党政:考核五百家之党一年的政事功状。致事:致其所掌之事于州长,州长又致于乡大夫,乡大夫又致于大司徒而行赏罚。
[2]正岁,属民读法而书其德行道艺:党正于夏历正月初一聚集民众宣读法令,并且书写记录人们的德行、道艺以示劝勉。

以岁时莅校比[1]。及大比,亦如之[2]。

注释

[1]以岁时莅校比:党正掌管五族五百家,至每年四时族师考查民众户口、财产之时,党正定会亲临监督,恐其有所差失。莅,临也。校比,见"族师"注释。
[2]及大比,亦如之:至三年族师大校比,党正也临之。及,至也。

八、族师

族师,各掌其族之戒令政事[1]。

注释

[1]族师:百家为族,四闾组成;一族长官为族师,由上士一人担任。政事:邦政之事,谓国之征役等事。族师为百家之长,各自从上领受法典,掌百家戒令政事。

月吉[1],则属民而读邦法,书其孝、弟、睦、姻有学者[2]。

注释

[1]月吉:每月朔日(初一),以族师弥亲民,教化亦弥数,故十二月朔皆聚众读法。

[2]书:书记,记录。族师所书,应不异于党正,党正书德行、道艺,族师亲近民众,故书孝、弟(悌)、睦、姻,据六行之四事,唯有详略不同。有学者:精通六艺之人。

春秋祭酺,亦如之[1]。

注释

[1]酺(pú):为人与物灾害之神。族师无饮酒之礼而不得官酒,以醵(jù,合钱饮酒)法祭酺而与其族之民以长幼相献酬(斟饮酬答)。

以邦比之法[1],帅四闾之吏,以时属民而校登其族之夫家众寡[2],辨其贵贱、老幼、废疾、可任者[3],及其六畜、车辇。

注释

[1]以邦比之法:遵照邦国的常法校比法,在族内进行户口、财产的登记与核查(案户比民)。

[2]四闾之吏:族师管四闾,闾胥为中士;又有二十比,比长为下士,皆为四闾之吏。校登:考核登记。登,成也,定也。夫家:即男女,有夫有妇乃成家。

[3]贵贱:贵谓卿大夫,贱谓占卖(估价售卖)国之斥币(官库中多余不用待售之物)及贩易之人。

五家为比,十家为联;五人为伍,十人为联[1];四闾为族,八闾为联[2]。使之相保相受[3],刑罚庆赏相及相共[4],以受邦职,以役国事,以相葬埋。

注释

[1]联:联合,关联。在地方行政组织比、闾等基础上形成相互关联的居民和军队组织形式。居民五家为比,二比十家为联;在军五人为伍,二伍为什,十

人为联。唐贾公彦认为"联"是在军之法。

[2]四闾为族,八闾为联:二十五家为一闾,四闾百家为一族,八闾二百家为联。因此,可知在军百人为卒,二卒二百人为联(文中未言)。

[3]相受:宅舍有故,相互寄居托付。

[4]相共:犹相救相恤。

若作民而师、田、行、役,则合其卒伍[1],简其兵器[2],以鼓铎、旗物帅而至[3],掌其治令、戒禁、刑罚。

注释

[1]合其卒伍:族师集合族内之民,按"卒伍法"——五人为伍,四伍为卒,组成军事组织。族师主百家,家出一人,即为一卒,卒长由族师担任,故军中族师又为卒长。

[2]简其兵器:检视查验卒伍的兵器和器械。在军兵器即有弓矢、殳矛、戈戟等。

[3]鼓铎:军鼓与金铎,军中使用的器具。按:《夏官·大司马》:仲春,教振旅,"王执路鼓,诸侯执贲鼓,军将执晋鼓,师帅执提,旅帅执鼙,卒长执铙,两司马执铎,公司马执镯"。旗物:军中旗帜。帅而至:族师率领士卒及装备到乡师乃至司徒那里报到。

岁终,则会政致事。

九、闾胥

闾胥,各掌其闾之征令[1]。

注释

[1]闾胥:五家为比,五比二十五家为闾,立长官闾胥,由中士一人担任。征令:即下文岁时之事的政令,诸如祭祀、役政、丧纪等教化与法规。

以岁时各数其闾之众寡,辨其施舍[1]。凡春秋之祭祀、役政、丧纪之数,聚众庶[2],既比则读法[3],书其敬、敏、任、恤者[4]。

注释

[1]施舍:减免、免除劳役。施,即"弛",松缓。

[2]祭祀:谓州祭社、党祭禜、族祭酺。役:田役。政:政事,如州有射礼、党有饮酒礼。丧纪:王大丧之事。数:清王引之校其为"事"字之误。聚众庶:会聚民以待役使。

[3]既比则读法:会聚民众及校比之时,要给民众宣读国家法令,用以敕戒(警示告诫)。既,应为"暨"。

[4]敬:祭祀之时敬慎。敏:勤勉修德为行之本。任:与朋友讲诚信。恤:悯恤贫穷者。皆是司徒所主之教。

凡事[1],掌其比、觥、挞罚之事[2]。

注释

[1]凡事:谓乡饮酒礼及乡射礼中,遇有饮酒失礼者须罚之。

[2]掌其比、觥、挞罚之事:掌管对众人礼节的监督,对违背尊卑礼节及饮酒失礼者进行处罚,轻者以觥酒罚之,重者以荆楚挞之。觥,兕牛角为之,用以饮酒。挞,扑打,击背。

十、比长

比长,各掌其比之治[1]。五家相受相和亲,有罪奇邪则相及[2]。

注释

[1]比长:最小的行政组织,五家为一比,设比长为长官,由下士一人担任。家数虽少,亦有治法。

[2]奇邪:诡诈邪恶。邪,犹恶也。及:连及,关联。比内有罪相连及,欲使不犯。

徙于国中及郊,则从而授之[1]。若徙于他,则为之旌节而行之[2]。

注释

[1]徙于国中及郊,则从而授之:比内有居民迁徙,或从国都中迁徙于城郊,

或从城郊迁徙于国都中,比长都要一起前往,并把他们亲自交给当地的官吏,证明其无罪恶。徙,谓不便其居而迁移。按:古者三年为大比之年,民有感本居之处不便,则任民迁徙。周法,远郊百里之内并国都之中共为六乡,此国都中及城郊迁徙,其实并未离开本乡之内。

[2]徙于他:谓出居于异乡。为之旌节:授给他们符节作为道路通行证。

若无授无节[1],则唯圜土内之[2]。

注释

[1]无授无节:乡中迁徙比长没有前往交付,迁徙出乡没有官府的道路符节。

[2]圜(huán)土:狱城也,圜土为墙作为监狱。将无授无节者系之圜土考辟(考校以法),推问无授无节之由。内:通"纳"。

十七、载师

载师,掌任土之法[1],以物地事[2],授地职[3],而待其政令[4]。

注释

[1]载师:官名,掌管评定土地等级、用地之法并制定贡赋标准,由上士二人担任。任土:利用地宜,即利用地理地势的优势进行耕种生产,并且以此制定出贡赋的标准。

[2]以物地事:对土地进行勘察,知其所宜之事,种植何物。物,物色之。

[3]授地职:既知土地所宜,乃分别授予职事:授予农民种植五谷,授予牧人进行放牧,授予衡虞守山林川泽,使之各司其职。

[4]待其政令:以待执行国家征税的法令。谓因其职事使出贡赋,即下文"园廛二十而一"等。

以廛里任国中之地[1],以场圃任园地[2],以宅田、士田、贾田任近郊之地[3],以官田、牛田、赏田、牧田任远郊之地[4],以公邑之田任甸地[5],以家邑之田任稍地[6],以小都之田任县地[7],以大都之田任畺地[8]。

注释

[1]以廛(chán)里任国中之地:用国都中的土地作普通百姓和官员的住宅地。廛里,城中民居、住宅区域。廛,民居,住宅。里,居。

[2]以场圃任园地:城外郭内的土地用作园圃和场之地,由场人掌管,贡草木果蓏(luǒ,草本植物的果实,如瓜果)之属。场,季秋所设的收打农作物的地方。圃,种植果蓏的地方。园,樊圃,有藩篱的园圃。

[3]宅田:致仕者(退休官吏)之家所受之田,以备养家收益。士田:士大夫之子所受而耕种之田。《仪礼·士相见礼》曰:"宅者在邦则曰市井之臣,在野则曰草茅之臣。"士读为"仕",仕者亦受田,也谓"圭田",《孟子·滕文公上》曰:"卿以下必有圭田,圭田五十亩。"贾田:在市中的贾人其家所受之田。近郊:距离都城五十里为近郊。

[4]官田:庶人在官府有职事者其家所受之田。牛田:以牧养公家的牛为业者所受之田。赏田:因为有功而获得赏赐的田。牧田:以牧养六畜为业者所受之田。远郊:距离都城百里之地为远郊。

[5]以公邑之田任甸地:用邦甸中六遂以外的土地作公邑。公邑,谓六遂余地,天子使大夫治之。《食货志》云:"农民户一人已受田,其家众男为余夫,亦以口受田如比。士工商家受田,五口乃当农夫一人。"今余夫在遂地之中,如此则士工商以事入在官,而余夫以力出耕公邑。甸地,郊外曰甸。甸在远郊之外,距离都城百里至二百里之间,其中置六遂七万五千家,六遂之外余地以为公邑。自甸以至畺(疆),稍、县、都等皆有公邑。

[6]以家邑之田任稍(xuē)地:用稍地作大夫家邑之田。家邑,大夫之采地。天子之大夫各受采地二十五里。稍,或作"削"。稍地,家削之地,都城外二百里至三百里之内的大夫采地,以大夫地少,稍稍给之。

[7]以小都之田任县地:用邦县之地作小都之田。小都,卿之采地,各五十里。县地,距离都城三百里至四百里之间,有卿之采地。

[8]以大都之田任畺地:用王畿疆界之地作大都之田。大都,公之百里采地,王子弟所食邑也。畺(疆),王畿疆界,距离都城四百里至五百里之间,有公之采地。

凡任地,国宅无征[1],园廛二十而一[2],近郊十一[3],远郊二十而三[4],甸、稍、县、都皆无过十二[5]，唯其漆林之征二十而五[6]。

注释

[1]任地：用地而有税赋。国宅：都城中宅，指官员宫室，官府治所。无征：无税。征，税，以供国政。

[2]园廛二十而一：种植果蔬的园圃和民宅，税率是二十分之一。廛无谷，税其宅地所种之树，郑玄谓"古之宅必树"；园圃少利，税其瓜果之属。

[3]近郊十一：近郊的宅田、士田、贾田，同是十分之一税率。

[4]远郊二十而三：即官田、牛田、赏田、牧田等远郊之地，同是二十分之三税率。

[5]甸、稍、县、都皆无过十二：甸地的公邑之田，至畺（疆）地其间的稍地大夫家邑、小都之卿采邑、大都公之采邑，四处税率都不超过十分之二。按：此四处出税不同，用甸地作公邑之田，甸地之中兼有六遂；而家邑、小都、大都等采地为井田助法，三者之中皆有公邑，所以，四处税率一样，但公邑之田多，出税也多。贾公彦认为，其乡遂公邑之田税法为夏之贡法。

[6]唯其漆林之征二十而五：只有对漆树林的征税是二十分之五的税率。漆林，也作"桼林"。按：漆林之税特重，因其漆林乃自然所生，非人力所作为。

一八、闾师

闾师[1]，掌国中及四郊之人民、六畜之数[2]，以任其力，以待其政令，以时征其赋[3]。

注释

[1]闾师：官名，掌管国都及四郊民人、六畜之数，督查并落实各项赋役政令，顺四时征敛百里之内赋贡。由中士二人担任，下辖史二人，徒二十人。

[2]国中及四郊：国都都城及城外四郊，在所主六乡之中，自廛里至远郊。六畜之数：其为农事之本。

[3]赋：谓九赋及九贡。

凡任民[1]：任农以耕事，贡九谷[2]；任圃以树事，贡草木[3]；任工以饬材事，贡器物[4]；任商以市事，贡货贿[5]；任牧以畜事，贡鸟兽[6]；任嫔以女事，贡布帛[7]；任衡以山事，贡其物[8]；任虞以泽事，贡其物[9]。

> 注 释

[1]任民：任用万民各有职事使出贡。按：有职事必有功，有功即有贡，故此论贡之法也。

[2]九谷：黍、稷、稻、粱、苽（gū，菰米）、麻、大豆、小豆、小麦。见《天官·大宰》"三农生九谷"注释。

[3]贡草木：谓贡百草根实，葵韭果蓏之属。

[4]饬材事：整治加工原材料制造各种器物使贡之。见《天官·大宰》"百工饬化八材"注释。

[5]任商以市事，贡货贿：任用商贾大事往来贸易，使之贡纳财物。见《天官·大宰》"六曰商贾，阜通货贿"注释。

[6]畜：畜牧。见《天官·大宰》"四曰薮牧，养蕃鸟兽"注释。

[7]嫔：妇女。女事：化治丝枲（缫丝绩麻）。见《天官·大宰》"七曰嫔妇，化治丝枲"注释。

[8]衡：此指在山林生产劳动之民（山民）。

[9]虞：此指在川泽生产劳动之民（渔民）。

凡无职者[1]，出夫布[2]。

> 注 释

[1]无职者：应为无固定职业的游民，《周礼》称作"间（闲）民"。其为有职而执事，但不事家宅、田地等产业。《天官·大宰》："间民，无常职，转移执事。"

[2]出夫布：使出一夫口税之泉（钱），即人头税，而无须用实物纳贡。布，也称"泉"，一种钱。

凡庶民，不畜者祭无牲[1]，不耕者祭无盛[2]，不树者无椁[3]，不蚕者不帛[4]，不绩者不衰[5]。

> 注 释

[1]凡庶民，不畜者祭无牲：民众凡是不畜养牲畜的，祭祀时不允许用牲。

按:《孟子·尽心上》言:"庶人五母鸡,二母彘,无失其时",而不时畜者当罚之。此及以下四者,皆是闾师掌管罚禁家事,以耻其不勉。庶人无常牲,故取以新物相合宜。用牲之法,《礼记·王制》有"韭以卵,麦以鱼,黍以豚,稻以雁"。

[2]盛:黍稷。

[3]椁:周棺,外棺。按:其宅不毛(树),并非只罚其人头税,而且死后还不得有五寸之椁。

[4]不帛:不得衣帛。

[5]不衰(cuī):丧不得衣衰(重丧服)。按:丧服衰裳以麻布为之,而其家妇人若不绩其麻,丧服则不得穿着衰裳,以罚之也。

二十、遗人

遗人,掌邦之委积,以待施惠[1]。乡里之委积,以恤民之艰厄[2];门关之委积,以养老孤[3];郊里之委积,以待宾客[4];野鄙之委积,以待羁旅[5];县都之委积,以待凶荒[6]。

注 释

[1]遗(wèi)人:官名,主施惠,掌管王畿禾米薪刍的储备,用来招待往来宾客或以王命向困厄者供给。由中士二人担任,下设四下士任副职,府二人,史四人,胥四人,徒四十人。委积:储备的粮草等物资。少曰委,多曰积。按:廪人、仓人等职官计九赋之数留足国用,以其余物资作为储备,由遗人负责掌管。若邦国临时调动、配给生活物资,亦使用储备的物资。

[2]乡里:乡所居也,即六乡七万五千家所居住的区域。艰厄:犹困乏。年谷不熟,民有困乏,则振恤之。《书传》:"行而无资谓之乏,居而无食谓之困。"

[3]门关:国都城门、关卡。门有十二国门,关有十二关门(可参见《地官》之《司门》《司关》)。按:门关是人所出入之地,易取饩廪(xì lǐn,按月发给的粮食,也作月薪);门关出入皆有税,所得之税足国用之外,留之以养老孤。

[4]郊里:都城外远郊之民所居住的区域。

[5]野鄙:郊外曰野,距离都城二百里至三百里(甸地);郊外六遂中五百家为鄙。羁旅:过行寄止者,谓有羁绊而寄居的旅客。

[6]县都:距离都城三百里至四百里之地谓县,四百里至五百里谓都。待凶荒:邦国县都的委积用以防备凶荒。凶荒,谓年谷不熟。

凡宾客、会同、师役,掌其道路之委积[1]。凡国野之道,十里有庐,庐有饮食[2];三十里有宿,宿有路室,路室有委[3];五十里有市,市有候馆,候馆有积[4]。

注释

[1]道路之委积:(根据会同、师役、行道所需)故在道路上分布物资储备。远处需多,故有积;近处需少,故有饮食及委。

[2]国野:国都和城外的郊野。庐:又称野候,十里二十里有庐,供往来宾客暂作歇息之处,略备有饮食,但不可住宿。汉时谓庌(yǒ)舍,即承"庐"制。

[3]宿:可止宿,即设在道路旁可供往来宾客住宿的馆舍。按:每三十里设有宿,宿有储备禾米薪刍的室屋和住宿的客房。路室:客舍,候迎宾客之处。

[4]市:市集,有买卖等商业活动的市场,设有大市(午市)、朝市(早市)、夕市,分别以百姓、商贾和贩夫贩妇为主进行交易(可参见《地官·司市》)。五十里一市,一市之间有三庐一宿。候馆:可供住宿的宾馆,有楼阁可以观望。候,候望,瞭望。

凡委积之事,巡而比之,以时颁之[1]。

注释

[1]巡而比之,以时颁之:(遗人)负责全面巡视考校物资储备,要按照时节及时加以补充,防备物资储备不足。

二一、均人

均人[1],掌均地政[2],均地守[3],均地职[4],均人民、牛马、车辇之力政[5]。

注释

[1]均人:官名,掌管平均畿内、乡遂、公邑的土地赋税及劳役。由中士二人担任,下设四下士任副职,府二人,史四人,胥四人,徒四十人。均,平也。

[2]均地政:谓均平地守、地职二者之税,使其皆出十分之一税,又均民人力役之事。地政,谓地守、地职之税。政,读为"征",税。

[3]地守:谓管理山林川泽之虞、衡官员的职守。即畿内川衡、林衡、山虞、

泽虞等官员,皆要遣派其地之民守护川林山泽,等其入山林川泽收获,就使其出税(特产)作为邦赋。参见《地官》之《山虞》《林衡》《川衡》《泽虞》。

[4]地职:根据土地不同而分设的九种职业,如农人、圃人等,使各尽其职并依法出税。参见《天官·大宰》"九职"注释。

[5]力政(征):力役的征调。诸如征调民人修治城郭、途巷、沟渠,用牛马、车辇运输委积等,皆是力之征税。

凡均力政,以岁上下[1]。丰年,则公旬用三日焉[2];中年,则公旬用二日焉[3];无年,则公旬用一日焉[4]。

注释

[1]凡均力政,以岁上下:凡是均平力役征调的事项,皆是根据年成的好坏而实施的。上,即丰年。下,即俭年。

[2]丰年,则公旬用三日焉:丰年因公事征调力役,平均每人仅可以十天中征用三天。王引之释言:"以丰年计之,一月用九日,三冬(冬季三个月)亦只二十七日耳(其他季节不征力役)。"丰年,丰收之年,官府配给每人每月四䉛(fǔ,同"釜")粮食。按:䉛,容器之名,也作容量单位,容六斗四升,深尺,内方尺而圆其外。四升曰豆,四豆曰区(ōu),四区曰䉛。䉛十则钟。公,事也。旬,均也。

[3]中年:中等年成。人食三䉛为中岁。年,岁也。

[4]无年:人食二䉛为无岁,即岁无赢储。不能人二䉛,则令邦邑移民就有谷之地。参见《地官·廪人》。

凶札[1],则无力政,无财赋[2],不收地守、地职,不均地政[3]。

注释

[1]凶:谓年谷不熟。札:谓天下疫病。

[2]财赋:九赋。

[3]不收地守、地职,不均地政:不征收山林川泽之税及各种职业税,亦无须均平地税。

三年大比,则大均[1]。

注 释

[1]三年大比,则大均:每三年大考核审计时,对赋税、力役等进行大的均平调整。

二二、师氏

师氏[1],掌以媺诏王[2]。

注 释

[1]师氏:官名,掌管教谕王以善道及国子教育。由中大夫一人担任,下属有上士二人担任副职,府二人,史二人,胥十二人,徒一百二十人。

[2]掌以媺诏王:师氏掌管把前世诸王的美善之道告谕于王。媺,美,美德懿行。

以三德教国子[1]:一曰至德,以为道本[2];二曰敏德,以为行本[3];三曰孝德,以知逆恶[4]。教三行:一曰孝行,以亲父母[5];二曰友行,以尊贤良[6];三曰顺行,以事师长[7]。

注 释

[1]以三德教国子:用三种美德教育国子。国子,王大子以下至元士之嫡子(公卿大夫之子弟)。按:师氏教之德行,学君臣、父子、长幼之道。德行,内外之称,在心为德,施之为行。

[2]至德:谓至极之德——中和之德,以为行道之根本。按:至德若天地中和覆载万物,地之博厚所以载物,天之高明所以覆物。

[3]敏德:谓敏达之德——仁义顺时,以为践行之根本。敏,疾也,敬孙(逊)务时。逊,顺也。按:人君施政,春夏行赏为仁,秋冬行罚为义,是仁义顺时敏疾为德。

[4]孝德:尊祖爱亲,善父母为孝。以孝德事父母,则知逆恶不行。按:孝者,善继人之志,善述人之事;孝在三德之下、三行之上,德有广于孝,而行无尊于事父母。

[5]孝行,以亲父母:行善而事父母之行,则能亲爱父母。按:冬温夏冷清,

昏定晨省,尽爱敬之事。

[6]友行,以尊贤良:行施于共同志向之人,则尊事贤人、良人有德行之士。

[7]顺行,以事师长:行逊顺之行,事受业之师及朋友之长。

居虎门之左[1],司王朝[2]。

注释

[1]居虎门之左:师氏居路门之左(东)边画虎之处。虎门,即路门,也称路寝门,王寝室外的大门。按:王每日在路门外视朝,路门处画虎用以明勇猛,故又名虎门。师氏在这里待王视朝(临朝听政)。

[2]司王朝:师氏观察王临朝听政,若有善道美德可行的建议,则当面适时告谕王。司,犹察也。

掌国中失之事,以教国子弟[1]。凡国之贵游子弟学焉[2]。

注释

[1]掌国中(zhòng)失之事,以教国子弟:师氏掌管国家中合礼、失礼之事,以教育国中之太子、王子和公卿大夫之子弟。中,中(合乎)礼者。失,失礼者。教,使其识记旧事,即用中礼、失礼者之事例进行教育。

[2]贵游子弟:王公贵族之子弟未在朝为官职者。游,未入仕而在学游暇习业者。

凡祭祀、宾客、会同、丧纪、军旅,王举则从[1]。听治亦如之[2]。

注释

[1]祭祀:谓祭郊庙及山川社稷。宾客:谓诸侯及卿大夫来朝聘,或在朝,或在庙。会同:或在畿内,或在畿外。军旅:谓出畿外征伐。王举则从:上述数事王行之时,师氏因为皆须诏谕王以美道,故随王而行。举,当为与(yù),行也,谓王与会同丧纪之事。

[2]听治亦如之:谓王在野外视听朝政,师氏也是如此。

使其属帅四夷之隶[1]，各以其兵服守王之门外[2]，且跸[3]。朝在野外，则守内列[4]。

注释

[1]使其属帅四夷之隶：师氏派自己的属下率领四方蛮夷之徒隶。其属，师氏中大夫之下有属官上士二人，并有府史胥徒之等。四夷之隶，如《秋官》蛮夷戎狄之隶等。

[2]以其兵服守王之门外：四方蛮夷之徒隶持着本邦之兵器、器械，穿着本邦之服装，守卫在王宫的中门（库门）之外保卫王。兵、服，指弓剑及旃（zhān，毛织品）布。东方、南方，其服为布，其兵为剑；西方、北方，其服为旃，其兵为弓矢。门外，中门（库门，第二门）之外。按：王宫有五门，自外向内依次是皋门、库门、雉门、应门、路门；皋门属外门，路门是内门，其他为中门。阍人掌中门之禁，则中门内不得入，明在中门之外。

[3]跸（bì）：禁止行人，使人不得靠近王宫。

[4]朝在野外，则守内列：王在野外视听朝政，师氏就命令其下属率领四夷之徒隶负责守卫警戒，如同守卫王宫。内列，蕃营之在内者也，即在禁内守卫警戒。

二三、保氏

保氏，掌谏王恶[1]。

注释

[1]保氏：官名，掌管匡正王德行之恶并教导国子六艺及六仪。由下大夫一人担任，下属有中士二人任副职，府二人，史二人，胥六人，徒六十人。谏：以礼义谏正之。按：保氏以师氏之德行审谕王，王有恶则匡谏之，保安于王使谨慎其身而归于道。

而养国子以道，乃教之六艺[1]：一曰五礼，二曰六乐，三曰五射，四曰五驭，五曰六书，六曰九数；乃教之六仪：一曰祭祀之容，二曰宾客之容，三曰朝廷之容，四曰丧纪之容，五曰军旅之容，六曰车马之容[2]。

注释

[1]养国子以道,乃教之六艺:教养国子以道艺,即用师氏之美德审谕之,而后教以六艺。六艺,五礼、六乐、五射、五驭、六书、九数等,参见《地官·小司徒》注释。

[2]六仪:六种仪容。祭祀之容:穆穆皇皇(庄敬美盛)。宾客之容:严恪矜庄(严肃恭敬)。朝廷之容:济济跄跄(人多而容止有节,整齐而有威仪)。丧纪之容:累累颠颠(羸弱忧思)。军旅之容:阚阚仰仰(威猛而气宇轩昂)。车马之容:匪匪翼翼(阵容整齐,威武有序)。

凡祭祀、宾客、会同、丧纪、军旅,王举则从。听治亦如之。使其属守王闱[1]。

注释

[1]闱:宫中之巷门。

二四、司谏

司谏[1],掌纠万民之德而劝之朋友[2],正其行而强之道艺[3],巡问而观察之[4],以时书其德行道艺,辨其能而可任于国事者[5]。

注释

[1]司谏:官名,掌管纠察万民之德行,劝勉而正人行。由中士二人担任,下属设史二人,徒二十人。

[2]朋友:相互以善道切磋,共同探讨。按:《论语》曰:"同门曰朋,同志曰友。"

[3]强:犹劝也,劝勉。

[4]巡问:巡行探访于民间。

[5]可任于国事者:可以担任邦国乡里的官吏,即使之担任比长、闾胥、族师之类的吏职。

以考乡里之治,以诏废置[1],以行赦宥[2]。

注释

[1]以诏废置:司谏巡访劝勉万民,考查乡里吏民之善恶,报告给王,让王决定乡里官吏的任免。

[2]赦宥:宽恕,赦免。

二五、司救

司救[1],掌万民之邪恶、过失而诛让之[2],以礼防禁而救之[3]。

注释

[1]司救:官名,掌管用礼制防禁民众邪恶、过失并负责追究其责。由中士二人担任,下属设史二人,徒二十人。

[2]邪恶:谓侮慢长老、言语伤害他人的坐嘉石之罢(pí,疲)民,因未获刑罪而不入圜土者。过失:因邪恶之事、酗酒(以酒为凶)好争讼、用兵器误伤他人者,不坐嘉石获刑而入圜土。诛:诛责也。古代重刑,未附罪获刑者,则谴责怒斥之且昭以天下。

[3]救之:使邪恶、过失者困苦而令其改恶从善,是谓救助之。

凡民之有邪恶者,三让而罚[1],三罚而士加明刑[2],耻诸嘉石[3],役诸司空[4]。

注释

[1]让:用言语谴责(再行治罚)。罚:谓挞击。

[2]士:朝士,司法官司寇的属官,掌管对万民邪恶、过失者的量刑和惩处。加明刑:脱去邪恶者的冠饰,而书其邪恶之状于木板上,并令其背在后背以昭示于众。

[3]耻诸嘉石:使邪恶者坐在嘉石上而产生耻辱感,进而悔过自新。嘉石,赤色有纹理的石头,由朝士所掌,放置在外朝(皋门内,库门外)之门左,令违法乱纪但尚未入刑者坐在嘉石上示众,以用于惩戒。

[4]役诸司空:嘉石上坐讫,乃送到司空(百工之官)处,罚作劳役。按:劳役时间的长短,由司寇官掌管。参见《秋官·大司寇》。

其有过失者,三让而罚,三罚而归于圜土[1]。

注释

[1]圜土:狱城,即环土为墙但其上无顶的监狱。按:犯过失罪者虽然不是十恶不赦,但已是近于五刑之罪,要三度责问而实施惩罚,三罚讫,乃交给司寇官,将其关入圜土中,白天从事力所能及的劳动,夜晚关在狱城里,但无须坐嘉石,因其罪已明确,书之于木板让其背在后背之上,亦以明刑而耻之。

凡岁时有天患民病[1],则以节巡国中及郊野[2],而以王命施惠[3]。

注释

[1]天患:谓灾害,水旱之灾及疫病之害。
[2]节:旌节,道路上可以作为通行凭证的符节。
[3]施惠:周恤,救济。

二六、调人

调人[1],掌司万民之难而谐和之[2]。

注释

[1]调(tiáo)人:官名,掌管纠察万民相互仇恨彼此结怨者,并负责调解使之和睦。由下士二人担任,下属设史二人,徒十人。
[2]难:相与为仇雠(chóu,仇)。谐:犹调也,调和。

凡过而杀伤人者,以民成之[1]。鸟兽亦如之[2]。

注释

[1]过:过失而并非出于本意。成:平也,乡里之民共和解之。
[2]鸟兽亦如之:过失而误杀、伤害他人畜养的鸟兽——鹰隼牛马之属,亦由乡里之民共和解之。按:避免因误杀、非故意伤害他人牛马等必赔偿其价值,共调和而不得因此产生仇怨。

凡和难[1],父之仇辟诸海外[2],兄弟之仇辟诸千里之外,从父兄弟之仇不同国[3]。君之仇视父,师长之仇视兄弟,主、友之仇视从父兄弟[4]。

注释

[1]和难:调解过失杀人的仇恨。

[2]辟诸海外:躲避到海外。辟,同"避"。海外,九夷、八蛮、六戎、五狄,谓之四海。按:过失杀人者罪不当死,但受害者之家不接受和解,则使杀人者逃避于四海之地,不得就而仇之。

[3]从父兄弟:堂兄弟,也称叔伯兄弟。《尔雅·释亲》:"兄之子,弟之子,相谓为从父晜弟。"

[4]师长:从学之师,官府长官。主:大夫君也,即主人。按:主、友皆为无子者。

弗辟,则与之瑞节而以执之[1]。

注释

[1]瑞节:玉节之剡(yǎn)圭。剡圭头有锋芒,长九寸,判(半)规形,是征讨不义之符信。按:调和中不肯避走者,就是不服从王命。王命令调人执剡圭将其交给司寇官治其罪。《春官·典瑞》:"剡圭以易行,以除慝(tè,邪恶)。"剡圭用来易恶行令为善,责让告谕不端者除恶向善。

凡杀人有反杀者[1],使邦国交仇之[2]。

注释

[1]杀人有反杀者:谓既杀一人,恐今后其子弟与自己为敌,就又将受害者子弟加以杀害。有反杀者,谓重(zhòng)杀也。反,复也。

[2]使邦国交仇之:杀人者逃亡他国,天下邦国都要将其作为仇敌而捕杀。按:犯有反杀罪者,调人无须进行调解,而是昭告天下人人得而杀之。

凡杀人而义者,不同国,令勿仇,仇之则死[1]。

注释

[1]凡杀人而义者,不同国,令勿仇,仇之则死:谓父母、兄弟、师长三者曾经被其辱,子弟及弟子则得而杀之,是得其宜也。虽所杀者人之父兄,但不得与之报仇,可使之不同国而已;报仇就是死罪。义,宜也。

凡有斗怒者,成之[1];不可成者,则书之,先动者诛之[2]。

注释

[1]凡有斗怒者,成之:凡是吵架争讼的,调人要加以调解平息。斗怒,辨讼。成,和也,平也。按:言语忿争,则调解平息;若相殴击,则当定罪。
[2]书之:记录其姓名、事情的起因。先动者诛之:先挑起事端者,要进行追责惩戒。

二七、媒氏

媒氏[1],掌万民之判[2]。

注释

[1]媒氏:官名,掌管万民婚姻登记等事。由下士二人担任,下属设史二人,徒十人。
[2]判:半也。得耦(偶)为合,主合其半,成夫妇也。谓男女婚姻,配偶。

凡男女,自成名以上,皆书年月日名焉[1]。

注释

[1]成名:起名,谓子生三月,父名之。书:书写,记录。按:媒氏必先知男女年龄的大小,故万民之男女,自出生三月其父为之取名之后,皆须书写年月日及姓名以送到媒氏处登记,建立档案。

令男三十而娶,女二十而嫁[1]。

注释

[1]男三十而娶,女二十而嫁:礼制规定的男女婚姻最大年龄之限,嫁娶不得过此年龄。

凡娶判妻入子者,皆书之[1]。

注释

[1]凡娶判妻入子者,皆书之:凡是娶再婚及带孩子改嫁的女子,媒氏都要登记存入官府档案。

中春之月,令会男女[1]。于是时也,奔者不禁[2]。

注释

[1]中春:即仲春二月。会男女:男女成婚。按:此时阴阳相交,成男女婚姻乃顺应天时。

[2]于是时也,奔者不禁:谓仲春之时是嫁娶之月,若有父母不娶不嫁,男女青年可自相奔就(私奔),也不禁止。

若无故而不用令者[1],罚之。

注释

[1]无故:谓无丧祸之变故。按:有丧祸者嫁娶,可在非仲春之月。

司男女之无夫家者而会之[1]。

注释

[1]司:犹察也,察明。无夫家:谓男女之鳏寡者,即三十岁未娶之男、二十岁未嫁之女。

凡嫁子娶妻,入币纯帛无过五两[1]。

注释

[1]入币纯帛无过五两:(男女婚姻)聘礼所用玄(黑)色、纁(xūn,黄而兼赤)色的丝帛不得超过五匹。入币,纳币,即聘礼。币,帛。纯,丝(缁)。五两,十端,五匹;一匹五寻(四丈,一寻八尺)。按:男女婚姻聘礼,士大夫以玄纁束帛(一束五两),天子加以穀圭,诸侯加以大璋。

禁迁葬者与嫁殇者[1]。

注释

[1]禁迁葬者与嫁殇者:禁止给生前不是夫妇的死人迁坟合葬,禁止给未嫁娶的死者举行冥婚。迁葬,谓成人鳏寡,生时非夫妇,死既葬,但迁之使合葬。嫁殇者,生年十九以下而死,死乃嫁(娶)之。按:生不以礼相接,死而合之,乃是败坏人伦。

凡男女之阴讼[1],听之于胜国之社[2];其附于刑者,归之于士[3]。

注释

[1]阴讼:争中冓(内室,闺门)之事以触法者,谓涉及男女两性淫乱之事的争讼。

[2]听之于胜国之社:谓在密闭的地方不公开审理。按:胜国之社的四面设有围墙,上面有顶覆盖,下有栅栏隔挡,使人不能任意通行。听阴讼之情,不当宣露公开。听,听断,审理。胜国,以胜利者的角度称胜国;若据彼国丧亡,也称亡国、丧国。胜国之社,获胜者夺取的所灭亡之国的社坛。

[3]士:司寇之属官,掌管刑罚。按:因其淫乱之事而犯罪者,当不在赦宥之内,媒氏就交给士而刑之,不再听断审理。

三三、司虣

司虣[1],掌宪市之禁令[2],禁其斗嚣者与其虣乱者[3]、出入相陵犯者[4]、以属游饮食于市者[5]。

注释

[1]司虣:虣即暴,吏名,司市官的下属,掌管市集的治安和秩序,每十肆设一人。肆,谓行列,市集中的店铺行列。

[2]宪:公布。

[3]斗嚚:打架斗殴,制造喧闹。虣乱:以暴力制造混乱、扰乱市场秩序。

[4]陵犯:凌犯,侵犯,谓以强凌弱,以众侮寡。

[5]属(zhǔ)游饮食于市:谓聚众而群游于市场,吃霸王餐,强买强卖。属,聚集。

若不可禁,则搏而戮之[1]。

注释

[1]搏而戮之:搏击将其抓捕而交给司寇官依法惩处。

五三、草人

草人[1],掌土化之法以物地[2],相其宜而为之种[3]。

注释

[1]草人:官名,掌管改良土壤,使土地耕种可持续性发展和优化。由下士四人担任,下属设史二人,徒十二人。草,除草。

[2]土化之法:化之使美,谓改良土壤使其肥沃。物地:占其形色为之种,谓察验土地的地形、土色而后指导耕种。

[3]相其宜而为之种:勘察地形、土壤颜色,因地制宜确定耕种种类,如黄、白土壤适宜种禾之属。

凡粪种[1],骍刚用牛[2],赤缇用羊[3],坟壤用麋[4],渴泽用鹿[5],咸潟用貆[6],勃壤用狐[7],埴垆用豕[8],强㯺用蕡[9],轻爂用犬[10]。

注释

[1]粪种:谓煮牛羊之类的动物骨头,取汁用以搅拌种子后下种,可以改良

土壤,使之肥沃。粪,施肥,施于土。

[2]骍(xīng)刚:赤色坚硬的土壤。骍,赤色(马牛)。

[3]赤缇(tí):橘红色但不坚硬的土壤。缇,帛丹黄色也。

[4]坟壤:土质肥沃的土壤。坟,润解,肥沃。麇:麇鹿(骨头)。

[5]渴泽:即竭泽,干涸的泽地,故水处也。《尔雅·释诂》:"涸,渴也。"

[6]咸潟(xì):咸卤也,盐碱地。貆(huān):獾。

[7]勃壤:粉解者,沙质土壤。

[8]埴垆(zhí lú):黏疏者,以埴为黏,以垆为疏,谓黏而坚硬的土壤。

[9]强㯺(jiàn):强坚者,坚硬结块的土壤。㯺,坚。蕡(fén):麻子,麻实。

[10]轻㵆(biāo):即轻脆,轻脆的土壤,与肥沃相对。㵆,脆。

五四、稻人

稻人[1],掌稼下地[2]。

注释

[1]稻人:官名,掌管治理泽地、种植稻麦。由上士二人担任,下属设中士四人作副职,下士八人作协理,府二人,史四人,胥十人,徒一百人。

[2]稼下地:以水泽之地种谷也,谓以下田种稻麦。

以潴畜水[1],以防止水[2],以沟荡水[3],以遂均水[4],以列舍水[5],以浍写水[6],以涉扬其芟作田[7]。

注释

[1]以潴(zhū)畜水:用蓄水池蓄水。潴,水聚积的地方。

[2]以防止水:用土堤阻挡水。

[3]以沟荡水:用排水沟排水。荡,以沟行水。

[4]以遂均水:用田头的水沟导引分水。遂,田首受水小沟也。

[5]以列舍水:用田间畦埂止水于其中。列,田之畦埂,列者非一。舍,止。

[6]以浍(kuài)写水:用田尾的排水沟泄水。浍,田尾去水大沟。

[7]以涉扬其芟(shān)作田:涉水入田清除浸沤在地里的草,治理土地以利于种稻。涉,以其水浸,故得行其田中。扬其芟,扬去田中去年所芟之草,而

治田种稻。芟,割草,除草。

凡稼泽,夏以水殄草而芟夷之[1]。

注释

[1]凡稼泽,夏以水殄(tiǎn)草而芟夷之:在泽地种庄稼,必在夏六月大雨行时以水浸的方式消灭田间草,至秋时田水涸,再将未灭绝的草芟除,待明年乃耕种。殄,绝也,灭绝,消灭。芟夷,除草,刈除。芟,刈。夷,杀也。

泽草所生,种之芒种[1]。

注释

[1]泽草所生,种之芒种:凡是泽地草所生长的地方,就可以种植稻麦。芒种,有芒刺的稻麦。按:有水及咸卤之地皆不生草,即不得芒种。

旱暵,共其雩敛[1]。

注释

[1]旱暵(hàn),共其雩敛:遇有雩祭,稻人要供给那些为雩祭而征敛的财物。旱暵,雩祭,为解除旱灾而举行的祈雨祭。

丧纪,共其苇事[1]。

注释

[1]丧纪,共其苇事:遇到丧事,就供给铺垫墓圹底部的芦苇。苇,芦苇。按:芦苇用以填圹,在棺下用之。

春官宗伯第三

一、大宗伯

大宗伯之职,掌建邦之天神、人鬼、地示之礼[1],以佐王建保邦国[2]。

注释

[1]大宗伯:官名,天子六官之礼官,掌礼典,为礼官之长,由卿一人担任,掌管建立国家的天神、地祇、人鬼的祭祀礼,祀之,祭之,享之。属下主要有,中大夫二人担任的小宗伯为其副职,主管建立王国之神位、辨别昭穆及三族;下大夫四人担任的肆师,是大宗伯的助手,主管国家祭祀的礼仪典章。按:祭祀礼属吉礼。建:立也。

[2]以佐王建保邦国:辅佐王建立、安定天下诸侯之国。保,安也。

以吉礼事邦国之鬼神示[1],以禋祀祀昊天上帝[2],以实柴祀日、月、星、辰[3],以槱燎祀司中、司命、风师、雨师[4]。

注释

[1]吉礼:谓祭祀之礼,五礼之一。吉礼之别有十二,以禋祀、血祭,天地各有三享,人鬼有六,成十二。按:吉礼居首,立凶礼、宾礼、军礼、嘉礼共五礼,安定邦国,以神非人不事,人非神不福,明尊鬼神,重人事。事:谓祀之,祭之,享之。

[2]以禋(yīn)祀祀昊天上帝:用积柴燔燎而升烟的禋祀祭祀皇天上帝。禋,烟,周人尚臭(xiù)。烟,气之臭闻者。按:天神、地祇、人鬼三祀皆积柴,实牲体或玉帛于积柴之上,燔燎而升烟,鬼神歆享;神是阳,烟气上闻亦是阳,以阳报阳。按:《春官·肆师》:"立大祀用玉帛牲牷,立次祀用牲币,立小祀用牲。"郑司农云:昊天,天也;上帝,玄天也。祀昊天上帝,乐以(奏)《云门》。冬至于圆丘祀天皇大帝。

[3]实柴:实牛柴上,歆享神之礼,或为"宾柴"。星:五纬,即五星,东方岁星(木星),南方荧惑(火星),西方大白(金星),北方辰星(水星),中央镇星(土星)。辰:即二十八星宿,东西南北每面有七,不当日月之会,谓之星;若日月所会,则谓之宿,谓之辰,谓之次,亦谓之房。房,谓日月所会。又二十八星宿随天左转为经,五星右旋为纬。

[4]槱(yǒu):堆积。槱燎:用烟歆享神,与禋祀、实柴是同类祭祀。司中、司命:皆星名,文昌宫第五、第四星,文昌宫有六星,一曰上将,二曰次将,三曰贵相,四曰司命,五曰司中,六曰司禄,司命主灾咎,司中主左理。风师:指箕星,二

十八星宿之一,是东方青龙七宿的末一宿,有星四颗。雨师:毕星名,二十八星宿之一,西方白虎七宿的第五宿,有星八颗。

以血祭祭社稷、五祀、五岳[1],以貍沈祭山林、川泽[2],以疈辜祭四方、百物[3]。

注释

[1]血祭:用牲血祭祀,荐血以歆神。阴祀祭地用血,对天阳祀自烟起,二者贵气臭相同。社稷:祭社以表祭祀地示。社者,五土之总神;稷者,原隰之神,稷为五谷之长。按:《礼记·郊特牲》:"社者,神地之道。社者,土之神;稷者,谷之神。"五祀:祭祀五官之神,春官句芒,夏官祝融,中央后土,秋官蓐收,冬官玄冥,生时为五官,死乃为神。按:《礼记·月令》云,四时并季夏迎五行之气于四郊,以五祀配祭太昊、炎帝、黄帝、少昊、颛顼等五德之帝,迎气时并祭五人帝、五人神。五岳:东曰岱宗,南曰衡山,西曰华山,北曰恒山,中曰嵩山。

[2]貍沈:将祭牲、玉帛或埋在山林,或沉在川泽。貍,通"埋",祭祀山林曰埋,祭祀川泽曰沈。山林无水,故埋之;川泽有水,故沈之,是顺其性之含藏。

[3]以疈(pì)辜祭四方、百物:用分割、肢解的祭牲祭祀四方的小神。疈辜,披磔(zhé)牲以祭,谓分割、肢解祭牲。疈,破开。辜,磔,分解肢体。

以肆献祼享先王[1],以馈食享先王[2],以祠春享先王,以禴夏享先王,以尝秋享先王,以烝冬享先王[3]。

注释

[1]以肆(tī)献祼(guàn)享先王:宗庙人鬼之祭,有六享之礼,肆献祼、馈食及四时之享。肆,解骨体,进献所解牲体,先荐生,后荐熟。献,献醴(醴齐),谓荐血腥。祼,言灌,灌地以郁鬯(chàng,香酒),祭必先灌,乃后荐腥荐孰,六享俱然。按:天言祀,地言祭,宗庙言享。享,献也,谓献馔(食物)具于鬼神。则有三等之差,肆献祼是祫(xiá)之大祭,馈食是禘(dì)之次祭,春享以下是时祭之小祭。肆礼大祭,王出迎牲,祝延尸出户,尸坐于堂上,南面,迎牲人,豚解而腥之,荐于神坐;献礼,王以玉爵酌醴齐以献尸,王后亦以玉爵酌醴齐以献尸;祼礼,以郁鬯灌地降神,王以圭瓒(zàn,玉勺)酌郁鬯以献尸,尸得之,沥地祭讫,奠

之,不饮。尸为神象,灌地所以求神。《礼记·郊特牲》:"魂气归于天,形魄归于地,故祭所以求诸阴阳之义也",人死魂气归于天为阳,形魄归于地为阴。祭时作乐为阳是求诸阳,灌地为阴是求诸阴。

[2]馈食:馈食之礼,即献熟食。食是黍稷。

[3]"以祠春享先王"至"以烝(zhēng)冬享先王"句:一年四时在宗庙祭祀先王,春祭曰祠,夏祭曰禴(yuè,礿),秋祭曰尝,冬祭曰烝。

以凶礼哀邦国之忧[1],以丧礼哀死亡[2],以荒礼哀凶札[3],以吊礼哀祸灾[4],以襘礼哀围败[5],以恤礼哀寇乱[6]。

注释

[1]以凶礼哀邦国之忧:遭受凶灾,要用凶礼救患分灾哀悯邦国民人的忧难。凶礼,五礼之一,与凶丧之事有关的礼节,凶礼之别有五。哀,谓救患分灾。

[2]以丧礼哀死亡:用丧礼哀悼死亡者。丧礼,为死者所行之礼,五礼中属于凶礼。哀,哀悼,谓亲者为死者服丧服守丧期,疏者赠送死者含(含玉)、襚(suì,衣物)。

[3]以荒礼哀凶札:用荒礼哀悯遭受饥馑、疾疫之民。荒,人物有害也。荒礼,遭遇饥荒、瘟疫流行所要遵守的礼节,五礼中属于凶礼。按:《礼记·曲礼》曰:"岁凶,年穀不登,君膳不祭肺,马不食穀,驰道不除,祭事不县(悬乐),大夫不食梁,士饮酒不乐。"札,读为截,截谓疫厉,截绝之义。荒中有凶,是物有害;荒中兼有札,是人有害。荒,饥馑。札,疫病。

[4]以吊礼哀祸灾:用吊礼哀悼遭遇水灾火灾等灾祸。吊礼,五礼中属于凶礼。

[5]以襘(guì)礼哀围败:用会合财货归于同盟国以哀悼其国被围而祸败。襘礼,同盟者会合财货,给予因被围而祸败丧失钱财之国,以更其所丧,而非会诸侯之兵救之,五礼中属于凶礼。

[6]以恤礼哀寇乱:用恤礼哀悼遭受外寇入侵、内有作乱的邻国。恤,忧也,邻国相忧。寇乱,兵作于外为寇,作于内为乱。

以宾礼亲邦国[1]:春见曰朝,夏见曰宗,秋见曰觐,冬见曰遇,时见曰会,殷见曰同[2],时聘曰问[3],殷覜曰视[4]。

注释

[1]以宾礼亲邦国：用宾礼使天下诸侯国相亲附。宾礼之别有八，一曰朝，二曰宗，三曰觐，四曰遇，五曰会，六曰同，七曰问，八曰视。

[2]"春见曰朝(zhāo)"至"殷见曰同"：朝：欲其来之早。宗：尊也，欲其尊王。觐：言勤也，欲其勤王之事。遇：偶也，欲其不期而俱至。时见：言无常期，诸侯有不顺服者，王将有征讨之事，则既朝觐，王为坛于都城外，会合诸侯而命事。殷同：殷，众也。如果王十二年不巡守，则六服尽朝，朝礼既毕，王亦为坛，会合诸侯以命政，如同王巡守时所命之政。按：此六礼，以六服之内四方诸侯依四时分别来朝天子为文，或朝春，或宗夏，或觐秋，或遇冬，名殊礼异，更递而遍。六服，要服以内之侯服、甸服、男服、采服、卫服、要服之等。四时分别来朝：春，东方六服当朝之岁尽来朝；夏，南方六服当宗之岁尽来宗；秋，西方六服当觐之岁尽来觐；冬，北方六服当遇之岁尽来遇；时见，是事至之时，其无常期；殷同，王如十二年不巡守，六服众国皆同来朝见。四时朝觐，受之于庙；时见、殷同为坛于国都城外。朝觐天子，一则显其顺服，二则欲助天子征讨。《秋官·大行人》云，侯服年年朝，甸服二年朝，男服三年朝，采服四年朝，卫服五年朝，要服六年朝，各随其年而朝。若殷同，春则东方六服尽来，夏则南方六服尽来，秋则西方六服尽来，冬则北方六服尽来，故四方四时分别来朝，终岁则遍。

[3]时聘曰问：诸侯遣臣聘问天子之礼。天子有事，如闻天子有征伐之事，则遣大夫来聘问天子，亦无常期；天子无事，则不敢数遣大夫聘问。

[4]殷覜(tiào)曰视：亦是诸侯遣臣聘问天子之礼。谓一服(侯服)朝见之岁，因为朝者少，诸侯既不自朝，故使卿来聘，卿来则众，用大礼聘视天子。一服朝见是在天子在位的元年、七年、十一年，故殷覜即在这三年。覜，诸侯聘视之礼。

以军礼同邦国[1]：大师之礼，用众也[2]；大均之礼，恤众也[3]；大田之礼，简众也[4]；大役之礼，任众也[5]；大封之礼，合众也[6]。

注释

[1]以军礼同邦国：用军礼使诸侯邦国和同不僭越等差。军礼，有关军政、军事的礼节，五礼之一，军礼之别有五。同，谓威其不协僭差者。

[2]大师之礼,用众也:大军出征之礼,是据以军众之义勇。大师,谓天子六军,诸侯大国三军,次国二军,小国一军。用众,用其义勇。按:义勇,见君王有危难,当致身授命以救之。

[3]大均之礼,恤众也:邦国天下大均之礼,是忧恤天下众生。大均,谓均其地政、地守、地职之赋。恤众,忧民,不患贫而患不均,不均则民患。按:《地官·均人》云:"掌均地政,均地守,均地职。"郑玄注:"政读为征,地征谓地守、地职之税也。地守,衡虞之属。地职,农圃之属。"此大均之礼列于军礼,谓诸侯赋税不均,皆是诸侯僭滥无道,致有不均之事,天子当合众以均之,故大均之礼在军礼。

[4]大田之礼,简众也:天子、诸侯四时的田猎之礼,是检阅其车徒、旗鼓、甲兵之数。简,阅也。按:古者因田习兵,故阅其车徒之数。

[5]大役之礼,任众也:征发劳役的大役之礼,是任用民力强弱之事。大役,指国家征用民力修筑宫室、城邑、灵台、堤防等。按:大规模的国家土木工程,有军礼以保证所需役力的征用与工程的实施。

[6]大封之礼,合众也:规正分封的疆界及勘定沟渠、道路边界的大封之礼,是用以合聚其民。按:分封皆有境界,境界皆有沟涂(途),若诸侯相侵境界,民则随地迁移而分散,以兵而正之,则其民合聚。

以嘉礼亲万民[1]:以饮食之礼,亲宗族兄弟[2];以昏冠之礼,亲成男女[3];以宾射之礼,亲故旧朋友[4];以飨燕之礼,亲四方之宾客[5];以脤膰之礼,亲兄弟之国[6];以贺庆之礼,亲异姓之国[7]。

注释

[1]以嘉礼亲万民:用嘉礼使天下万民相互亲善。嘉礼,五礼之一,嘉礼之别有六。嘉,善,因人心所善而为之礼节以裁制。按:吉礼、凶礼、宾礼、军礼皆言"邦国",而嘉礼独云"万民",万民所行者多。

[2]以饮食之礼,亲宗族兄弟:用饮酒礼和食礼使宗族兄弟之间睦亲友爱。亲,使之相亲。按:与族人行饮食,即是相亲;人君即有食宗族饮酒之礼,所以亲之也,天下万民亦然。《礼记·大传》:同宗则"系之以姓而弗别,缀之以食而弗殊,虽百世而昏姻不通者,周道然也"。

[3]以昏冠之礼,亲成男女:用婚姻之礼使夫妻相亲相爱,用冠笄之礼使青

年男女修习其成人所应具有的品性。亲,亲其恩。成,成其性。按:婚姻之礼使男女相亲,三十之男,二十之女,配为夫妻。《礼记·昏义》云,婿亲迎,御轮三周,是婿亲之;亲之,使之亲己,是亲其恩,相亲相爱。冠笄之礼所以成男女,男二十而冠,女子许嫁十五而笄,皆责之以成人之礼。《礼记·冠义》云,礼始于冠,既冠,责以为人父、为人子、为人臣之礼。又《礼记·内则》云,二十敦行孝弟,是成其性也。

[4]以宾射之礼,亲故旧朋友:用立宾主的射礼来使故旧和朋友亲近。按:宾射之礼,先行燕饮之礼,乃与之射,申欢乐之情,使故旧朋友相亲。

[5]以飨燕之礼,亲四方之宾客:用飨礼、燕礼使天下四方宾客来亲敬。宾客,谓朝聘者。按:飨燕之礼,是招待朝聘宾客的宴饮之礼,也是食礼。飨礼,烹大牢以饮宾,献饮酬酢依命数,在庙举行;燕礼,其牲狗,行一献四举旅,降脱屦,升坐,以醉为度,行之在寝。飨燕之制,《秋官·大行人》云:"上公三飨三燕,侯伯再飨再燕,子男一飨一燕。"

[6]以脤膰(shèn fán)之礼,亲兄弟之国:用社稷宗庙的祭肉赐予同姓之国的脤膰之礼,使同姓兄弟之国相互亲密。脤膰,祭祀社稷、宗庙的祭肉,生曰脤,熟曰膰。兄弟,有共同的先王。兄弟之国,谓同姓诸侯,若鲁、卫、晋、郑之等。按:凡享受祭肉,即受鬼神之佑助,故以脤膰赐之,是亲之同福禄。

[7]以贺庆之礼,亲异姓之国:用贺庆之礼使异姓之国亲近。异姓,王昏姻甥舅。按:诸侯之国有可贺可庆之事,王使人以物贺庆之,可施及异姓之国,举异姓包同姓,使之亲近。昏姻,若据男女,则男曰昏,女曰姻;若以亲言之,则女之父曰昏,婿之父曰姻。甥舅,嫁女与之则为甥,王娶女来则为舅,总是昏姻之国也。

以九仪之命,正邦国之位[1]。壹命受职[2],再命受服[3],三命受位[4],四命受器[5],五命赐则[6],六命赐官[7],七命赐国[8],八命作牧[9],九命作伯[10]。

注释

[1]以九仪之命,正邦国之位:以九仪之命,理正天下诸侯邦国君臣之位,使之不有僭越等差。九仪,九命之仪,天子册命诸侯君臣有九个等级,礼仪不尽相同。按:大宗伯掌五礼,礼所以辨尊卑,一命至九命,所受赐之贵贱等级各不相同,每命异仪,贵贱之位乃正。名位不同,礼亦异数。故大宗伯以九仪之命正邦

国之位,事义相成,位正则不僭滥(僭越失当,过而无度)。

[2]壹命受职:始被命为正吏,即士始得王册命为正吏而进入仕途,是王册命群臣的最低等级。受职,治职事,谓设官分职,止为治事。按:壹命谓王册命的公、侯、伯列国之士,子、男国之大夫,王之下士亦壹命。而官府的府、史、胥、徒非正吏,因其皆为各官长所自任用,未得王之册命则不在此列。

[3]再命受服:再册命接受王所赐玄冕之服,即祭服。按:此册命为王之上士,公、侯、伯列国之大夫,子、男国之卿。王之中士亦再命,则爵弁服。《仪礼·士冠礼》云,爵弁服,是士之助祭服,故士以爵弁服为正装。

[4]三命受位:三册命受下大夫之位,始列位于王朝,为王之臣。按:此册命为公、侯、伯列国之卿,王之上士亦三命。诸侯之卿、大夫,皆得聘于天子,而三册命乃始列位于王,为王之臣,明再册命以下地位卑,虽得天子册命,但不得言位于王朝。

[5]四命受器:四册命始得有完备的祭器,为上大夫。按:此册命为公国之孤卿,王之下大夫亦四命。以礼,四命以下则不可家备祭器,《礼记·礼运》曰:"大夫具官,祭器不假(借),声乐皆具,非礼也。"

[6]五命赐则:五册命赐之以方百里、二百里之地者,出为子男。则,法也,天子赐命子男之法;郑玄谓地未成国之名。按:方三百里以上为成国,王之下大夫四命,出封加一等为五命,王册封五命子男,赐之方百里、二百里之地,谓为"则",是未成国。成国有三,公国方五百里为成国,出军不超过天子之军一半(天子六军);伯国执圭为成国;公国及侯国拥有千乘为成国。

[7]六命赐官:六册命之卿,王赐予为官臣。按:天子六命为卿,受封小都作为食邑,可自置其臣,治家邑如诸侯。

[8]七命赐国:王之卿六命,出封加一等为七命,赐封为侯、伯之国国君。

[9]八命作牧:有功德的七命侯、伯,加一命(八命)作一州之牧,可征伐天下无道的诸侯。按:一州二百一十国,选具有贤德的侯、伯为牧。若有贤侯则用侯,若无贤侯则用伯;侯、伯七命,明是侯、伯加一等。州内有臣杀君、子杀父,可不请命于天子而征伐之。王之三公亦八命。

[10]九命作伯:上公有功德者,加一命为方伯,可以代天子征伐天下五侯九伯。伯,方伯,诸侯之长,也是一方之长。按:王之三公八命,是上公。九命,明有功德之八命加一命。

以玉作六瑞,以等邦国[1]。王执镇圭[2],公执桓圭[3],侯执信圭[4],伯执躬圭[5],子执穀璧[6],男执蒲璧[7]。

注释

[1]以玉作六瑞,以等邦国:用玉制成可作为王侯凭信的六种玉器,用以辨别天下五等诸侯的等级,使不违礼法。等,犹齐等,依公、侯、伯、子、男等级而齐礼。

[2]镇圭:王祭祀时所执之瑞玉,盖以四镇之山为雕饰,圭形上圆下方,象征天圆地方。镇,安也,镇安四方。圭,长一尺二寸。按:《夏官·职方氏》云,九州州有一大山,以为其州之镇,此镇圭亦用以镇安四方。四镇,谓扬州之会稽(南镇)、青州之沂山(东镇)、幽州之医无闾(北镇)、冀州之霍山(西镇)。

[3]桓圭:公朝见天子时手执之瑞玉。公,二王(夏禹、商汤)之后及王之上公。桓圭,盖以桓为雕饰,圭长九寸。桓,屋之桓楹,即宫室的柱子,有宫室之象。以宫室在上,须得桓楹乃安;天子在上,须诸侯卫守乃安,用以象征辅佐天子安平天下。

[4]信圭:诸侯朝见天子时手执之瑞玉,盖象人身形为雕饰,文有粗缛(rù,细),圭长七寸,用以象征诸侯当慎行以保身。信,当为"身",身圭,声之误也。

[5]躬圭:诸伯朝见天子时手执之瑞玉,盖象人躬身之形为雕饰,圭长七寸,与身圭之义相同。

[6]穀璧:子手执穀璧。穀璧以穀为雕饰,穀用以养人。璧,径五寸。不执圭,因未成国。

[7]蒲璧:男手执蒲璧。蒲璧以蒲草为雕饰,蒲草为席,用以安人。璧,径五寸。不执圭,因未成国。

以禽作六挚,以等诸臣[1]。孤执皮帛[2],卿执羔[3],大夫执雁[4],士执雉[5],庶人执鹜[6],工商执鸡[7]。

注释

[1]以禽作六挚(zhì),以等诸臣:用六种禽作为见面礼,以别诸臣的不同等级。挚,至,所执以自致,手执见面礼。按:执六瑞亦是挚,天子受瑞于天,诸侯受瑞于天子,诸臣无此义,故以挚为文。六挚之中并非所执皆是禽,天子之孤执

皮帛、卿执羔,但执禽居多,故言以代之。

[2]皮帛:束帛而外以皮为饰。皮,虎豹皮。帛,纁色缯。束,十端,每端丈八尺,皆两端合卷,总为五匹。按:天子之孤臣相见时,皆手执帛作为见面礼,以皮设于庭,手执束帛而授之。

[3]羔:小羊,取其群而不失其类,群而不党。

[4]雁:取其候时而行。

[5]雉:取其守介(坚守耿介的品格)而死,不失其节。

[6]鹜(wù):家鸭,取其不飞迁,与野鸭"凫"相对。

[7]鸡:取其守时而动。

以玉作六器,以礼天地四方[1]。以苍璧礼天[2],以黄琮礼地[3],以青圭礼东方[4],以赤璋礼南方[5],以白琥礼西方[6],以玄璜礼北方[7],皆有牲币,各放其器之色[8]。

注释

[1]以玉作六器,以礼天地四方:用玉制作六种玉器,祭祀时进献给天地和东西南北四方之神。礼,谓始告神时荐(进献)玉于神坐,以玉礼神。按:礼神不得言瑞,人执者亦曰器。

[2]以苍璧礼天:璧圆以象天,此礼天是冬至祭圆丘。苍,天之色。天,谓天皇大帝,天神主北辰,在北极。按:《尔雅·释器》:"肉倍好谓之璧,好倍肉谓之瑗,肉好若一谓之环。"

[3]以黄琮礼地:琮八方以象地,天圆地方,地有四方,是八方也。礼地以夏至。黄,地之色。地示主昆仑,谓神在昆仑。

[4]以青圭礼东方:圭剡(yǎn,锐)上,左右各寸半。圭锐,象春物初生,礼东方苍精之帝以立春,而太昊、句芒食焉。按:四时迎气配天帝,皆在四立之日,告朔于明堂,告五人帝,告五人神,皆以人帝、人神为配也。

[5]以赤璋礼南方:半圭曰璋,象夏物半死,夏时荠麦死。礼南方赤精之帝以立夏,而炎帝、祝融食焉。

[6]以白琥礼西方:谓以玉为琥形,猛属西方,琥猛象秋严。礼西方白精之帝以立秋,而少昊、蓐收食焉。

[7]以玄璜礼北方:半璧曰璜,象冬闭藏。列宿为天文,草木为地文,冬时草

木枯落,唯天上列宿仍在,地上无物,唯天半见。故礼北方黑精之帝以立冬,而颛顼、玄冥食焉。

[8]皆有牲币,各放其器之色:祭祀天地、四方之神都有牺牲加币帛,牺牲和币帛之色也要与各方玉器之色相同。放,仿。

以天产作阴德[1],以中礼防之[2];以地产作阳德[3],以和乐防之[4]。

注释

[1]以天产作阴德:天产,谓阴阳和合而生,不由人之营造,当是动物,谓六牲马、牛、羊、豕、犬、鸡之属。阴德,阴气在人,人具有阴气。以其阴主消物,是虚,纯虚则劣。动物是阳,故须食动物六牲,作之使动,但过则伤性。

[2]以中礼防之:制以适中的礼规以节之。按:大过则伤性,伤性则奢泰僭滥;凡人奢则僭上,俭则逼(迫)下,礼所以制中立节,使不奢不逼。

[3]以地产作阳德:地产,地生,谓由人营种,即植物,九谷之属,食之使人身有阳德。阳德,阳气在人者。阳主盈满,纯之则躁,故食植物,作之使静,过则伤性。

[4]以和乐防之:制以和畅的音乐以调节。按:作之使静,过则伤性,乐为阳,故制作和乐以节之。礼以节之,乐以和之,如是然后阴阳和谐。

以礼乐合天地之化、百物之产[1],以事鬼神,以谐万民,以致百物。

注释

[1]合天地之化、百物之产:化、产,能生非类曰化,生其种曰产。按:礼济虚,乐损盈,礼乐、阴阳并行乃得天地万物和谐。

凡祀大神,享大鬼,祭大示,帅执事而卜日[1],宿[2],视涤濯,莅玉鬯,省牲镬,奉玉齍[3],诏大号,治其大礼[4],诏相王之大礼。若王不与祭祀,则摄位[5]。

注释

[1]祀大神,享大鬼,祭大示:天神、地祇、人鬼三才。帅执事而卜日:谓祭祀天、地、人鬼神之时,祭前十日,大宗伯先帅执事共卜取吉日,乃斋。执事,诸有

事于祭者,谓参与祭祀的小宗伯、太卜等。

[2]宿:再次申戒。祭祀前三日对百官重申告诫。

[3]视涤濯,莅玉鬯,省牲镬,奉玉齍(zī):(祭前一宿)视察所涤濯的祭器,看是否洁净;亲临查看行祼礼盛放香酒的玉瓒,省视烹煮牺牲牲体之镬;以玉齍盛黍稷,祭祀时又奉之。涤濯,溉祭器也。镬,烹牲器也。玉齍,盛黍稷的祭器,始莅之,祭又奉。按:祭祀天地有礼神之玉,无郁鬯(香酒);宗庙无礼神之玉,而有郁鬯,但有圭瓒、璋瓒,亦是玉。

[4]诏大号,治其大礼:大宗伯告诉大祝祭祀时所用的美称,大祝出祝词时使用;预习天地人之鬼神大祭礼的礼仪,为王亲行大礼时做助祭。诏,告诉。大号,祭祀时所称的六种美称、美名,将其告诉大祝,以为祝词。治,犹简习也,预习大礼。按:六号,祭祀天地人之鬼神时尊其名所用的六种美称,一曰神号,如皇天上帝;二曰鬼号,如皇祖伯某;三曰示号,如后土地祇;四曰牲号,如牺牲;五曰齍号,如黍稷;六曰币号,如玉言嘉玉,币言量币。参见《春官·大祝》《礼记·曲礼》。

[5]若王不与祭祀,则摄位:王有故不参加祭祀,大宗伯就代王行其祭事。

凡大祭祀,王后不与,则摄而荐豆笾彻[1]。

注释

[1]凡大祭祀,王后不与,则摄而荐豆笾彻:凡是大祭祀,王后因故不参加,大宗伯就代王后进献、撤除祭祀所用的豆笾。按:荐彻豆笾,王后之事。

大宾客,则摄而载果[1]。

注释

[1]大宾客,则摄而载果:王大宴宾客,大宗伯就代王向众宾客行祼(guàn)礼进献美酒。载,为也。果,同"祼"。按:君无酌臣之礼。大宗伯代王祼宾客以郁鬯,代为酌献宾客,而拜送宾客则是王亲为,以示对宾客恭敬。

朝觐、会同,则为上相[1],大丧亦如之[2],王哭诸侯亦如之[3]。

注释

[1]朝觐、会同，则为上相：一年四时诸侯朝觐天子、王会同诸侯，大宗伯皆担任王的第一摈相(助理)，负责诏王大典的礼仪。相，摈相，负责大典礼仪之事。按：出接宾曰摈，入诏礼曰相。相者五人，大宗伯为上摈。若大朝觐，则肆师为承摈；四时来朝，则小行人为承摈。

[2]大丧亦如之：王后及世子去世，王为此主哭及拜宾，则大宗伯亦为上相。

[3]王哭诸侯亦如之：谓诸侯薨于本国，则赴告天子，王为位而哭之，大宗伯亦为上相，与王为摈。

王命诸侯，则傧[1]。

注释

[1]傧：进之也，大典中以礼仪程序引导众人行礼。按：王将册命诸侯，假(音格，至也)祖庙，立阼前，南乡。傧者进，当命者延之，使被册封者上前以接受策命；内史由王右以策命之，降，再拜稽首；登，受策以出，此其略也。

国有大故，则旅上帝及四望[1]。

注释

[1]故：谓凶灾，年谷不熟，水火灾祸。旅：祈祷之名，陈也，陈其事以祈祷求福之祭，礼不如祀之完备。上帝：五帝，祀帝于郊，风雨寒暑非一帝之所能为。四望：一说是日、月、星、海；郑玄谓四望为五岳、四镇、四渎。按：言四望，不可一往就祭，当四向望而为坛，遥祭之，故云四望。

王大封，则先告后土[1]。

注释

[1]大封：封土立国，分封诸侯。告：告祭礼，用币牲行祭。后土：土神。按：封有大封、小封之别，公八命，卿六命，大夫四命，其出封皆加一等，是其大封之事；而封公卿大夫采邑，则为小封。后土，古之官名，颛顼帝时共工之子句龙为

土官,死后为社而祭之,世人谓为后土,曰后土社。

乃颁祀于邦国、都家、乡邑[1]。

注释

[1]乃颁祀于邦国、都家、乡邑:大宗伯负责向天下各诸侯国,王畿之公大都、卿小都、大夫家邑,乡遂、采邑颁发国家祭祀法典。颁,班,谓布也,班其所当祀及其礼。都家,谓王子弟及公卿大夫所食采地,按亲疏分为大都、小都、家邑三处食采地。按:班礼,名位不同,礼亦异数。既班其祀,明亦班礼与之,如诸侯不得祭天地,唯祭社稷、宗庙、五祀之等;二王之后与鲁,唯祭天,不得祭地。大都与王畿外诸侯同其礼,若献尸行祭,上公九,侯伯七,子男五,皆大牢礼之属;小都与家邑,则依卿大夫之献,亦行大牢礼。

二二、乐师

乐师,掌国学之政[1],以教国子小舞[2]。

注释

[1]乐师:官名,大司乐的副职,辅佐大司乐,掌管国学的乐舞教育,管理乐官官吏,由下大夫四人担任。国学:国都之学校,十三岁入学,别于成童八岁所入之小学,二十所入之太学。政:政令。

[2]以教国子小舞:教育国学中的国子学习小舞。小舞,指下文帗舞等六舞,是对年纪幼少的国子所教习之舞,与太学大司乐教习大舞《云门》等相对而言。按:《礼记·内则》曰:"十三舞《勺》,成童舞《象》,二十舞《大夏》。"《象》,象用兵时刺伐之舞,武王所制;《勺》即《诗经·周颂·酌》,《象》《勺》皆诗,诗为乐章,与舞人为节。此《象》《勺》皆小舞所用,幼少时所学。人年二十,加冠成人,而舞《大夏》等大舞。天地宗庙正祭用大舞。《大夏》,夏禹之舞。

凡舞,有帗舞[1],有羽舞[2],有皇舞[3],有旄舞[4],有干舞[5],有人舞[6]。

注释

[1]帗舞:手持有柄的用五色缯装饰的羽毛舞具,祭祀社稷而舞。

[2]羽舞:手持用析羽(繐状羽毛)装饰的舞具,祭祀宗庙人鬼而舞。

[3]皇舞:将羽毛帽覆在头上,衣饰以翡翠之羽,手持有柄的杂如凤凰色之五采羽毛,帅而舞旱暵(hàn,干旱)祈雨之事,四方以凤,旧书"凰"作"翌"(huáng)。按:《山海经·南山经》云,凤皇出丹穴山,形似鹤,首文曰德,背文曰义,翼文曰顺,腹文曰信,膺文曰仁。又《京房易传》云:"凤皇麟前、鹿后、蛇颈、龟背、鱼尾、鸡喙、燕翼,五采,高二尺。"

[4]旄舞:持牦牛之尾而舞。辟雍(少年所入之学宫)以旄。

[5]干舞:兵舞,兵事持干戈而舞,舞山川之祭祀。干,盾牌。

[6]人舞:手舞。拜祭星辰用人舞。人舞无所执,以手袖为威仪。以上参见《春官·舞师》。

教乐仪[1],行以《肆夏》,趋以《采荠》[2],车亦如之,环拜以钟鼓为节[3]。

注释

[1]教乐仪:教王按照音乐的节拍出入于大寝(路寝)、朝廷的礼仪。

[2]行以《肆夏》,趋以《采荠》:此为君王行迎宾之礼。君王徐行于大寝之中,按照《肆夏》的节奏行走;趋疾而行于朝廷,则以《采荠》为节。《肆夏》《采荠》,皆乐名,或曰皆逸诗。趋,快步走。按:《尔雅》曰:"堂上谓之行,门外谓之趋。"君王出既服,至堂而《肆夏》作,出路门而《采荠》作。反之,入至应门、路门亦如之。

[3]环拜以钟鼓为节:转身行拜礼,皆依照钟鼓的节拍。环,旋也,转身。拜,直拜也。

凡射,王以《驺虞》为节,诸侯以《貍首》为节,大夫以《采蘋》为节,士以《采蘩》为节[1]。

注释

[1]《驺虞》《采蘋》《采蘩》:皆乐章名,在《诗经·国风·召南》。《貍首》:在《礼记·乐记》。此为大师用乐节之事,是射礼之音乐节奏,无问尊卑,人皆四矢,射礼节奏则不同,未射之时先奏乐,使射者先听,知射之乐节,其射法须合于射礼,其节奏合于音乐节拍。按:《礼记·射义》曰:"《驺虞》者,乐官备也;《貍

首》者,乐会时也;《采蘋》者,乐循法也;《采蘩》者,乐不失职也。是故天子以备官为节,诸侯以时会天子为节,卿大夫以循法为节,士以不失职为节。"

凡乐,掌其序事,治其乐政[1]。凡国之小事用乐者,令奏钟鼓[2]。凡乐成,则告备[3]。

注释

[1]凡乐,掌其序事,治其乐政:凡用乐之时,乐师掌管陈列乐器及演奏之次第,皆按顺序排列,使其不错缪;治理乐声,使得其雅正,不淫邪放纵。政,正。

[2]小事:小祭祀之事。按:小祭祀有钟鼓,但无舞。《春官·舞师》:"凡小祭祀,则不兴舞。"大祭祀,则大司乐掌之。

[3]成:谓所奏一竟,所奏八音俱作,一曲终,则为一成。竟,终也。告备:向王报告演奏完毕。

诏来瞽、皋舞[1]。及彻,帅学士而歌彻[2],令相[3]。

注释

[1]诏来瞽、皋舞:告诉眡瞭(职官)扶瞽者升堂作乐,呼叫当舞之国子们进入跳舞。皋,当为告。

[2]及彻,帅学士而歌彻:祭祀完毕将撤除祭器之时,音乐响起,乐师率领国子们歌舞并撤除祭器。学士,国子。

[3]令相:命令眡瞭将瞽工搀扶出去。相,扶工(瞽)。

飨食诸侯,序其乐事,令奏钟鼓,令相,如祭之仪[1]。

注释

[1]"飨食诸侯"至"如祭之仪"句:以飨礼、食礼招待诸侯,陈列乐器及安排演奏之次第,演奏钟鼓,命令眡瞭将瞽工搀扶进出,皆同祭祀礼仪一样。

燕射,帅射夫以弓矢舞[1],乐出入,令奏钟鼓[2]。

注释

[1]燕射,帅射夫以弓矢舞:举行燕礼射礼之时,乐师率领射者手持弓矢而舞。燕射,天子或诸侯在燕(宴)礼之后举行射礼。射夫,众耦也,指众射者,参加燕射者匹配成射耦。耦,偶。按:射有三番,天子六耦,畿内诸侯四耦,畿外诸侯三耦。第一番,六耦、三耦等射,相当于引子;第二番,六耦与众耦俱射;第三番,又兼作乐。三番射者皆持弓矢而舞,射时执弓挟矢及发矢,其身体动作合乎礼规,其动作节奏合于音乐节拍。

[2]乐出入,令奏钟鼓:凡是瞽人歌者、国子舞者及乐器出入时,令演奏钟鼓。《礼记·乐记》云:"单出曰声,杂比曰音","及干戚、羽旄谓之乐"。

凡军大献[1],教恺歌[2],遂倡之[3]。

注释

[1]大献:谓师克胜,凯旋献捷于祖庙。按:大军旅王自行,小军旅遣臣去。此谓大小军旅凡是大献礼皆同。

[2]教恺歌:军队获胜归来未至之时,预先让瞽矇歌者入祖庙,教唱凯歌。恺,谓恺诗;恺,快乐。

[3]倡之:乐师主倡也,谓乐师大献时担任领唱。

凡丧,陈乐器,则帅乐官[1]。及序哭[2],亦如之。

注释

[1]乐官:指笙师、镈师之属。按:王家之大丧小丧,皆有明器(冥器,随葬物品)之乐器,乐师带领众乐官负责陈列乐器于祖庙之前庭及圹道东边。

[2]序哭:谓使人持明器之乐器向圹(墓穴)排列序次而哭,等到棺柩入圹下葬之时,乐师带领众乐官亦排序而哭。

凡乐官掌其政令[1],听其治讼[2]。

注释

[1]凡乐官掌其政令:乐师掌管所有与乐官相关的政务、法令。

［2］治:陈请。讼:争讼。

二七、瞽矇

瞽矇[1]，掌播鼗、柷、敔、埙、箫、管、弦、歌[2]，讽诵诗[3]，世奠系[4]，鼓琴瑟[5]。

注释

［1］瞽矇:官名,是乐官大师的属官,职掌鼗、柷等乐器演奏及歌唱,皆由德艺兼备的盲人担任,有上瞽四十人,中瞽百人,下瞽一百六十人。瞽、矇皆指盲人,无目曰瞽,有眸无视力者曰矇。凡是瞽矇皆从属于乐官大师的政教管理。

［2］"掌播鼗(táo)"句:瞽矇掌管演奏鼗、柷(zhù)、敔(yǔ)、埙(xūn)、箫、管、弦等乐器以及歌唱。播,发扬其音,谓演奏、歌唱。鼗,如鼓而小,持其柄摇之,旁耳还自击,即拨浪鼓。柷,打击乐器,如漆桶,方二尺四寸,深一尺八寸,中有椎柄,奏乐开始时击之。敔,打击乐器,形为木虎,奏乐将终时击之。埙,吹奏乐器,烧土为之(陶制),大如雁卵,六孔。箫,吹奏乐器,编小竹管为之,管形象鸟翼,长一尺四寸或一尺二寸。按:古人认为,鸟为火,火成数七,生数二,二七十四,故箫之长由此。《广雅》云:"箫,大者二十四管,小者十六管,有底。"管,吹奏乐器,象箫,长尺,围寸,六孔,无底。弦,弹奏乐器,谓琴瑟。按:以上演奏、歌唱的技艺,均由乐官小师负责督导、教授。

［3］讽诵诗:诵读诗,不依咏(不歌)。按:主诵诗以讽刺君过。

［4］世奠系:瞽矇诵读君王世系。奠,或为"帝","世奠系"谓"帝系"。按:小史主次序先王之世,昭穆之系,述其德行,如诸侯、卿大夫世本(世家)之属,瞽矇诵读以戒劝人君。

［5］鼓琴瑟:弹奏琴瑟。按:瞽矇主诵诗,并诵世系,诵读以音声为节奏,虽不歌,但有琴瑟伴奏,以示赞美之义(相当于今天的配乐朗诵)。歌,为曲合乐曰歌。

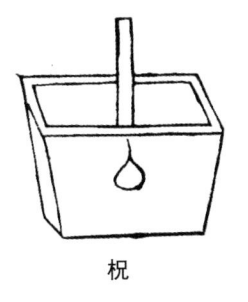

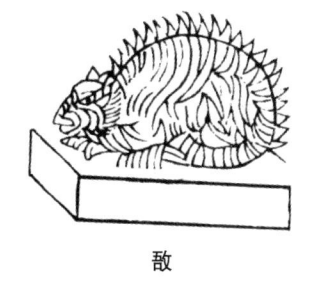

柷　　　　　　敔

掌《九德》、六诗之歌[1]，以役大师[2]。

注释

[1]掌《九德》、六诗之歌：掌管《九德》、六诗的演唱。《九德》，宗庙大祭祀所演唱的歌颂九功之德、赞美先祖的乐歌。九功，谓六府三事之功德。六府，水、火、金、木、土、穀；三事，正德、利用、厚生。九歌之德皆可歌，以其为禹时乐歌。六诗，谓《鹿鸣》《四牡》《皇皇者华》《南陔》《白华》《华黍》，皆《诗经·小雅》诗篇，均为燕飨之乐歌，其中《南陔》《白华》《华黍》诗篇已亡，属于《诗经》的六笙诗，有目无诗。笙诗，用笙吹奏此诗以为乐歌。按：《鹿鸣》，君与臣下及四方之宾燕饮，讲道修政之乐歌；《四牡》，君王慰劳来朝使臣之乐歌，歌其勤苦于王事，念将父母，怀归伤悲，忠孝之至；《皇皇者华》，君王派遣使臣之乐歌，感念其劳苦，欲谘谋于贤智而自加光明。参见《仪礼·乡饮酒礼》。

[2]以役大师：服从乐官大师的役令。役，为之使。

二八、眡瞭

眡瞭[1]，掌凡乐事播鼗，击颂磬、笙磬[2]。掌大师之县[3]。凡乐事，相瞽[4]。

注释

[1]眡瞭(shì liào)：官名，与瞽矇同属乐官大师部下，但非盲人，主要职责之一是扶助瞽矇出入演出场所，并兼使作乐——播鼗击磬，故由三百位艺人担任此职，与瞽矇人数相等。

[2]颂磬、笙磬：乐器编磬，悬挂在堂下西阶西称颂磬，悬挂在堂下阼阶东称笙磬。按：以东方是生长之方，故磬在东方曰笙，笙，生也；西方是成功之方，故磬在西方曰颂，颂或作庸，庸，功也，美盛德之形容，以其成功告于神明。

[3]掌大师之县：为其长官大师掌管悬挂乐器之事。按：大师掌管六律六同、五声八音，需审音定声，但因其无目，故眡瞭为之悬挂乐器。六律，也称六阳律（阳声），即黄钟、大蔟(dà cù)、姑洗、蕤宾(ruí bīn)、夷则、无射(wú yì)。六同，六阴律（阴声），以铜为管，故名大吕、应钟、南吕、函钟、小吕、夹钟。五声，宫、商、角(jué)、徵(zhǐ)、羽。八音，金、石、土、革、丝、木、匏(páo，一种葫芦)、竹。

[4]凡乐事,相瞽:凡是有演奏之事,就搀扶瞽矇升降堂上,进退演出场所。

大丧,廞乐器[1],大旅亦如之[2]。

注释

[1]廞(xīn)乐器:陈列陪葬的乐器。廞,陈列。乐器,谓明器。
[2]大旅亦如之:举行大旅祭时也是如此。按:国有故而祭曰旅,如大旅上帝,祭天于圆丘。旅是非常祭,于常祭之礼会有减省,故不用寻常祭器,亦如明器沽而小,祭祀时临时兴造其乐器。

宾射,皆奏其钟鼓[1]。鼜、恺献,亦如之[2]。

注释

[1]奏其钟鼓:眡瞭击柷(yǐn)以奏钟鼓。柷,小鼓,击柷令奏钟鼓、管乐。
[2]鼜(qì)、恺献,亦如之:鼜、恺献皆眡瞭奏其钟鼓。鼜,戒守之鼓,此谓击打巡守警卫之鼜鼓。杜子春读"鼜"为"忧戚"之"戚",因击鼓声急促,故曰戚。恺献,谓战胜献俘之时作恺乐(奏凯歌)。

三八、鞮鞻氏

鞮鞻氏,掌四夷之乐与其声歌[1]。

注释

[1]鞮鞻(dī lóu)氏:官名,掌管四夷音乐歌舞,由下士四人担任,下设府一人,史一人,胥二人,徒二十人。四夷之乐:东方曰《靺》(mèi),南方曰《任》,西方曰《株离》,北方曰《禁》。王者必作四夷之乐,一统天下。与其声歌:乐者主于舞,谓乐有声歌及舞。按:《白虎通》云:"王者制夷狄乐,不制夷狄礼。"不制礼,恐夷人不能随礼故也。《孝经纬·钩命决》:"东夷之乐曰《靺》,持矛助时生;南夷之乐曰《任》,持弓助时养;西夷之乐曰《侏离》,持钺助时杀;北夷之乐曰《禁》,持楯助时藏。"

祭祀,则龡而歌之[1],燕亦如之。

注释

[1]龡而歌之:吹奏管、籥而歌唱。籥(yuè),本字作"龠",竹制管乐器,似笛单管,也是舞具,有三孔或六孔。

四七、占梦

占梦,掌其岁时[1],观天地之会[2],辨阴阳之气[3]。

注释

[1]占梦:官名,掌管占验梦之吉凶。由中士二人担任,下设史二人,徒四人。岁时:每年四时春、夏、秋、冬的交会。

[2]天地之会:日月所会之次。一年之中,日依次运行,日与月每月交会一次,即每月朔日(初一)。按:古人观测日、月、五星的运行情况,以北斗斗柄所建(指向),自东向西运转,也就是左旋于天,谓之阳建;自西向东运转,右旋于天则是阴建,也就是月厌。又以岁星(木星)十二年运行一周天而把周天分为十二等分,叫作十二次,并依次命名为星纪、玄枵(xiāo)、娵訾(zōu zī)、降娄、大梁、实沈、鹑首、鹑火、鹑尾、寿星、大火、析木,十二次中每次有二十八星宿的二个或三个星宿,又与天下九州十二地相对应。古人以观日月星象运行变化,预测吉凶祸福。

[3]辨阴阳之气:五行相生相胜。按:阴阳之气,休王前后。《春秋纬》:生王者休,王所胜者死;所生者相,相所胜者囚。如春之三月木王,水生木,水休;木胜土,土死;木王,木生火,火相王;相所胜者囚,火胜金,春三月金囚。以此推之,火王、金王、水王义可知。辨阴阳之气,以知吉凶。

以日、月、星辰占六梦之吉凶[1]。

注释

[1]日、月、星辰:谓日、月之运行轨迹及交会的位置。夜作梦,旦于日月星辰占其梦,以知吉凶所在。

一曰正梦[1],二曰噩梦[2],三曰思梦[3],四曰寤梦[4],五曰喜梦[5],六曰惧梦[6]。

注释

[1]正梦：无所感动，平安自梦。正，是平安之义。
[2]噩梦：杜子春云"噩"当为"惊愕"之"愕"，谓惊愕而梦。
[3]思梦：觉时（醒时）所思念之而梦。思，是思念之义。
[4]寤梦：觉时道之，睡而梦也。
[5]喜梦：未睡心悦，睡而为梦。
[6]惧梦：恐惧而梦。

季冬，聘王梦[1]，献吉梦于王[2]，王拜而受之。乃舍萌于四方[3]，以赠恶梦[4]，遂令始难，欧疫[5]。

注释

[1]季冬，聘王梦：冬季十二月，占梦官问王所梦，为王占卜来年吉凶。聘，问也。梦，事之祥。按：季冬十二月，历数将终，岁终除旧恶，拟来岁布新善，占梦官必以币帛行礼而问王，问王梦之善恶。祯祥是善，妖孽是恶。祥中可以兼恶，梦者有吉有恶，以日月星辰占六梦之吉凶。《礼记·月令》云，冬十二月，日穷于次，即日月会于玄枵；月穷于纪，月，谓斗建所在，十二月斗建丑，日月五星会聚于星纪；星回于天，星，谓二十八星宿，十三月复位，此十二月未到本位，故云星回于天。

[2]献吉梦于王：将本年所占王的吉梦献给王。按：君之吉梦由于群臣，而臣功归于君，故献吉梦归美于王。

[3]舍萌于四方：在东南西北四方行释菜礼。舍萌，犹释菜，有释采奠币之礼。萌，菜始生。

[4]赠：送。按：旧岁将尽，新年方至，故于此时赠去恶梦，以始生菜寓意新善去故恶。

[5]遂令始难，欧疫：于是令方相氏开始驱逐欧疫厉鬼。难，或为"傩"。按：方相氏执兵以驱逐欧疫厉鬼，方相氏蒙熊皮，黄金四目，玄衣朱裳，执戈扬盾，帅百隶为之欧疫厉鬼。又《礼记·月令》：季春之月，命国傩，九门磔禳（zhé ráng，磔裂牲体祭神以除不祥），以毕春气；仲秋之月，天子乃傩，以达秋气；季冬

之月,命有司大傩,旁磔,出土牛,以送寒气。

夏官司马第四

一、大司马

大司马之职[1],掌建邦国之九法[2],以佐王平邦国[3]。

注释

[1]大司马:天子六官之一,政官之属,由卿一人担任,属下小司马二人,军司马四人,舆司马八人,行司马十六人,众下士三十二人等作为其辅佐,辖有府六人,史十六人,胥三十二人,徒三百二十人。

[2]九法:建立邦国的"制畿封国"等九项大法,施于诸侯。

[3]以佐王平邦国:辅佐王纠察诸侯,使诸侯国成就(实施)九法之政。平,成也,正也。

制畿封国,以正邦国[1];设仪辨位,以等邦国[2];进贤兴功,以作邦国[3];建牧立监,以维邦国[4];制军诘禁,以纠邦国[5];施贡分职,以任邦国[6];简稽乡民,以用邦国[7];均守平则,以安邦国[8];比小事大,以和邦国[9]。

注释

[1]制畿封国,以正邦国:确立千里王畿,制定五百里、四百里等诸侯国分封,分正划定各国的疆界。封,谓立封于疆为界。

[2]仪:谓诸侯及诸臣之仪。辨:别也,别尊卑之位。按:《秋官·大行人》:"以九仪辨诸侯之命,等诸臣之爵。"郑玄云:"九仪,谓命者五,公、侯、伯、子、男也;爵者四,孤、卿、大夫、士也。"据诸侯及诸臣之命、爵不同等级设立礼仪制度。《春官·大宗伯》亦有"以九仪之命,正邦国之位","每命异仪"。

[3]进贤:推举任用有德行的旧臣及有德行而没有爵命的草莱(平民),使其称才仕用。兴:犹举也。作:起也,以臣有贤有功举之于官,则起邦国之内劝善乐业之心,使不惰废善业。

[4]牧:州牧,二百一十国为州,州有牧,使维持诸侯。监:监国,一国立一监,以监察一国。维:上下相维,犹连接。

[5]制军：诸侯国按制度，大国三军，次国二军，小国一军。诘禁：追究惩治违背禁令的人。诘，犹穷治。纠：犹正，纠正，纠察。按：《秋官·士师》有五禁，一曰宫禁，二曰官禁，三曰国禁，四曰野禁，五曰军禁，此为天子礼。而诸侯国亦当有五禁。

[6]施贡：天子分配贡赋。分职：即九职，按九职划分所应缴纳的赋税。职，职税。任：犹事，事以其力之所堪，所从事的均在其能力可以负担的范围之内。按：诸侯国施贡多少，依据其国土地大小，大国贡半，次国三之一，小国四之一，皆由天子施之。《天官·大宰》是九贡，《秋官·小行人》春令入贡，皆是岁之常贡，与《秋官·大行人》因朝而贡者异也。所税者，市之以充贡。言贡，据向天子而言；云税，是据民所为。

[7]简：谓比数之，核查。稽：犹计、计会，谓统计、核算。

[8]均守：五等诸侯有五等受地，有土地者均之，尊者守大，卑者守小。则：法也，五等职贡皆有常法。

[9]比小事大：使大国亲小国，小国事大国，相合和也。比，犹亲。按：有五等诸侯自相为宾，亦有五等诸侯之臣相为国客，相互亲和。

以九伐之法正邦国[1]：冯弱犯寡则眚之[2]，贼贤害民则伐之[3]，暴内陵外则坛之[4]，野荒民散则削之[5]，负固不服则侵之[6]，贼杀其亲则正之[7]，放弑其君则残之[8]，犯令陵政则杜之[9]，外内乱，鸟兽行，则灭之[10]。

注释

[1]以九伐之法正邦国：用九法出兵征伐有违于王命的诸侯，以正诸侯邦国。按：以下九项，均是违背王命而当讨伐者。诸侯之于国，如树木之有根本，故言伐，有削弱之义。

[2]冯(píng)弱：以强凌弱。冯，凭，乘陵。犯寡：以大侵小，不亲小而侵侮之。眚(shěng)：犹人眚瘦，削弱其地，使不得强大。

[3]贼贤：贼虐残害贤德之臣。害民：君臣俱恶，重赋多徭残害百姓。伐：兵入其境，鸣钟鼓以往而声讨其罪。

[4]暴内：即贼贤害民，内谓其国。陵外：即冯弱犯寡，外谓诸侯。坛之：此内外之恶兼有，故坛之夺其位，更立其次贤为君。坛，通"墠"(shàn)，设墠为祭、为盟。

[5]荒:芜也,田不治。民散:因君政恶,民不附而田野荒芜。削:削减其封地,明其不能有。

[6]负固不服则侵之:谓倚恃险固,不服事大国,则以兵侵之。负,犹恃,倚仗。负固,险固可依。不服,不服事大国。侵之,兵加其境而已,不深入其国。

[7]正之:执而治其罪。正,杀之也。

[8]放:放逐。杀:本又作杀。残:残贼,杀也。

[9]犯令:违命。令,命令。陵政:轻视政令法令而不遵循。杜之:杜塞道路,使其不得与邻国交通往来。

[10]外内乱,鸟兽行,则灭之:谓悖人伦,外内无异于禽兽之行,不可亲百姓,则诛灭去之。按:《礼记·曲礼》曰:"夫唯禽兽无礼,故父子聚麀(yōu,牝鹿,泛指牝兽)。"又《左氏》说,凡征战有六等,谓侵、战、伐、围、入、灭。用兵麤觕(cū cū,粗粗),不声钟鼓,入境而已,谓之侵;侵而不服则战之,谓两阵交刃;战而不服则伐之,谓用兵精而声钟鼓;伐而不服则围之,谓帀(zā,同"匝",周)其四郭;围而不服则入之,谓入其四郭,取人民,不有其地;入而不服则灭之,谓取其君,先入后灭。

正月之吉[1],始和布政于邦国都鄙[2],乃县政象之法于象魏[3],使万民观政象,挟日而敛之[4]。

注 释

[1]正月之吉:正月朔日(初一),周正建子之月。吉,谓朔日。

[2]始和:新修的政令。谓政令如新年由故更新。布政:颁布王之政典于天下。

[3]县政象之法于象魏:把书写的政典悬挂在王宫的宫阙上。

[4]挟日:十日。

乃以九畿之籍[1],施邦国之政职[2]。方千里曰国畿[3],其外方五百里曰侯畿,又其外方五百里曰甸畿,又其外方五百里曰男畿,又其外方五百里曰采畿,又其外方五百里曰卫畿,又其外方五百里曰蛮畿,又其外方五百里曰夷畿,又其外方五百里曰镇畿,又其外方五百里曰蕃畿[4]。

注 释

[1]九畿之籍：谓以边五千里为九畿，皆有王政典之书。畿，犹限也，自王城以外五千里为界，有分限者九。籍，其礼有等差之书，大司马以此典籍施政履职行事于天下邦国诸侯。

[2]政职：所共王政之职，谓赋税。

[3]国畿：王畿。此王畿内千里而言，非九畿之畿，但九畿以此国畿为本，向外每五百里加为一畿。

[4]"其外方五百里曰侯畿"至"又其外方五百里曰蕃畿"句：侯、甸、男、采、卫、蛮等为六畿，是中国之九州，也称要服，要来以文教。自此以外，是夷狄之诸侯。夷，以夷狄而得夷称；镇，距国都稍远，理须镇守；蕃，通"藩"，以其最远，故得藩屏之称，此三服总号蕃服，《秋官·大行人》："九州之外，谓之蕃国，（一王）世一见。"参见《春官·职方氏》"九服"注释。

凡令赋，以地与民制之[1]。上地食者参之二，其民可用者家三人[2]；中地食者半，其民可用者二家五人；下地食者参之一，其民可用者家二人。

注 释

[1]赋：给军用者也，即军赋。如邦国之赋，亦以地之美恶、民之众寡来制定。

[2]上地食者参之二：郑司农云："上地，谓肥美田也。食者参之二，假令一家有三顷，岁种二顷，休其一顷。下地食者参之一，田薄恶者所休多。"参见《地官·小司徒》。

中春，教振旅[1]，司马以旗致民[2]，平列陈，如战之陈[3]。

注 释

[1]中春：仲春。教振旅：凡师出曰治兵，入曰振旅，皆是习战。按：兵，是守国之备，不可不教而徒使，需以蒐狩而习战练兵，春教振旅，夏教茇(bá)舍，秋教治兵，至冬大阅，四时各教民以一。春习振旅，兵器入府库，众兵士回归专于务农。《尔雅·释天》："出为治兵，尚威武也；入为振旅，反尊卑也。"出则壮者在

前,老弱在后;入则壮者在后,老弱在前。

[2]以旗致民:立旗召集众民于旗下。按:大司马素掌有田猎之期日,至期日之时,立熊虎之旗在指定之处以集合众民。

[3]平:正。陈:阵,下"之陈""可陈""陈前""徇陈""行陈""巡陈"皆同。

辨鼓、铎、镯、铙之用[1]:王执路鼓,诸侯执贲鼓,军将执晋鼓,师帅执提,旅帅执鼙[2],卒长执铙,两司马执铎,公司马执镯[3],以教坐作、进退、疾徐、疏数之节[4]。

注释

[1]辨鼓、铎(duó)、镯(zhuó)、铙(náo)之用:教习战法之一。教民辨别鼓、铎、镯、铙的用途。鼓,声如雷,击鼓像仲春雷发声,进军之时击鼓。《地官·鼓人》掌有六鼓。铎,形如大铃,有柄,振之以通鼓。镯,钲也,形如小钟,军行鸣之,以为鼓节。《司马职》曰:"军行鸣镯。"铙,如铃,无舌有柄,执而敲击以鸣之,以止击鼓,退军之时击铙。按:《司马法》云:"十人之长执钲,百人之师执铎,千人之师执鼙,万人之主执大鼓。"

[2]"王执路鼓"至"旅帅执鼙(pí)"句:皆是教习用鼓之战法。路鼓,四面鼓,祭享宗庙所用,即作战前,王在宗庙祭祀先祖祈佑,敲击路鼓发出作战号令。贲鼓,亦作鼖(fén)鼓,是一种大鼓,鼓长八尺,两面。军将,军队一万二千五百人之统帅。晋鼓,鼓长六尺六寸。师帅,军队二千五百人之统帅。执提,一种马上鼓,可以立在马髦上用曲木提持之鼓。旅帅,军队五百人之统帅。鼙,军中所用小鼓。按:以上诸鼓唯贲鼓是鼓军事,王执路鼓、军将执晋鼓等是在军兼用。

[3]"卒长执铙"至"公司马执镯"句:皆是教习金奏之战法。卒长,军队一百人为卒,长官称卒长。两司马,军队二十五人为两,其长官称两司马。公司马,军队五人为伍,伍之长称公司马。

[4]坐作:跪坐、站起之法。此是教习坐作之战法。按:坐,古人之坐与今人不同。数:音朔,密。

遂以蒐田,有司表貉[1],誓民[2],鼓,遂围禁[3],火弊[4],献禽以祭社[5]。

注释

[1]蒐:春田(猎)为蒐。蒐,搜也。按:春时鸟兽孳乳,择取不孕鸟兽而猎

之,故以蒐为名。有司:大司徒,掌大田役管理训练徒众之政令。表貉:立表而貉祭。

[2]誓民:誓以犯田法之罚也,谓立誓告诫众民不要违犯田猎之法,否则施以惩罚。

[3]遂围禁:既誓,令击鼓而围猎(鸟兽),开始蒐田。禁,虞衡所看守的禽兽之园囿,非田猎时不得随意出入。

[4]火弊:火止也。春田主用火,因焚场地以除草,草杀而火止。

[5]献禽:田猎结束,虞人树旌旗,众人皆献其所获猎的禽兽。献,致也。

中夏,教茇舍,如振旅之陈[1]。群吏撰车徒[2],读书契[3],辨号名之用[4]:帅以门名,县鄙各以其名,家以号名,乡以州名,野以邑名[5],百官各象其事,以辨军之夜事[6]。其他皆如振旅。

注释

[1]茇舍:草止之也,即茇草止舍,谓在野草丛生之地宿营休息。仲夏,军有教习草止之法,田猎称苗田。

[2]撰:通"算",算车徒,谓计数选择车徒,取其善者。车徒:在车甲士三人,步徒七十二人。

[3]读书契:以簿书校录军实之凡要,谓阅读并核校簿册上记载的兵甲和器械。书契,兵士簿书之要契。

[4]号名:徽识(zhì),所以相别也。即军中用以识别所属的标志,徽识通常标明官事、姓名,画(书)在其所树旌旗之上,也缀之于其属下兵士臂膊上,用以识别身份。

[5]"帅以门名"至"野以邑名"句:在教战之处教习辨别号名。帅由卿担任,居于国门,使为军将,故各军将的徽识,与其都门军营所树之旌旗相同;县鄙(六遂)的徽识,与县鄙各自所树之旌旗相同;都家(采邑)的徽识,与都家各自所树之旌旗相同;六乡、州里的徽识,与其各自所树之旌旗相同;郊野之地公邑大夫的徽识,与公邑大夫各自所树之旌旗相同。

[6]百官各象其事,以辨军之夜事:百官的徽识,与其各自官府所树之旌旗相同,以便夜间有军事行动时进行辨别,分别其当部当职,不与外混杂。

遂以苗田,如蒐之法[1],车弊[2],献禽以享礿[3]。

注释

[1]苗田:夏田(猎)为苗。如蒐之法:如同春蒐一样,有司表貉、誓民、令鼓、遂围禁之等,择取不孕之鸟兽而猎,如同治苗去除不秀实(抽穗结实)者一样。

[2]车弊:驱兽之车停止下来。夏田猎主用车,示所取物希,田猎捕杀完毕即停止使用以车驱兽。

[3]礿(yào):祭名,宗庙之夏祭。冬夏,田猎主于祭祀宗庙,阴阳始起,象神之在内。

中秋,教治兵,如振旅之陈[1]。辨旗物之用:王载大常,诸侯载旂[2],军吏载旗,师都载旟,乡遂载物[3],郊野载旐[4],百官载旟[5],各书其事与其号焉[6]。其他皆如振旅。

注释

[1]教治兵:凡兵,出曰治兵,入曰振旅。春以入兵为名,尚农事;秋以出兵为名,秋严尚威故。如振旅之陈:如同春振旅时教习坐作、进退、疾徐、疏数之法。

[2]王载大常,诸侯载旂:此至"百官载旟"皆是旗物及其用。大常,旗上画有日月,为王所载。旂,旗上画有蛟龙,为诸侯所载。参见《春官·司常》"九旗"注释。

[3]军吏:诸军帅。旗:画有熊虎为旗。师都:遂大夫。旟:通帛为旟,旗是大赤色,从周正色,无饰。乡遂:乡大夫。物:杂帛为物,即以素帛饰旗边,旗是白、殷(yān,黑红色)之正色。按:所载旌旗,有军众者画异物,无者仅是帛而已,故师都、乡遂载旟、载物,其麾下之众均从属军吏,须服从军帅指挥。

[4]郊:谓乡遂之州长、县正及以下之官吏。野:谓公邑大夫。旐(zhào):旗上画有龟蛇为旐。按:载旐者所率领的众士是美卒(预备役)。

[5]百官:指卿大夫。旟(yú):旗上画有鸟隼为旟。按:载旟者所率领的众士属于卫王。

[6]书:画。事:官事。号:名号。按:旗上除书有官事、名号作为徽识外,皆

画以云气。

遂以狝田[1]，如蒐田之法。罗弊[2]，致禽以祀祊[3]。

注释

[1]狝(xiǎn)：秋田为狝。

[2]罗弊：罗止，停止用罗网捕杀禽兽。按：秋田主用罗网，捕杀者多，故田猎捕杀完毕即停止使用。

[3]祊：当为"方"，四方。按：秋田主祭四方之神，以秋物成，乃四方神之功，故报祭之。

中冬，教大阅[1]。前期，群吏戒众庶，修战法[2]。虞人莱所田之野，为表，百步则一，为三表，又五十步为一表[3]。

注释

[1]大阅：简军实，谓检阅鼓铎、旗物、兵器，修整其卒伍和军械等。按：春辨鼓铎，夏辨号名，秋辨旗物，至冬大阅，备军礼，但载旌旗不如秋出军之时完备。简军实，春、夏、秋各教其一，至冬大阅之时总教之。

[2]群吏：乡师以下之官吏，州长、党正、族师之属。

[3]"虞人莱所田之野"至"又五十步为一表"句：若田在泽，泽虞；若田在山，山虞，使其地之民芟除草莱，清理出军众可习阵之处，并使兵车得以驱驰。表，标志，用作正军阵行列的标记，应是立木为之。按：冬大阅设三表，百步一表，从南头立表，以北头为后表，后表之中五十步，南北积二百五十步；于可阵之中央立此四表，表两相各有三军之众，至表则间一而坐，坐而更起，表正行列。

田之日，司马建旗于后表之中，群吏以旗物、鼓、铎、镯、铙，各帅其民而致。质明[1]，弊旗[2]，诛后至者[3]。乃陈车徒如战之陈，皆坐。

注释

[1]质明：天亮。

[2]弊旗：放倒旗帜。弊，止。

[3]诛：问责，惩罚。

群吏听誓于陈前[1]，斩牲以左右徇陈[2]，曰："不用命者斩之。"

注释

[1]群吏：诸军帅。陈前：面南向表。按：士卒皆于后表面北而坐，诸军帅（从军将至伍长）皆在士卒前面向南而立，以听誓，即以军法立誓。

[2]斩牲以左右徇陈：小子官斩杀牲，从表的左右朝外巡行，向列阵的兵士宣示。参见《夏官·小子》。

中军以鼙令鼓[1]，鼓人皆三鼓[2]，司马振铎[3]，群吏作旗，车徒皆作[4]；鼓行，鸣镯[5]，车徒皆行，及表乃止[6]；三鼓，摝铎[7]，群吏弊旗，车徒皆坐。

注释

[1]中军：中军之将。天子六军，诸军帅既听誓，各归其所属部曲，中军之将令鼓，鼓以作其士众之气。

[2]鼓人：谓中军之将、师帅、旅帅。

[3]司马：两（百人）司马，振铎以作士众之气。

[4]作：起也。

[5]鼓行，鸣镯：既起，鼓人击鼓以行之，伍长鸣镯以节之。伍长，公司马。

[6]及表：自后表前至第二表。

[7]摝（lù）铎：振铎以示停止前进。摝，掩声振之，为止行信号。

又三鼓，振铎，作旗，车徒皆作。鼓进，鸣镯，车骤，徒趋[1]，及表乃止[2]，坐作如初。

注释

[1]趋：疾行，快步走。

[2]及表：自第二表前至第三表。

乃鼓，车驰，徒走，及表乃止[1]。鼓戒三阕，车三发，徒三刺[2]。乃鼓退，鸣铙且却[3]，及表乃止[4]，坐作如初。

注释

[1]及表：自第三表前至前表。

[2]鼓戒：戒攻敌，警示兵士进攻。鼓一阕，车一转，徒一刺，如此三而止。阕：止。

[3]鸣铙且却：卒长（百人之长）鸣铙以和众，鼓人停止击鼓。鸣铙，止鼓军退。和众，协调军阵后退之步伐节奏，防止发生混乱。按：击鼓振铎，是习战之礼，军队出入是同一礼。

[4]及表乃止：退，自前表至后表。按：退兵依表有三次，第一次是退至前表，第二次是退至第二表，第三次是退至后表，每退一表都要坐作，和进攻时一样。

遂以狩田[1]，以旌为左右和之门[2]，群吏各帅其车徒以叙和出[3]，左右陈车徒，有司平之[4]。旗居卒间以分地[5]，前后有屯百步[6]，有司巡其前后。险野，人为主；易野，车为主[7]。

注释

[1]狩田：冬田为狩，言守取之，无所择也。这一节述教战讫而进行田猎之事。

[2]以旌为左右和之门：立旌旗在左右两边作为各军之军门。和之门，军门曰和，也谓之垒门，立两旌为之。按：六军分三军，东西为左右各为一门。

[3]叙和出：按顺序出和门。

[4]左右：兵车、步卒或出而左，或出而右。有司平之：乡师在军门，监正其出入军阵的队列。

[5]旗居卒间以分地：在百人卒之间树旗以按队列疏密划分地段。旗，军吏所载。卒，军百人为卒。分地，调整其部曲疏密。

[6]前后有屯百步：步卒、兵车分别屯扎而前后相距有百步。

[7]"险野"至"车为主"句：布阵，险阻的地方步卒居前，平易的地方兵车居前。

既陈，乃设驱逆之车[1]，有司表貉于陈前。中军以鼙令鼓，鼓人皆三鼓，群司马振铎，车徒皆作。遂鼓行，徒衔枚而进[2]。大兽公之，小禽私之[3]，获者取左耳。

注释

[1]驱：驱赶禽兽使之趋往田猎场所。逆：拦截不得令之逃走。按：田仆掌设驱逆禽兽之车。

[2]衔枚：口衔如箸之物，用繣（huà，系结东西的带子）结于项中。军法为止语，用以疑惑对方。

[3]大兽公之：猎得的禽兽大的输之于公。小禽私之：捕获的小禽兽以自给。

及所弊，鼓皆骇，车徒皆噪[1]。徒乃弊[2]，致禽馌兽于郊，入献禽以享烝[3]。

注释

[1]骇（hài）：疾雷击鼓曰骇。噪：鼓噪，像攻敌克胜而喜悦。

[2]徒乃弊：众徒止也。冬田主用众，物多，众人得以获取。

[3]致禽馌（yè）兽于郊，入献禽以享烝：聚集所获之禽兽，用以祭祀四方神于四郊，入都城又以所获禽兽祭祀宗庙。馌，馈。烝，冬祭曰烝。按：《礼记·月令》："季秋，天子既田，命主祠祭禽四方。"

及师，大合军，以行禁令[1]，以救无辜，伐有罪。

注释

[1]"及师"至"以行禁令"句：谓王巡守，就像会同一样，大司马起师合军而随从，用以威震天下，施行其军政法令。按：不言"大师"，因未有敌，不尚武。

若大师，则掌其戒令，莅大卜[1]，帅执事莅衅主及军器[2]。及致，建大常，比军众[3]，诛后至者。及战，巡陈，视事而赏罚。若师有功，则左执律，右秉钺，以先恺乐献于社[4]。若师不功，则厌而奉主车[5]。王吊劳士庶子，则相[6]。

注释

[1]"若大师"至"莅大卜"句：此句以下是出军之法。大师，王亲自征伐。莅，临也。莅大卜，临视占卜出兵之吉凶。按：《司马法》曰："上卜下谋，是谓参之。"卜在庙，又龟有神，故云上卜；谋人在下，故云下谋；君居其中，故云参。

[2]帅执事莅衅主及军器：大司马率领众官吏在宗庙迎请神主、社主，祝官奉主以从，杀牲用牲血涂抹在神主及军用器械上。衅，祭名，杀牲用牲血涂抹在器物上以祈神佑。主，谓迁庙之神主及在军之社主。军器，鼓铎之属。按：《夏官·小子》：小子官"衅邦器及军器"，应是小子官衅之，大司马临之。

[3]"及致"至"比军众"句：致，乡师聚集民众至司马处。建大常，王亲御六军，大司马树王之大常旗致众；若王不亲征，大司马则树其虎熊大旗致众。比，校次之，核查检验军众人数。

[4]"若师有功"至"以先恺乐献于社"句：如果军队打了胜仗，就左边手执军乐管，右边手执钺器，在军阵前作为先导，高奏凯歌向社神献功。功，胜也。律，指演奏军乐的乐管。钺，兵器，用以示威。先，道（导）也。恺乐，兵乐曰恺。

[5]厌：谓厌冠、伏冠，是丧服，军败则以丧礼。奉：犹送，送神主、社主归于宗庙与社。

[6]王吊劳士庶子，则相：王亲自吊唁战死的士庶子，慰劳伤者，大司马则佐助王行礼。庶子，从军者的卿大夫之子，或谓之庶士。

大役与虑事[1]，属其植，受其要[2]，以待考而赏诛。

注释

[1]大役与虑事：邦国有大的工程，大司马要参与谋虑其事。大役，筑城邑。按：筑城邑之时，地官封人虑事计功，大司马虽不掌徒役，但须参与工程的谋划。

[2]属其植，受其要：聚集将吏、徒役，接受徒役名册。属，聚集将吏、徒役，计其人数。植，谓部曲将吏。要，簿书，名册。

大会同，则帅士、庶子而掌其政令[1]。

注释

[1]帅：帅而跟从王。

若大射,则合诸侯之六耦[1]。

注释

[1]大射:大射礼,王将祭,射于射宫,以选贤也,王以六耦射三侯——虎侯、熊侯、豹侯。六耦:王大射之时有诸侯来朝,大司马匹配诸侯六耦。射礼,二人为耦。

大祭祀、飨食,羞牲鱼,授其祭[1]。大丧,平士大夫[2]。丧祭,奉诏马牲[3]。

注释

[1]大祭祀:谓祭祀天地、宗庙,此大祭指祭宗庙。飨食:谓诸侯来朝,如上公三飨三食之等,行之在庙,故与大祭祀同。羞牲鱼:大司马主进鱼牲,大祭祀授尸祭,飨食授宾祭。牲鱼,鱼牲。按:必使司马进牲鱼,司马是夏官,夏时阴气所起,鱼属水物,亦阴类,故使司马进之。

[2]平:正其职与其位。

[3]丧祭,奉诏马牲:王丧大遣奠,大司马送马牲至墓地,入圹之时诏告死者而埋葬马。

五八、职方氏

职方氏[1],掌天下之图,以掌天下之地,辨其邦国、都鄙、四夷、八蛮、七闽、九貉、五戎、六狄之人民与其财用[2],九穀、六畜之数要[3],周知其利害[4]。

注释

[1]职方氏:官名,由中大夫四人担任,下大夫八人为其副职,下辖中士十六人,府四人,史十六人,胥十六人,徒一百六十人。职,主也,主四方职贡之官长,即土方氏、怀方氏、合方氏、训方氏、形方氏等四方官之长。按:司马官主九畿,职方制其贡,事相成,官尊而人多,以其主天下人民贡赋之事,事务繁多。

[2]四夷、八蛮、七闽、九貉、五戎、六狄:远离王都之地而服从王政教羁縻的四海之国。东方曰夷,南方曰蛮,西方曰戎,北方曰貉、狄。闽,郑玄谓蛮之别也。四、八、七、九、五、六,周之所服蛮夷国之数。《尔雅·释地》曰:"九夷、八

蛮、六戎、五狄,谓之四海。"财用:泉(钱)谷货贿。按:职方氏辨邦国畿外诸侯,都鄙畿内采地,先邦国,以示尊诸侯,兼主夷狄。

[3]数要:数目。

[4]利:金、锡、竹箭之属。害:神奸。按:远方四海有图物,九牧贡金以铸鼎,鼎铸所象之物,百物而为之备,使民观鼎知神奸。

乃辨九州之国[1],使同贯利[2]。东南曰扬州,其山镇曰会稽[3],其泽薮曰具区[4],其川三江[5],其浸五湖[6],其利金、锡、竹箭[7],其民二男五女[8],其畜宜鸟兽[9],其谷宜稻。

注释

[1]九州:东南曰扬州,次正南曰荆州,次河南曰豫州,为一道;次正东曰青州,次河东曰兖州,次正西曰雍州(周之西南不置州,统属雍州),为二道;又次东北曰幽州,次河内曰冀州,次正北曰并州,为三道。周之九州与《禹贡》有异。

[2]贯:事也,使同其事利,不失其所。

[3]镇:名山安地德。九州皆有镇,所以安地德。一州之内山川泽薮至多,选取最大者而言。会稽:在山阴。按:《史记·夏本纪》云,太史公言禹会诸侯于江南,计功而崩,因葬焉,命曰会稽。会稽者,会计也。

[4]泽薮:大泽曰薮。水钟曰泽,水希曰薮。具区:泽薮名,即震泽,今太湖(江苏)。

[5]三江:皆指长江下游。长江之九江,在扬州有三江,江至寻阳南合为一,东行至扬州入彭蠡,复分为三道而入海(汇入长江),故得有三江。

[6]浸:可以为陂灌溉稻田。五湖:泛指太湖流域众多的湖泊。

[7]竹箭:箭筱(xiǎo),箭一名筱,会稽所出竹箭精好,最宜作箭杆。

[8]二男五女:谓此地出生的男女人口比例。

[9]其畜宜鸟兽:此地适宜畜养孔雀、鸾、䴉䴗(jiāo jīng)和犀、象之属。

正南曰荆州,其山镇曰衡山[1],其泽薮曰云瞢[2],其川江、汉,其浸颍、湛[3],其利丹、银、齿、革[4],其民一男二女,其畜宜鸟兽,其谷宜稻。

注释

[1]衡山:在湘南。

[2]云瞢:即云梦。

[3]颍、湛:颍水出阳城,宜属豫州,在此非也。湛,杜子春云:"湛或为淮。"

[4]齿:象牙。革:犀、兕革,唯用为甲。

河南曰豫州,其山镇曰华山[1],其泽薮曰圃田[2],其川荥、洛[3],其浸波、溠[4],其利林、漆、丝枲,其民二男三女,其畜宜六扰[5],其穀宜五种[6]。

注释

[1]华山:在华阴(今陕西华阴)。

[2]圃田:在中牟。

[3]荥:兖水也,出东垣,东流为济,入于河(黄河)。洛:洛水。

[4]波、溠(zhà):《禹贡》有播水,无波,出河南。溠,溠水,在湖北,宜属荆州。

[5]六扰:马、牛、羊、豕、犬、鸡。扰,家所畜养。

[6]五种:黍、稷、菽、麦、稻。按:此州东与青州相接,青州有稻麦;西与雍州相接,雍州有黍稷,故知有此四种,又取菽。

正东曰青州,其山镇曰沂山[1],其泽薮曰望诸[2],其川淮、泗[3],其浸沂、沭[4],其利蒲、鱼[5],其民二男二女[6],其畜宜鸡狗,其穀宜稻麦。

注释

[1]沂山:沂水所出。

[2]望诸:明都,即孟诸,在睢阳。

[3]淮、泗:淮河、泗水。

[4]沂、沭(shù):沂水、沭河。沭河发源于山东,流入江苏北部。

[5]蒲、鱼:蒲柳、海鱼,蒲柳宜作箭杆。

[6]二男二女:郑玄注言男女数等,似误也,青州西北与兖州相接,宜与兖州同二男三女也。

河东曰兖州,其山镇曰岱山[1],其泽薮曰大野[2],其川河、沛[3],其浸庐、维[4],其利蒲、鱼,其民二男三女,其畜宜六扰,其穀宜四种[5]。

注 释

[1]岱山:岱宗,在博地。

[2]大野:在巨野。

[3]河、沛(jǐ):黄河、济水。

[4]庐、维:庐水、潍水。一说当为"雷、雍",均为水名。

[5]四种:黍、稷、稻、麦。其东与青州相接,青州有稻麦,西与冀州相接,冀州有黍稷。

正西曰雍州,其山镇曰岳山[1],其泽薮曰弦蒲[2],其川泾、汭[3],其浸渭、洛[4],其利玉石[5],其民三男二女,其畜宜牛马,其穀宜黍稷。

注 释

[1]岳山:吴岳,在陕西陇县西南。

[2]弦蒲:在陕西陇县西。吴岳山在陇西,有弦蒲之薮。

[3]泾、汭:泾河、汭河。泾河是渭河的支流,在陕西泾阳;汭河是泾河的支流。

[4]渭、洛:渭河、洛水。渭河是黄河的最大支流,洛水是渭河的支流。

[5]其利玉石:蓝田有玉山,出玉石以为利。

东北曰幽州,其山镇曰医无闾[1],其泽薮曰貕养[2],其川河、泲,其浸菑、时[3],其利鱼盐,其民一男三女,其畜宜四扰[4],其穀宜三种[5]。

注 释

[1]医无闾:在辽东。

[2]貕(xī)养:在长广县,属徐州琅琊。

[3]菑、时:淄水、时水。时水,源出今山东淄博。

[4]四扰:马、牛、羊、豕。

[5]三种:黍、稷、稻。幽州西与冀州相接,冀州皆黍稷,幽州宜稻,故知三种为黍稷稻。

河内曰冀州[1]，其山镇曰霍山[2]，其泽薮曰杨纡[3]，其川漳[4]，其浸汾、潞[5]，其利松柏，其民五男三女，其畜宜牛羊，其穀宜黍稷。

注释

[1]河内：黄河以北为河内，位于太行山东南与黄河以北，与河东郡、河南郡合称三河。

[2]霍山：在巂地，今山西霍县。

[3]杨纡(yū)：郑玄注言所在未闻。

[4]漳：漳河，出上党，横流入河。

[5]汾、潞：汾河、潞水。汾出汾阳，潞出归德(今属商丘)。

正北曰并州，其山镇曰恒山[1]，其泽薮曰昭馀祁[2]，其川虖池、呕夷[3]，其浸涞、易[4]，其利布帛，其民二男三女，其畜宜五扰[5]，其穀宜五种[6]。

注释

[1]恒山：在河北曲阳。

[2]昭馀祁：今山西祁县西南。

[3]虖池、呕夷：即滹沱河、滱(kòu)水。虖池，也作"滹池"，今作滹沱河，发源于山西省忻州市繁峙县；滱水，今称唐河，二河皆由山西流入河北西部。

[4]涞、易：涞水、易水。二水皆在河北西部，属于大清河支流。

[5]五扰：马、牛、羊、犬、豕。

[6]五种：黍、稷、菽、麦、稻。

乃辨九服之邦国[1]，方千里曰王畿，其外方五百里曰侯服[2]，又其外方五百里曰甸服[3]，又其外方五百里曰男服[4]，又其外方五百里曰采服[5]，又其外方五百里曰卫服[6]，又其外方五百里曰蛮服[7]，又其外方五百里曰夷服[8]，又其外方五百里曰镇服[9]，又其外方五百里曰藩服[10]。

注释

[1]服：服事天子。

[2]侯：候也，为王斥候。

[3]甸：田也，为王治田出税。

[4]男：任也，为王任职理事。

[5]采：事也，为王事民以供上。

[6]卫：为王卫御。

[7]蛮：近夷狄，蛮之言縻，以政教羁縻来之。蛮服：《秋官·大行人》谓之"要服"，言"要"，亦是要束（共同遵守）之义。

[8]夷：以其在夷狄中，故以夷言之。

[9]镇：以其入夷狄深，故须镇守之。

[10]藩：以其最在外为藩篱，故以藩为称。

凡邦国[1]，千里封公，以方五百里则四公[2]，方四百里则六侯，方三百里则七伯[3]，方二百里则二十五子，方百里则百男[4]，以周知天下。

注释

[1]凡邦国：以此率遍知四海九州邦国多少之数。畿外要服内有八州，州别置二百一十国，总有一千六百八十国。方千里，为方百里者百国。

[2]千里封公：八州，州别有千里之方六，取一千里以封公。

[3]方三百里则七伯：郑玄云，以方三百里之积，以九约之，得十一有奇，云"七伯"，字之误也。

[4]方百里则百男：方百里则以封男备其数。其余以为附庸。按：子、男之分封，因其小而不称国，方三百里以上封为国。

凡邦国，小大相维[1]。王设其牧[2]，制其职，各以其所能[3]；制其贡，各以其所有[4]。

注释

[1]小大相维：大国联结小国，小国亲事大国，各有所属，相互维系关联。公、侯、伯、子、男相为宾，又相为国客。

[2]牧：州牧，王选诸侯之贤者为牧，使之治理邦国。以侯为主，无贤者，侯可兼伯。

[3]制其职，各以其所能：制定诸侯君臣的爵位等级并明确其所应担负的职

责,其贤能与其所任官爵相称,则给予其相应的爵位和俸禄。按:此即《天官·大宰》云"设官分职","施典于邦国,而建其牧,立其监,设其参,傅其伍,陈其殷,置其辅",称其所任,则以次禄秩之。可参见。

[4]制其贡,各以其所有:制定各诸侯国给王所应缴纳的贡赋,一定是根据各诸侯国土地物产实际情况而定。按:诸侯国无贡王之法,民间得税,大国半,次国三之一,小国四之一,皆取其国土地所具有之财物以纳贡于王。可参见《天官·大宰》之"九贡"注释。

王将巡守,则戒于四方[1],曰:"各修平乃守,考乃职事,无敢不敬戒,国有大刑[2]。"

注释

[1]巡守:天下东西南北十二州牧,王每年巡守一州,故十二年遍巡,也是大巡守。则戒于四方:王将巡守之时,职方氏先以文书向天下四方公告,发出戒令。

[2]"各修平乃守"至"国有大刑"句:各自修治汝国所应守卫之国境内,按照王之政令治理事务不得失当,将要检查汝应恭敬准备的情况。若不敬戒,用王国之大刑进行惩处。乃,汝,你。守,谓国境之内。大刑,谓杀之。

及王之所行,先道,帅其属而巡戒令[1]。王殷国亦如之[2]。

注释

[1]先道,帅其属而巡戒令:在王巡行要经行的道路上,行走在前面,巡查其前日所发戒令的落实情况。先道,作先导。

[2]殷国:十二岁王若不巡守,则六服尽朝,谓之殷国。殷,众也。亦如之:其戒令四方诸侯,与巡守同。

秋官司寇第五

一〇、司民

司民,掌登万民之数[1],自生齿以上皆书于版[2],辨其国中与其都鄙及其郊野[3]，异其男女，岁登下其死生[4]。

注释

[1]司民：官名，隶属于大司寇，主登记民人之数，即登记管理天下民人户籍。由中士六人担任，下设府三人，史六人，胥三人，徒三十人。登：上也，登记。按：凡断狱诉讼，须知民之老幼年纪，因此司民虽非刑狱之官，但连及在此。

[2]生齿：人出生，男八个月、女七个月时而生齿。版：户籍，谓男女出生后八个月、七个月大时，就要在司民处登记户口，始有户籍。

[3]国中：六乡之内的城中之民。都鄙：三等采地之民。郊：谓在四郊的六乡之民。野：谓六遂及四等公邑之民。遍及王畿之内民人。

[4]岁登下其死生：每岁更著生去死，每年登记清楚出生、死亡人口数量变化。下，犹去也，去世。

及三年大比，以万民之数诏司寇。司寇及孟冬祀司民之日[1]，献其数于王，王拜受之，登于天府。内史、司会、冢宰贰之，以赞王治[2]。

注释

[1]司民：星神名，称轩辕角。按：轩辕星有十七星，如龙形，有两角，角有大民、小民。

[2]赞：佐也。按：内史、司会、冢宰三官，内史掌八柄，司会掌天下大计，冢宰辅佐王治事，皆掌大事，民为邦本，三官当以民人数量多少黜陟民之吏，即六乡六遂大夫、公邑大夫、采地之主。

一一、司刑

司刑，掌五刑之法，以丽万民之罪[1]。墨罪五百[2]，劓罪五百[3]，宫罪五百[4]，刖罪五百[5]，杀罪五百[6]。

注释

[1]司刑：官名，掌管以五刑之法量刑定罪，协助大司寇断理刑狱诉讼。由中士二人担任，下设府一人，史二人，胥二人，徒二十人。丽：附，施加。

[2]墨：黥也，先刻其面，以墨填之而终身不掉。

[3]劓(yì):截其鼻。

[4]宫:男子割其势(生殖器),女子则破坏其子宫的生殖功能。

[5]刖(yuè):断足。周改膑作刖。

[6]杀:死刑也。此二千五百罪之目略,其刑书则亡。按:《书传》曰:"决关梁、逾城郭而略(掠)盗者,其刑膑;男女不以义交者,其刑宫;谓易君命,革舆服制度,奸轨盗攘(偷窃)伤人者,其刑劓;非事而事之,出入不以道义,而诵不详之辞者,其刑墨;降畔(叛)、寇贼、劫略(掠)、夺攘、挢虔(敲诈勒索)者,其刑死。"不知其出处。

若司寇断狱弊讼,则以五刑之法诏刑罚[1],而以辨罪之轻重。

注释

[1]以五刑之法诏刑罚:用五刑之法告知司寇官(以其罪之轻重)所应施加的刑罚条款。

一二、司刺

司刺,掌三刺、三宥、三赦之法[1],以赞司寇听狱讼。

注释

[1]司刺:官名,掌管三刺、三宥、三赦之法,协助司寇官断决刑狱诉讼。由下士二人担任,下设府一人,史二人,徒四人。刺:杀也,讯而有罪则杀之。宥:宽也,宽宥。赦:舍也,赦免。

壹刺曰讯群臣,再刺曰讯群吏,三刺曰讯万民[1]。

注释

[1]"壹刺曰讯群臣"至"三刺曰讯万民"句:此三刺之事所施,谓断决狱讼之时,先讯问卿、大夫、士等群臣,再讯问乡大夫、州长、党正、族师、闾胥、比长等地方官吏,三讯问万民。讯,言,讯问。

壹宥曰不识[1],再宥曰过失[2],三宥曰遗忘[3]。

注释

[1]壹宥曰不识:谓愚民无所识,若仇雠当报甲,见乙,诚以为甲而杀之者。识,审也。不识,不审。

[2]过失:过失杀人,若举刃欲斫伐,而误砍中人者。

[3]遗忘:由于忘记有人于此而误杀之。比如间隔帷薄,忘记有人而以兵矢投射杀之。按:因不识、过失、遗忘而杀人者,均非是故意有心为之,虽然可以宽宥,但仍须按照法律服刑赎罪。

壹赦曰幼弱[1],再赦曰老旄[2],三赦曰蠢愚[3]。

注释

[1]幼弱:年未满八岁。

[2]老旄:八十岁以上。旄,同"耄"。

[3]蠢愚:生而痴者。按:三赦与前三宥有所不同,三赦之等比三宥为轻,故全不释放无须服刑赎罪。《礼记·曲礼》:"八十九十曰耄,七年曰悼。悼与耄,虽有罪,不加刑焉。"

以此三法者求民情,断民中[1],而施上服下服之罪[2],然后刑杀[3]。

注释

[1]以此三法者求民情,断民中:用三刺、三宥、三赦等三法获得人犯罪实情,断决其罪公正准确。

[2]上服:指杀与墨刑、劓刑。下服:谓宫刑、刖刑。按:古者虽有要(腰)斩、领斩(斩首),以领为正,故杀入上服。

[3]然后刑杀:凡行刑,必先规划可刑之处,然后行刑行杀。刑,刑罚。杀,死刑。

四五、翦氏

翦氏,掌除蠹物[1],以攻、禜攻之[2],以莽草熏之[3]。凡庶蛊之事[4]。

注释

[1]翦氏:官名,掌管消除蠹物,由下士一人任长官,属下有徒八人。蠹物:穿食人器物,即蠹虫、蛀虫。按:秋官中掌管驱除草木虫鱼鸟兽害物的同类之官列有十二,从三八之冥(mì)氏至四九之庭氏,秋主杀,故位列秋官。可参见。

[2]以攻、禜(yíng)攻之:用攻、禜二种祈祷祭法驱逐蠹虫。禜、攻皆为祈祭名,是由春官大祝掌管的六祈之四、之五。禜,是祈祷攘除水旱、虫患灾害的祭祀;攻,是以言辞斥责疠鬼的攘灾祭祀,详情不存。参见《春官·大祝》。

[3]以莽草熏之:药物杀虫,以熏之则死。莽,草药名。

[4]凡庶(zhù)蛊之事:凡是驱除毒蛊的事都归翦氏掌管。庶,庶氏,主消除毒蛊之官。蛊,蠹之类,亦用莽草熏杀去之。按:翦氏主除蠹物,庶氏主除蛊毒,同类相兼,郑玄言翦氏兼掌除蛊之事,以其翦氏有用莽草熏蠹,故蛊毒亦是翦氏除之。

四六、赤犮氏

赤犮氏,掌除墙屋[1],以蜃炭攻之[2],以灰洒毒之[3]。凡隙屋,除其狸虫[4]。

注释

[1]赤犮(bá)氏:官名,掌管消除藏在墙屋中的虫豸,由下士一人担任,属下有徒二人。赤犮,本为"捇拔",除去。按:虫豸自埋藏墙屋,人所不见,故赤犮氏掌除之。《尔雅》:"有足曰虫,无足曰豸。"

[2]以蜃炭攻之:将大蛤蜊壳烧成炭,再制成粉末撒在屋中消除虫豸。蜃,大蛤蜊。按:地官掌蜃,以供蜃炭。

[3]以灰洒毒之:淳之以洒之则死,谓将蜃炭粉末沃成汁洒在墙屋中,虫豸则死。淳,沃也,浸泡。

[4]凡隙屋,除其狸(mái)虫:凡是有缝隙的墙屋,都由赤犮氏掌管除去孔穴中隐藏的虫豸。狸,本为"薶",同"埋"。

四七、蝈氏

蝈氏,掌去鼃黾[1],焚牡蘜[2],以灰洒之则死。以其烟被之[3],则凡水蛊无声。

注释

[1]蝈氏:官名,掌管除去有害之蛙类,由下士一人任长官,属下有徒二人。鼃黾(wā měng):蛙类。鼃,即"蛙",俗称蛤蟆。黾,蛙的一种。齐鲁之间谓鼃为"蝈"。按:蝈与黾尤怒鸣,为聒人耳而去之。

[2]牡蘜:蘜不华者。牡,雄性。蘜,即"菊"。

[3]以其烟被之:将焚烧牡蘜产生的烟散布在水面上。按:杜子春云,假令风从东方来,则于水东面为烟,令烟西行,被之水上。

四八、壶涿氏

壶涿氏,掌除水虫[1],以炮土之鼓驱之[2],以焚石投之。若欲杀其神,则以牡橭午贯象齿而沈之[3],则其神死,渊为陵[4]。

注释

[1]壶涿氏:官名,掌管消除水中毒虫,由下士一人担任,属下有徒二人。壶,瓦鼓。涿,敲击。水虫:狐蜮之属。南方水中有之,含沙射人则人死。

[2]炮土之鼓:瓦鼓。

[3]以牡橭(gū)午贯象齿而沈之:以牡橭木为干,将象牙贯穿其上成十字状而沉入水中。牡橭,山榆,一种榆树。午,五,呈十字形状。

[4]神:谓水神龙罔象。渊为陵:深谷变为丘陵。

《仪礼》选注

士冠礼第一

士冠礼:
筮于庙门[1]。主人玄冠、朝服、缁带、素韠[2],即位于门东,西面[3]。

注释

[1]筮(shì)于庙门:在祢(nǐ,亡父)庙门前占筮加冠的吉日。筮,以蓍草问冠日吉凶于《易》,冠必筮日于庙门者,重以成人之礼成子孙也。庙,谓祢庙。

[2]主人:将冠者之父兄。玄冠:黑色的冠,也称委貌,意为安正容体。朝服:用十五升布精制而成的缁(黑色)衣。按:缁衣与玄冠颜色相同,均为上朝时所服,今谓正装。筮必朝服,以示尊蓍龟之道。缁(zī)带:黑色缯带,系在朝服腰间。缁,黑色的帛。士缁带博二寸,再缭边共四寸,屈垂三尺。素韠(bì):白韦韠,即白色蔽膝,熟皮制成,长三尺,上广一尺,下广二尺,其颈五寸,肩革带博二寸。

[3]即位于门东,西面:主人在庙门的东边就位,面朝西方。

有司如主人服[1],即位于西方,东面,北上。筮与席、所卦者,具馔于西塾[2],布席于门中,闑西阈外[3],西面。

注释

[1]有司如主人服:参与冠礼的家臣身穿与主人相同的礼服。有司,在冠礼中做事的家臣,指主人的属吏、胥徒及仆隶,冠礼中担任宰、筮者、卦者、赞者、宗人、摈者(介者)等。

[2]筮与席、所卦者,具馔于西塾:蓍草、蒲席和记爻、卦所用的卜具,都陈放在庙门外的西塾中。筮,所以问吉凶,谓蓍也。席,蒲席。所卦者,用以画地记爻的卜具,《易》曰:"六画(爻)而成卦。"具,俱也。馔,陈也。西塾,门外西堂。

[3]闑(niè):门橛,树在大门中央的短木。古文闑为"槷"(niè)。阈(yù):也称闑(kǔn),门限,门槛。

筮人执筴,抽上韇,兼执之,进受命于主人[1]。宰自右少退,赞命[2]。筮人许诺,右还,即席坐,西面。卦者在左[3]。卒筮,书卦,执以示主人[4]。

注释

[1]筮人:主用《易》占卜的有司。筴(cè):同"策",占卜用的蓍草。韇(dú):收藏蓍草之器,长筒形,上下两截可分合,其一从下向上承之,其一从上向下韬之。兼:并也。进:前也,自西方而前。受命:当知所筮之事,接受主人吩咐。

[2]宰:主政教的有司。自:由。赞:佐助。命:告,佐助主人告知所筮之事。

[3]还(xuán):转身,旋转。卦者:主画地记爻的有司。

[4]卒:已,六爻完备。书卦:筮人用方板书写所得之卦的卦象。

主人受视,反之[1]。筮人还,东面,旅占[2],卒,进,告吉。若不吉,则筮远日[3],如初仪。彻筮席[4]。宗人告事毕[5]。

注释

[1]反:还也。按:此筮讫,筮人写所得卦示主人。主人尊,虽未辨吉凶,得以先受视以知卦体,既知,返还与筮人,使其占吉凶。

[2]旅占:旅共占之,谓筮人还,与其属共占之。旅,众也。

[3]远日:旬之外。按:冠礼是吉事,故先筮近日;不吉,乃更筮远日。上旬不吉,乃更筮中旬;又不吉,乃更筮下旬。

[4]彻:去也,敛也,谓将筮席撤去,蓍草则敛藏之。

[5]宗人:主礼的有司。

主人戒宾[1]。宾礼辞,许[2]。主人再拜,宾答拜。主人退,宾拜送。

注释

[1]戒:告也。宾:主人之僚友。按:主人亲至宾大门外之西,东面;宾出大门外之东,西面戒之。古者有吉事则欲与贤者欢乐共享,有凶事则欲与贤者共哀戚。今将冠子,故前往告知僚友请其来观礼。

[2]礼辞:一辞之后乃许之,即辞谢一次便应许了,是礼辞。礼,一辞而许,再辞而许曰固辞,三辞曰终辞,是不许也。

前期三日[1],筮宾[2],如求日之仪。乃宿宾[3]。宾如主人服,出门左,西面再拜。主人东面答拜,乃宿宾。宾许,主人再拜,宾答拜。主人退,宾拜送。宿赞冠者一人[4],亦如之。

注释

[1]前期三日:加冠日为期,期前三日,空二日。

[2]筮宾:筮其可使冠子者,即举行占筮众宾客中的正宾之仪式。按:以占卜恒吉的为贤德者,作为冠礼的正宾。《礼记·冠义》曰:"古者冠礼筮日筮宾,

所以敬冠事；敬冠事，所以重礼；重礼，所以为国本也。"

[3]宿：进也，谓进之使知冠日当来，即主人再次前往预先邀请正宾，亲相见，致其辞。按：主人预先邀请正宾必先行告知礼，而其他众宾则不需主人再亲自预先邀请，或悉来或否。

[4]赞冠者：辅佐正宾主持冠礼者。按：邀请赞冠者是在邀请筮宾的明日（第二天）。

厥明夕，为期于庙门之外[1]。主人立于门东，兄弟在其南，少退，西面，北上。有司皆如宿服[2]，立于西方，东面，北上，摈者请期[3]，宰告曰："质明行事[4]。"告兄弟及有司[5]。告事毕[6]。摈者告期于宾之家。

注释

[1]厥明夕，为期于庙门之外：举行加冠礼前一天的傍晚，在庙门外举行约定行冠礼时辰的仪式。厥明夕，冠前一日之夕。厥，其也，为明日加冠之期告宾之事。

[2]宿服：朝服，如筮日之服。

[3]摈者：佐礼的有司，在主人曰摈，在客人曰介。

[4]质：正也。质明：正天明时，天大亮。

[5]告：摈者告也。

[6]告事毕：宗人宣告约期仪式结束。

夙兴[1]，设洗[2]，直于东荣[3]，南北以堂深[4]，水在洗东[5]。

注释

[1]夙：早。兴：起。

[2]洗：承接盥手洗爵时弃水的盆。按：《汉礼器制度》言，洗之所用，士用铁，大夫用铜，诸侯用白银，天子用黄金。

[3]直：对着。荣：屋翼，房檐四角向上翘起的地方。

[4]南北以堂深：洗与堂之间的距离与堂的纵深相等。深，纵向深度。南北为纵，东西为横。

[5]水：盛水器，尊卑皆用金罍，大小有异。

陈服于房中西墉下[1],东领[2],北上[3]。

注 释

[1]陈服于房中西墉下:加冠所穿的礼服陈设在东房内西墙下。房,此指东房。墉,墙。

[2]东领:衣领朝东。

[3]北上:以北为上。

爵弁服[1]:纁裳[2],纯衣[3],缁带,韎韐[4]。

注 释

[1]爵弁:此所陈设从北而南。爵弁是与君祭祀时所穿之服,为冕之次,其色赤而微黑,如雀头黑多赤少之色,又称雀头冠。按:凡冕以木为体,长尺六寸,广八寸,绩麻三十升布,上以玄,下以纁,前后有旒。爵弁与之制大同,唯无旒,又以爵色为异,其尊卑次于冕。

[2]纁裳:浅绛(红)色下裳。

[3]纯衣:黑色丝衣,与缁带同色。余衣皆用布,唯冕与爵弁服用丝。

[4]韎韐(mèi gé):也称缊韨(wēn fú),用染成赤黄色的皮制成的蔽膝。按:祭服谓之韨,其他服谓之韠。《礼记·明堂位》:"有虞氏服韨,夏后氏山,殷火,周龙章。"郑玄云:"后王弥饰,天子备焉。诸侯火而下,卿大夫山,士韎韦而已。"是士无饰则不得单名韨,一名韎韐,一名缊韨。

皮弁服[1]:素积[2],缁带,素韠[3]。

注 释

[1]皮弁服:此是与君视朔时所穿之服。以白色鹿皮缝制的冠,象上古三皇之质,形状类似瓜皮帽,卑于爵弁,故陈设次在爵弁之南。

[2]素积:白缯下裳。积,襞(bì)积,在裳的腰间打褶(zhě),类似百褶裙。襞,褶子。

[3]素韠:白色蔽膝。

玄端[1]:玄裳、黄裳、杂裳可也[2],缁带,爵韠[3]。

注释

[1]玄端:士朝服之衣,依尊卑易其裳。
[2]杂裳:前玄后黄之裳。按:礼,上士玄裳,中士黄裳,下士杂裳。
[3]爵韠:士皆以爵韦为韠,即赤黑色蔽膝。按:《礼记·玉藻》:"韠,君朱,大夫素,士爵韦。"大带,所以束衣;革带,用以佩韠及佩玉之等。

缁布冠缺项[1],青组缨属于缺[2]。缁纚,广终幅,长六尺[3]。皮弁笄,爵弁笄,缁组纮,纁边[4]。同箧,栉实于箪[5]。

注释

[1]缁布冠缺项:加缁布冠所用的頍(kuǐ)项。缺项,缺读如"頍",用以束发固冠的发饰。缁布冠无束发的笄(簪子),围发际著頍而结于项中,隅为四缀,以固冠。
[2]青组缨属于缺:系结在頍上的青色冠缨。组,丝编的带子。属,系。
[3]纚(xǐ):韬而束发的丝帛。广终幅:整幅宽,丝帛幅宽二尺二寸。终,充。
[4]缁组纮(hóng),纁边:镶着浅红色边饰的黑色丝冠带。以缁为中,以纁为边,侧而织之。纮,冠上的带子。
[5]同箧(qiè),栉(zhì)实于箪(dān):(以上六物)同装在一个小箱子里,梳子放在箪中。箧,小箱子。栉,梳子,篦子。箪,圆形竹器。

蒲筵二,在南[1]。侧尊一甒醴,在服北[2]。有篚实勺、觯、角柶[3]。脯醢,南上[4]。爵弁、皮弁、缁布冠各一匴[5],执以待于西坫南[6],南面,东上。宾升则东面。

注释

[1]蒲筵二,在南:两张蒲苇席放置在(礼服、小箱、箪的)南边。筵,席。二,一为冠子,筵于东序少北;一为醴子,筵于户西南面。

[2]侧:特,无偶曰侧。尊:置酒曰尊。甒(wǔ):有盖的陶制盛酒器,口、底皆小,腹大,较深。醴(lǐ):甜酒。服北:纁裳北边。

[3]篚(fěi):圆形的竹筐。勺:挹酒器,容一升,铜或木制。觯(zhì):饮酒器,爵三升曰觯。角柶(sì):柶状如匕(汤勺),以牛角为之。

[4]脯醢,南上:脯脩和肉酱盛放(在笾豆中),以南边为上首。脯,干肉,盛于竹笾。醢,肉酱,盛于豆,或陶制,或木制,或铜制。

[5]匴(suǎn):盛放冠的竹箱。

[6]执以待于西坫(diàn)南:有司各持一只冠箱,等候在西坫的南边。西坫,堂的西南角。坫,在堂角。

主人玄端、爵韠[1],立于阼阶下[2],直东序[3],西面。兄弟毕袗玄[4],立于洗东,西面,北上。摈者玄端,负东塾[5]。将冠者采衣,紒[6],在房中,南面。

注释

[1]玄端:士入庙之服,与所陈之子加冠玄端服相同。

[2]阼:犹酢,指东阶,答酢宾客之处。

[3]直东序:对着堂上东序墙。序,堂东西墙。

[4]兄弟:谓主人亲戚。毕:犹尽。袗(zhěn):同。古文"袗"为"均"。郑玄:玄衣、玄裳,缁带韠;不服爵韠,降于主人。

[5]负东塾:背朝东塾向着主人。东塾,门内东堂。

[6]采衣:未冠者所服之衣,童子尚华饰。按:《礼记·玉藻》:"童子之节也,缁布衣,锦缘(衣边),锦绅(衣带),并纽(纽绅之垂),锦束发,皆朱锦也。"紒:结发,古文"紒"为"结"。

宾如主人服,赞者玄端从之,立于外门之外[1]。摈者告[2]。主人迎,出门左[3],西面,再拜。宾答拜。主人揖赞者,与宾揖,先入,每曲揖[4]。至于庙门,揖入。三揖[5],至于阶,三让。主人升,立于序端,西面。宾西序,东面。赞者盥于洗西,升,立于房中,西面,南上。

注释

[1]外门之外:大门外。

[2]告：出请入告，谓出门请宾入内，并报告主人。

[3]左：东。出以东为左，入以东为右。

[4]先入，每曲揖：主人先进入大门引路，赞者随宾；每到转弯的地方，主人必与宾相作一揖。按：周制，左（东）宗庙，入外门，将东曲（转），揖；往庙，将北曲（转），又揖。

[5]三揖：此入庙门三揖，主人将右（东）、宾将左（西）行至阶，欲背客，宜相揖；将北曲，与客相见，又揖；行至当（对着）碑处，又相揖。碑，是庭中之大节。

主人之赞者筵于东序，少北[1]，西面。将冠者出房，南面[2]。赞者奠纚、笄、栉于筵南端[3]。宾揖将冠者，将冠者即筵坐。赞者坐，栉，设纚[4]。宾降，主人降。宾辞，主人对[5]。宾盥，卒，壹揖，壹让，升。主人升，复初位。宾筵前坐，正纚，兴，降西阶一等，执冠者升一等，东面授宾[6]。宾右手执项，左手执前，进容[7]，乃祝，坐如初，乃冠，兴，复位。赞者卒。冠者兴，宾揖之。适房，服玄端、爵韠，出房，南面[8]。

注释

[1]主人之赞者：赞是主人属下之士为之。按：以主人上士为正，赞是其属中士为之；若主人是中士，赞是其属下士为之。筵：布席。东序：主人之位，适子冠于阼。少北：稍微偏北，以避主人。

[2]南面：面朝南立于房外之西，以待宾命。

[3]赞者：宾之赞冠者。奠：停，置。按：前颊项以下六物同一箧陈放于东房，今将用之，故赞冠者取置于将冠之席南，拟用；盛于箪之栉，亦并置于席南端。

[4]栉，设纚：（赞冠者）为将冠者梳理头发，并用头巾为其束发。设，施。

[5]主人降：主人也下堂，因为宾将盥，主人示敬不敢安位。辞对之辞未闻。

[6]"宾筵前坐"至"东面授宾"句：正纚，将加冠，正宾宜亲自为将冠者整理束发巾。兴，起也。降，下，下一等。冠，缁布冠。

[7]右手执项：右手持冠的后端，冠后为项，非颊项。进容：行翔而前，谓仪容舒扬地前行。

[8]出房，南面：复出东房，面朝南。按：以其既去缁布衣锦缘童子服，身着此玄端成人之服，冠礼一加礼成，使众人观知。

宾揖之，即筵坐。栉，设笄。宾盥、正纚如初，降二等，受皮弁，右执项，左执前，进、祝、加之如初，复位。赞者卒纮[1]。兴，宾揖之。适房，服素积、素韠，容[2]，出房，南面。

注释

[1]卒纮：系好冠带，谓结好皮弁的冠带。
[2]容：仪容端庄。按：皮弁服，素积、素韠，再加礼成，其仪益繁。

宾降三等[1]，受爵弁，加之，服纁裳、韎韐[2]，其他如加皮弁之仪[3]。

注释

[1]降三等：由西阶下三级台阶至地。
[2]服纁裳、韎韐：穿上浅红色下裳、赤黄色蔽膝。
[3]他：指卒纮、容，谓系好冠带，仪容端庄。

彻皮弁、冠、栉、筵入于房[1]。筵于户西[2]，南面。赞者洗于房中，侧酌醴；加柶，覆之，叶面[3]。

注释

[1]彻皮弁、冠、栉、筵入于房：撤去皮弁冠、缁布冠、梳子、筵席等物，进入房中。彻，赞冠者，主人之赞者为之。
[2]户西：室户西。醮于客位在户西，醮、醴同处。
[3]"赞者洗于房中"至"叶面"句：赞冠者在房中洗觯，独自斟醴，把角柶口朝下反扣在觯上，柶大头朝前。洗，盥而洗爵。侧酌，言无人为之斟醴，自斟。叶，角柶大端。面，前。

宾揖，冠者就筵，筵西，南面。宾授醴于户东，加柶，面枋[1]，筵前北面。冠者筵西拜受觯[2]，宾东面答拜[3]。荐脯醢[4]。冠者即筵坐，左执觯，右祭脯醢，以柶祭醴三[5]，兴；筵末坐，啐醴，建柶[6]，兴；降筵，坐奠觯，拜；执觯兴。宾答拜。

注释

[1]面枋(bìng):角柶柄朝前。枋,柄。

[2]筵西拜:在筵席西面朝南而拜。

[3]宾东面答拜:正宾面朝东答拜。按:正宾于西阶面朝北答拜主人,此于西序面朝东答拜加冠者,明其为成人之礼,异于答拜主人。东,主人之位;北,尊位。

[4]荐脯醢:赞冠者把干肉和肉酱进上,放置于席前。

[5]以柶祭醴三:用角柶祭醴三番。按:始扱醴一洒地,又扱再祭,总三次祭天地人鬼,祭醴之意在报本反始,不忘其初。

[6]筵末坐,啐(cuì)醴,建柶:在筵席的西端坐下,尝醴。把角柶插置于觯醴中。啐醴,口尝但不喝尽。啐,啐一小口。建柶,扱柶于醴中。

冠者奠觯于荐东[1],降筵;北面坐取脯;降自西阶,适东壁[2],北面见于母。母拜受,子拜送,母又拜[3]。

注释

[1]荐东:荐左,谓笾豆东边。按:凡奠爵,将举者于右,不举者于左。

[2]适东壁:出东墙闱门外。按:时其母在闱门之外,妇人入庙由闱门。

[3]母又拜:妇人对丈夫之礼,也称侠拜,女先拜,男子答拜,女又拜,虽其子犹再拜,为礼子之制。

宾降,直西序,东面。主人降,复初位[1]。冠者立于西阶东,南面。宾字之[2],冠者对[3]。

注释

[1]初位:初迎宾至阶让升之位。

[2]宾字之:正宾为加冠者命表字,即下文有字辞又有某甫之字。如孔子,"尼父"是其字。

[3]对:应,应答。按:其辞未闻。下文有宾祝辞,不见冠者应辞。

宾出,主人送于庙门外[1]。请醴宾[2],宾礼辞,许。宾就次[3]。

注释

[1]庙门外:不出外门,将醴之。
[2]醴宾:此醴当作"礼"。礼宾,感谢其勤恳辛劳。
[3]次:门外更衣处,以帷幕簟席为之。

冠者见于兄弟,兄弟再拜,冠者答拜[1]。见赞者,西面拜,亦如之。入见姑、姊,如见母[2]。

注释

[1]冠者答拜:见兄弟面朝东行拜礼。
[2]入:入寝门,庙在寝门外。如见母:如同拜见母亲之礼,即面朝北行拜礼,姑与姊亦是再拜。不见妹,因妹卑。

乃易服[1],服玄冠、玄端、爵韠,奠挚见于君[2]。遂以挚见于乡大夫、乡先生[3]。

注释

[1]易服:不穿朝服,因加冠以成人之礼,但见君非正服之节,故不朝服。按:初冠时服玄端为缁布冠服,缁布冠非常著之冠而弊之。
[2]挚:见面所执之礼,士所执活雉。
[3]乡先生:乡中老人,为卿大夫致仕者。

乃醴宾,以一献之礼[1]。主人酬宾,束帛、俪皮[2]。赞者皆与[3]。赞冠者为介。宾出,主人送于外门外,再拜;归宾俎[4]。

注释

[1]一献:只是主人献宾而已,无有主妇亚献之二献,礼备有酬酢之束帛、俪皮。按:献、酢、酬,主人献宾,宾酢主人;主人将酬宾,先自饮讫乃酬,宾奠而不举,是宾、主人各两爵而礼成。《仪礼》之《特牲馈食礼》《少牢馈食礼》献尸,同

是此类。士礼一献,卿大夫三献。

[2]酬:饮宾客以酒而加以财货,所以申表欢畅深厚之情义。束帛:十端,五匹丝帛。俪皮:两张白色鹿皮。

[3]赞者:众宾。皆与:亦饮酒。

[4]归宾俎:一献之礼,有笾豆有俎,派人送至宾家。

若不醴,则醮用酒[1]。尊于房户之间,两甒,有禁,玄酒在西[2],加勺,南枋。洗,有篚在西,南顺[3]。始加,醮用脯醢;宾降,取爵于篚,辞降如初[4]。卒洗,升酌。冠者拜受,宾答拜如初。

注 释

[1]不醴:谓国有旧俗可行,醴亦当为礼。醮(jiào):酌而无酬酢。

[2]房户之间:房西室户东。禁:承尊之器,因为酒戒,名之为禁。玄酒:新水。按:上古无酒,今虽有酒犹设之,不忘古也。

[3]洗:庭洗,当对东荣,南北以堂深。篚:竹器,用以盛勺、觯,陈于洗西。南顺:以北为上,南北依次而置。

[4]始加:言一加冠讫就一醮于客位用脯醢。按:此不同于三加讫乃一醴,于客位用脯醢之《周礼》。加冠于东序,醮之于户西,始醮亦进脯醢。宾降:爵在庭,酒在堂,将自斟酌。辞降如初:如将冠时降盥,辞谢主人而降。按:用醴时,尊在房,脯醢出自东房;醮用酒,酒尊在堂,脯醢亦出自东房。凡脯醢皆出自东房。

冠者升筵,坐;左执爵,右祭脯醢,祭酒,兴;筵末坐,啐酒;降筵,拜。宾答拜。冠者奠爵于荐东,立于筵西。彻荐、爵、筵、尊不彻[1]。

注 释

[1]彻荐、爵、筵、尊不彻:撤去笾豆和酒爵,筵席和酒尊不撤,三加可相因。

加皮弁,如初仪;再醮,摄酒[1],其他皆如初。

注 释

[1]摄:整。整酒,谓挠搅、添益、整顿,示新也。

加爵弁,如初仪;三醮,有干肉折俎,哜之[1],其他如初。北面取脯,见于母。

注释

[1]干肉:牲体之脯。折俎:折牲体以为俎,谓折牲体之节盛于俎,如今之分割牲体为前腿、后腿、左肩、右肩之属。按:豚可解为七体,干之谓之干肉,及用之,将升于俎,则节折为二十一体。哜(jì):尝之。

若杀,则特豚[1],载合升[2],离肺实于鼎[3],设扃鼏[4]。

注释

[1]特豚:一只豚。豚,小猪。
[2]载合升:明烹与载皆合牲左右体。凡牲体皆用左,煮于镬曰亨(烹),在鼎曰升,在俎曰载。
[3]离:割,割肺使之可祭、可哜。
[4]扃(jiōng):又名"铉",用来抬鼎的横杠,可贯穿鼎耳。鼏:古文为"密",用草编制的遮盖鼎的盖子。

始醮,如初。再醮,两豆,葵菹、蠃醢[1];两笾,栗、脯。三醮,摄酒如再醮,加俎,哜之,皆如初,哜肺[2]。卒醮,取笾脯以降,如初。

注释

[1]葵菹:腌制的冬葵。蠃(luǒ)醢:蜾蝓(yí yú)酱,即蜗牛酱。
[2]哜肺:加俎哜之,哜当为"祭",字之误也。

若孤子,则父兄戒、宿[1]。冠之日,主人紒而迎宾,拜,揖,让,立于序端,皆如冠主[2];礼于阼。凡拜,北面于阼阶上,宾亦北面于西阶上答拜。若杀,则举鼎陈于门外[3],直东塾,北面。

注释

[1]孤子:指失去父亲的孤儿。按:孤儿冠礼不衣朱锦采衣。父兄:诸父诸

兄,即伯父叔父、堂兄弟。

[2]冠主:冠者亲父。按:冠者亲父虽然已逝,诸父诸兄代为行事,但不得以冠主相称,以示对冠者亲父的尊重。

[3]举鼎陈于门外:抬鼎陈放在庙门之外,此为孤子冠礼之制;父在,有鼎不陈于门外。

若庶子,则冠于房外[1],南面,遂醮焉。

注释

[1]冠于房外:加冠者是庶子,则在房外行加冠礼。按:房外,以示尊东(嫡子)。不于阼阶,以示非继代也;不醮于客位,以示虽成人而无尊位。

冠者母不在,则使人受脯于西阶下。
戒宾,曰:"某有子某。将加布于其首,愿吾子之教之也[1]。"宾对曰:"某不敏,恐不能共事,以病吾子[2],敢辞。"主人曰:"某犹愿吾子之终教之也!"宾对曰:"吾子重有命,某敢不从[3]!"

注释

[1]加布:加缁布冠。吾子:相当于今日之"您",相亲之辞。吾,我。子,男子之美称。教之:以加冠行礼教导加冠者。

[2]共:同"供",承担,胜任。病:犹辱,辱没。

[3]敢不从:岂敢不遵从。许之辞。

宿,曰:"某将加布于某之首,吾子将莅之,敢宿。"宾对曰:"某敢不夙兴!"
始加,祝曰:"令月吉日,始加元服[1]。弃尔幼志,顺尔成德。寿考惟祺,介尔景福[2]。"

注释

[1]令、吉:皆谓善。元:首。

[2]尔:汝。成德:成人之德,既冠为成德。祺:祥。介、景:皆谓大。按:因冠而戒勉之,汝如是则有寿考之祥,大汝之大福也。

再加,曰:"吉月令辰,乃申尔服[1]。敬尔威仪,淑慎尔德。眉寿万年,永受胡福[2]。"

注释

[1]辰:谓子丑,以十天干配十二辰。申:重。
[2]胡:犹远,远大无穷。

三加,曰:"以岁之正[1],以月之令,咸加尔服[2]。兄弟具在,以成厥德。黄耇无疆[3],受天之庆。"

注释

[1]正:善。
[2]咸:皆。皆加汝之三服,谓缁布冠、皮弁、爵弁。
[3]黄:黄发。耇:冻梨。黄、耇皆长寿之征。按:《尔雅·释诂》:"耇、老,寿也。"耇,冻梨,以其面似冻梨之色。疆:竟,境。

醴辞曰:"甘醴惟厚,嘉荐令芳[1]。拜受祭之,以定尔祥。承天之休,寿考不忘[2]。"

注释

[1]嘉:善。嘉荐:谓脯醢芳香。
[2]休:美。不忘:长有令(美)名。

醮辞曰:"旨酒既清,嘉荐亶时[1]。始加元服,兄弟具来。孝友时格[2],永乃保之[3]。"

注释

[1]亶(dǎn):诚也。
[2]孝友:善父母为孝,善兄弟为友。时:是也。格:至。
[3]永:长。保:安,行此乃能长久保之。

再醮,曰:"旨酒既湑,嘉荐伊脯[1]。乃申尔服,礼仪有序。祭此嘉爵,承天之祜[2]。"

注释

[1]湑(xǔ):清,酒为清。伊:惟,语气词。
[2]祜:福。

三醮,曰:"旨酒令芳,笾豆有楚[1]。咸加尔服,肴升折俎[2]。承天之庆,受福无疆。"

注释

[1]旨:美。楚:陈列之貌。
[2]折俎:谓豚。

字辞曰:"礼仪既备,令月吉日,昭告尔字[1]。爰字孔嘉,髦士攸宜[2]。宜之于假[3],永受保之,曰伯某甫[4]。"仲、叔、季,唯其所当。

注释

[1]昭:明。
[2]爰:于也。孔:甚也。髦:俊也。攸:所也。
[3]宜之于假:宜之是为大矣。于,犹为。假,大也,音格。
[4]伯某:伯、仲、叔、季,长幼之称。甫:是丈夫之美称,"甫"字或作"父"。

屦,夏用葛。玄端黑屦[1],青絇繶纯,纯博寸[2]。素积白屦,以魁柎之[3],缁絇繶纯,纯博寸。爵弁纁屦[4],黑絇繶纯,纯博寸。

注释

[1]屦:鞋,顺裳色,玄端黑屦,以玄裳为正色。
[2]絇(qú):鞋头的装饰。絇言拘也,以为行戒,状如刀衣鼻,在屦头。繶(yì):鞋缝中装饰的丝带。纯(zhǔn):缘边,鞋口的镶边。絇、繶、纯三者皆青

色。博:广,宽,鞋口镶边宽一寸。

[3]以魁柎之:把大蛤壳的灰涂注于鞋上,使色增白。魁,蜃蛤。柎,涂注。

[4]纁屦:浅红色鞋。

冬,皮屦可也。不屦繐屦[1]。

注释

[1]不屦繐(suì)屦:不穿线缕细疏的麻布所制的鞋子。繐屦,丧屦。缕不灰治曰繐。

记:
冠义:始冠,缁布之冠也。太古冠布[1],齐则缁之[2]。其緌也[3],孔子曰:"吾未之闻也,冠而敝之可也。"

注释

[1]太古冠布:太古时戴白布冠。太古,指唐、虞及以上时代。按:太古质,盖亦无饰,白布冠为周之丧冠。

[2]齐:同"斋",祭祀斋戒。

[3]緌(ruí):缨饰。未有传述。

适子冠于阼,以著代也。醮于客位,加有成也[1]。三加弥尊,谕其志也[2]。冠而字之,敬其名也[3]。

注释

[1]醮:夏、殷之礼,每加于阼阶,醮之于客位,以示尊敬其成为人。

[2]弥:犹益,更加,冠服三加益尊。谕其志:论其志,欲其德增进。

[3]名:所受于父母,冠成人立表字,故君父之前称名,至于他人则称字,是敬其名。

委貌,周道也[1]。章甫,殷道也[2]。毋追,夏后氏之道也[3]。周弁,殷冔,夏收[4],三王共皮弁素积。

注释

[1]委貌：是周代常戴的冠，用黑色丝织物制成。委，犹安也。用以安正容貌。

[2]章甫：是殷代常戴的冠。章，明也。殷质，言以表明是丈夫。甫，或为父，今文为"斧"。

[3]毋追(duī)：是夏代常戴的冠。毋，发声也。追，犹堆。夏后氏质，以其形名之。三冠皆所服以行道也，其制之异同未有记载。

[4]周弁：周冠之名，弁是古冠之号，非只含六冕，亦兼爵弁。弁名出于槃。槃，大。殷冔(xǔ)：冔是殷冠之名，名出于幠(hū)。幠，覆，以自覆为饰。夏收：收是夏冠之名，以之收敛发丝而名。三代冠制之异亦未有记载。

无大夫冠礼，而有其昏礼。古者五十而后爵，何大夫冠礼之有？公侯之有冠礼也，夏之末造也。天子之元子，犹士也[1]，天下无生而贵者也。继世以立诸侯，象贤也。以官爵人，德之杀也。死而谥，今也。

注释

[1]天子之元子，犹士也：天子的嫡子，用的也只是士礼。元子，嫡子。

古者生无爵，死无谥。

士昏礼第二①

昏礼：
下达[1]，纳采，用雁[2]。

注释

[1]达：通也。将欲与彼合为婚姻，男方父亲必先请媒人向女方家通其言，即向女方父亲提亲。

---

① 郑玄《目录》云："士娶妻之礼，以昏为期，因而名焉。必以昏者，阳往而阴来。"昏礼于五礼中属嘉礼。

[2]纳采:纳其采择之礼,婚礼之首。女方父亲许之,男方父亲乃使人行纳其采择之礼。采,采择。用雁:行纳采礼以雁作挚,取其顺阴阳往来之寓意。按:缔结婚姻必由媒,交接设绍介(介绍人),皆所以养廉耻。

主人筵于户西[1],西上,右几[2]。

注释

[1]主人:女子父亲。筵:为鬼神所布之席。户西:是宾客之位,尊处。按:凡行事受诸祢庙,将在先祖牌位之前许人,此受纳采礼亦于祢庙。

[2]西上:席有首尾,以西为上。右几:席的右边设置一个供奉神的几案。

使者玄端至[1]。摈者出请事[2],入告。主人如宾服,迎于门外[3],再拜,宾不答拜[4]。揖入。至于庙门,揖入。三揖[5],至于阶,三让。主人以宾升,西面。宾升西阶,当阿[6],东面致命。主人阼阶上北面再拜。授于楹间[7],南面[8]。宾降,出,主人降,授老雁[9]。

注释

[1]使者:男方家派来提亲的媒人,夫家之属。玄端:玄短服,士之礼服,又服以事于宗庙。有司缁裳。按:夫家之属有差等,假令主人是上士,属是中士;主人是中士,属是下士;主人是下士,属亦当是下士。士有三等之裳,即玄裳、黄裳、杂裳。有司缁裳,即玄裳,缁、玄大同小异,据主人是上士而言。

[2]摈者:女方家佐礼的有司。请:犹问,以其前已有下达之事,虽知,犹问之,重慎也。

[3]门外:大门外。按:大夫唯有两门,即寝门、大门。庙在寝门外之东。士亦同。

[4]不答拜:奉使不敢当其盛礼。

[5]三揖:至内霤(nà liù),即大门内承屋檐水的地方,将曲(转弯),揖;既曲,北面,揖;当碑,揖。按:《仪礼》之《士冠礼》《乡饮酒礼》《乡射礼》《聘礼》《公食大夫礼》皆有此三揖之法,可参见。

[6]阿:屋栋。今文"阿"为"庪"(guǐ),同"庋",屋檐口的檩条。按:宾客入堂之深,以示婚姻重亲亲之义。凡士之庙,五架为之,栋北一楣下有室户,中脊

为栋,栋南一架为前楣,楣前接檐为庪。此士之庙,虽有室,其栋在室外,故宾得深入当之。

[7]授于楹间:宾以雁授主人于楹间,明示和合亲好。楹间,谓两楹之间。

[8]南面:俱面朝南并授,不辨宾主。

[9]老:群吏之尊者。

摈者出请。宾执雁,请问名[1]。主人许。宾入,授,如初礼[2]。

注释

[1]问名:不问三月之名,问女之姓氏,将归卜其吉凶。按:以姓氏为名,名有二种:一者是名字之名,即三月之名;一者是名号之名。媒氏此一使,兼行纳采、问名二礼,二事相因,使还须卜,故因即问名,乃还卜之。

[2]宾入,授,如初礼:宾得主人应许,再次入门,升堂,授雁,与纳采礼相同。古文"礼"为"醴"。

摈者出请,宾告事毕。入告,出请醴宾[1]。宾礼辞[2],许。主人彻几改筵,东上[3]。侧尊甒醴于房中[4]。

注释

[1]醴宾:礼宾,欲厚之。此醴亦当为"礼"。

[2]礼辞:一辞。礼宾一辞而许,是主人礼宾之常法。按:前已行纳采、问名之礼,宾主之情已融通,故略行一辞而已。

[3]彻几改筵:撤去纳采时供奉鬼神的几案,于后授宾使用;改设首朝东的筵席以礼宾。前为神而设,今为人而置。东上:以东为上。为神则西上,为人则东上。

[4]侧尊甒醴于房中:在房中设一甒醴酒。按:此设无玄酒,但有篚有笾豆,如冠礼之设。

主人迎宾于庙门外,揖让如初,升。主人北面再拜。宾西阶上北面答拜。主人拂几授校[1],拜送。宾以几辞[2],北面设于坐,左之,西阶上答拜。

注释

[1]拂几:主人面朝西,左手执几,用右衣袖拂拭几面三下,去尘示新以尊宾。拂,拭也。授校:主人二手横执几足,进,授宾于筵前。校,几足。

[2]辟:逡巡,欲行又止。

赞者酌醴,加角柶,面叶,出于房[1]。主人受醴,面枋,筵前西北面。宾拜受醴,复位[2]。主人阼阶上拜送。赞者荐脯醢[3]。宾即筵坐,左执觯,祭脯醢,以柶祭醴三[4],西阶上北面坐,啐醴,建柶,兴,坐奠觯[5],遂拜。主人答拜。宾即筵,奠于荐左,降筵,北面坐取脯,主人辞[6]。宾降,授人脯[7],出。主人送于门外,再拜。

注释

[1]"赞者酌醴"至"出于房"句:赞者洗爵给觯酌醴,加一角柶于觯上,覆之,大而宽的一头朝前,端出房面朝南,待主人迎受。按:同冠礼。赞,佐也,佐主人酌事。

[2]宾拜受醴:宾在西阶上站立行拜礼。复位:宾复位于西阶上面朝北,明示相尊敬。

[3]赞者荐脯醢:此同冠礼。荐,进请宾即(就)筵坐。

[4]左执觯,祭脯醢,以柶祭醴三:左手执觯,则以右手取少许脯醢祭先祖,用角柶取醴祭地三次。按:祭脯醢,谓祭脯醢俎豆皆于豆间,是祭其先。君子有事不忘本,表谦敬。先即本,谓先世造此食者。

[5]啐:尝也,尝之,成主人之意。建:扱。兴:起。奠:停。

[6]荐左:笾豆之东。降:下。取脯:自取脯,尊主人之赐,将归执以反命。辞:辞谢,辞其亲彻。

[7]人:谓媒人的随从,授于阶下西面,然后出去。

纳吉,用雁[1],如纳采礼[2]。

注释

[1]纳吉:婚姻六礼之一。媒人归,男方家卜于祢庙,得吉兆,复使媒人往

告,婚姻之事于是定。未卜时恐有不吉,婚姻不定。

[2]如纳采礼:纳采在前,问名在后,问名宾不出大门,故纳吉如其纳采。

纳徵[1],玄纁束帛、俪皮[2],如纳吉礼。

注释

[1]纳徵:婚姻六礼之一,也称纳币。男方家使媒人纳币以成婚礼,纳币即下聘礼。徵,成,古音成。按:此纳徵不执雁,因有束帛为挚。

[2]玄纁束帛、俪皮:聘礼是玄色、纁色的丝帛五两(五匹),也称十端,两张白色鹿皮。俪,两也。按:玄色、纁色五两丝帛,其中三玄二纁。必言两者,欲得其配合之名;十端之十,象征五行十日相成:天色苍而玄,地色黄而纁,男女婚姻用玄、纁,象征阴阳完备。《地官·媒氏》曰:"凡嫁子娶妻,入币纯帛无过五两。"《礼记·杂记》:"纳币一束,束五两,两五寻。"古八尺为一寻,每两四丈,即每端二丈。

请期[1],用雁。主人辞[2],宾许,告期,如纳徵礼。

注释

[1]请期:婚姻六礼之一。婿之父使媒人纳徵讫,乃在家中祢庙占卜结婚日期,得吉日,又使媒人前往女家告日,但男方家执谦,故遣使者请由女方家确定结婚日期,以示对女方的尊重。

[2]主人辞:女氏知阳倡阴和,夫家必先卜之而得吉日,当由男家出定日期,故主人辞谢。使者既见主人辞,遂告主人结婚日期。

期,初昏[1],陈三鼎于寝门外东方,北面[2],北上。其实:特豚,合升,去蹄[3]。举肺脊二,祭肺二[4]。鱼十有四[5],腊一肫[6]。髀不升[7]。皆饪[8]。设扃鼏[9]。

注释

[1]期:娶妻之日,婚期。初昏:黄昏初降。按:下文尽婚礼合卺之节,述夫家欲迎妇之时,预先陈设婚礼之馔食。

[2]三鼎:陈设盛有豚、鱼、腊的三只鼎。寝:婿之室。北面:向北。

[3]特:一。豚:小猪。合升:合小猪左右半体盛在鼎中。去蹄:剔除蹄甲而不用。

[4]举肺脊:食时所先举之物。肺,气之主,周人尚焉。脊者,体之正,食时则祭之,饭必举之,贵之也。二:每皆二,夫妇各一。按:《礼记·明堂位》云:"有虞氏祭首,夏后氏祭心,殷祭肝,周祭肺。"脊者,体之正,一身之上体总有二十一节,前有肩、臂、臑(nào,前肢下半截),后有肫(chún)、胳、脊,在中央有三脊,即正、脡(tǐng)、横脊,而取中央正脊,故云体之正。

[5]鱼十有四:鱼,水物,阴中之物,取月十有五日而盈,故凡鱼之正,十五而鼎,减一为十四,夫妇各有七,欲成其匹偶。

[6]腊(xī):兔腊,兔干肉。肫:或作纯,全也,凡腊用全牲体。古文纯为"钧"。按:祭祀牲体则用一半不得用全,婚礼其腊则左右体相配,共为一体,故得全名。

[7]髀不升:髀近窍,贱,故不盛设。古文髀为"脾"。

[8]饪:熟。

[9]扃:扛鼎之扛。鼏:覆盖。今文扃作"铉",鼏皆作"密"。

设洗于阼阶东南[1]。馔于房中:醯酱二豆,菹醢四豆,兼巾之[2]。黍稷四敦[3],皆盖。大羹湆在爨[4]。尊于室中北墉下,有禁[5]。玄酒在西。绤幂[6],加勺,皆南枋。尊于房户之东,无玄酒。篚在南,实四爵合卺[7]。

注释

[1]洗:用以承接盥洗弃水之器。

[2]醯酱:以醯和酱,本为得醯者无酱,得酱者无醯,若和之,则夫妻皆有,故以醯和酱。菹醢:葵菹、蜗牛酱。兼巾之:六豆共一巾而覆盖之。巾为御尘,盖为保温。

[3]敦(duì):食器,上下各为半球形,上盖合器身即为球形,多为铜制。

[4]大羹湆(qì):煮肉汁。大古之羹无盐、菜。今文湆皆作"汁"。爨(cuàn):火上。

[5]墉:墙。禁:庪(guǐ)甒。庪,承甒的架子。

[6]绤(xì):粗葛布。

[7]合卺(jǐn)：将一个瓠剖成两个瓢，新郎与新娘各执其一对饮。卺，破瓠。按：四爵、两卺凡六，为夫妇各三酳(yìn,酌)。一升曰爵。《韩诗内传》言："一升曰爵，二升曰觚，三升曰觯，四升曰角，五升曰散。"

主人爵弁，纁裳，缁袘[1]。从者毕玄端[2]。乘墨车[3]，从车二乘，执烛前马[4]。妇车亦如之，有裧[5]。至于门外[6]。

注释

[1]主人爵弁，纁裳，缁袘(yì)：此述婚姻六礼之亲迎——婿亲迎之节。新婿着爵弁而纁裳，纁裳有着缁色边。主人，新婿，婿为妇主。爵弁，玄冕之次。袘，谓缘，以缁缘裳，象阳气下施。按：大夫以上亲迎冕服。亲迎，用以表明重之亲之。

[2]从者：有司，佐助婚礼之士。毕：皆。

[3]墨车：漆车，士而乘墨车。

[4]执烛前马：使徒役持炬火居前，照亮道路。

[5]妇车亦如之：士妻之车，车同等，夫家共之。裧(chān)：车裳帏，即车上的帷幕。《周礼》谓之容。车有容，则固有盖。按：大夫以上嫁女，则自以车送之。

[6]门外：妇家大门之外。

主人筵于户西[1]，西上，右几。女次，纯衣纁袡[2]，立于房中，南面。姆纚笄、宵衣，在其右[3]。女从者毕袗玄，纚笄，被颖[4]，在其后。

注释

[1]主人：女方父亲。筵：为神布席。

[2]女次：首服，即头饰，头上结髲(bì,假发)。按：《天官·追(duī)师》掌"为副、编、次"，注云：副之言覆，所以覆首，若步繇；编，编列发为之，若假紒；次，次第发长短为之，所谓髲髢(dí,假发)。又云外、内命妇衣鞠衣、襢衣者服编，衣褖衣者服次。其副唯于三翟祭祀服之。首服与衣服是相对应的。纯衣：丝衣，亦玄色。袡(rán)：褖(tuàn)衣之属，缘，衣边。以纁缘其玄色丝衣，象阴气上任。按：凡妇人不常施袡之衣，盛昏(婚)礼，为此服。故纯衣纁袡应是昏(婚)

礼盛装。《天官·内司服》:"王后之六服:袆(huī,翟袆)衣、揄翟(yáo dí)、阙翟、鞠衣、展(襢)衣、褖衣,素沙。"素沙与上六服为里,五等诸侯、上公夫人与王后同侯伯夫人,自揄翟而下,子男夫人自阙翟而下,九嫔自鞠衣而下,世妇自襢衣而下,女御自褖衣而下,嫁时以服之。士之妻子亦褖衣。

[3] 姆:妇人年五十无子,出而不复嫁,能以妇道教人,若乳母。纚:韬发之丝巾,纚整幅一尺二寸,长六尺。笄:发簪。宵:通"绡"(xiāo,绡缯),姆亦玄衣,以绡为领,以示有别。在其右:姆在新妇右边,当告之以妇礼。

[4] 女从者:谓新妇的侄女、娣(女弟)。古者嫁女,必侄娣从,谓之媵。袗:同,同玄者,上下皆玄。被黼:谓于衣领上别刺黼纹(白与黑谓之黼),绣有黼纹的衣领谓之襮(bó)。按:天子、诸侯后夫人狄衣,卿大夫之妻刺黼以为领,士妻始嫁,与其女从皆施襌(单)黼于领上,亦非常服。

主人玄端,迎于门外,西面再拜。宾东面答拜[1]。主人揖入,宾执雁从。至于庙门,揖入。三揖,至于阶,三让。主人升,西面。宾升,北面,奠雁[2],再拜稽首,降,出。妇从,降自西阶。主人不降送[3]。

注释

[1] 宾:新婿。

[2] 奠雁:宾升奠雁,当在房外当楣北面,主人不答拜。按:何休注《公羊传》云:"夏后氏逆于庭,殷人逆于堂,周人逆于户。"逆,迎,迎于房(户),示亲亲之义。纳采主人阼阶上拜,至问名、纳吉、纳徵、请期,皆拜,独于此亲迎主人不答拜,明主人为送女出嫁。

[3] 主人不降送:婚礼之亲迎,宾、主宜各一人,今妇既从,主人不送,以其礼不得有参者。

婿御妇车,授绥[1],姆辞不受。妇乘以几,姆加景,乃驱[2]。御者代[3]。婿乘其车先,俟于门外[4]。

注释

[1] 婿:此时为御者,新婿亲而御新妇车,以示亲爱之义。绥:用以引升车之绳索。按:仆人之礼,必授人绥。仆人合授绥,姆辞而不受,示谦也。

[2]乘以几:谓乘几案以登车,几,据以尚安舒。景:袂属幅,长遮下膝的长单衣,加之以为行道御尘,令衣鲜明。类似今日之风衣,衣制无文。景,明也。今文景作"憬"。驱:行,新婿为新妇行车轮转三周,也叫御轮。

[3]御者代:御者乃代新婿为新妇驾车。

[4]乘其车先:婿车在新妇家大门外,为新妇车先道之。男率女,女从男,夫妇刚柔之义,自此而始。俟:待。门外:婿家大门外。

妇至,主人揖妇以入[1]。及寝门,揖入,升自西阶[2]。媵布席于奥[3]。夫入于室,即席,妇尊西,南面[4]。媵、御沃盥交[5]。

注释

[1]主人:新婿。

[2]升自西阶:引导新妇入门升自西阶。按:以寻常待宾客之礼,主人在东,宾客在西。今主人与妻俱升西阶,因新婿之父尚在,不敢以主人自居。

[3]奥:室内西南角。

[4]夫:谓婿。按:妇在尊西,先未设席。婿既为主,东面须设馔食,设讫,乃设对席。揖,与新妇前后就至对席。

[5]媵:送,谓新妇之从者。御:郑玄注为讶(迓),谓新婿之从者。迓,迎。媵执匜为新婿沃盥于南洗,御执匜为新妇沃盥于北洗。沃盥:浇水洗手。以示夫妇始交接,情有廉耻,媵、御以导引其志。

赞者彻尊幂。举者盥[1],出,除幂,举鼎入[2],陈于阼阶南,西面,北上。匕俎从设[3]。北面载,执而俟[4]。匕者逆退,复位于门东,北面,西上。

注释

[1]举者盥:抬鼎的人先洗手。

[2]入:入寝门。

[3]匕俎从设:执匕者及执俎者,从鼎而入,陈设之。匕,用以别出牲体。俎,用以载牲肉。按:凡牲有体,别谓肩、臂、臑、肫、骼、脊、胁等盛于鼎中,以匕别取出,载之于俎上。

[4]执而俟:执俎而立,俟豆先设。

赞者设酱于席前,菹醢在其北。俎入,设于豆东[1],鱼次,腊特于俎北。赞设黍于酱东,稷在其东,设湆于酱南[2]。设对酱于东[3],菹醢在其南,北上。设黍于腊北,其西稷。设湆于酱北。御布对席,赞启会[4],却于敦南[5],对敦于北。

注释

[1]豆东:盛菹醢之豆东。

[2]湆:大羹汁。

[3]对酱:妇酱,设之当特俎,婿东面设酱,在南为右,妇西面,则酱在北为右,皆以右手取之为便。

[4]启:发,今文启作"开"。会:盖。

[5]却:仰,谓仰置于地。

赞告具[1]。揖妇[2],即对筵,皆坐,皆祭。祭荐、黍、稷、肺。赞尔黍[3],授肺脊。皆食[4],以湆、酱[5],皆祭举、食举也。三饭,卒食[6]。

注释

[1]赞告具:赞者西面报告馔食已备具。

[2]揖妇:婿揖妇,使新妇即席,进菹醢。

[3]尔:移,移黍置席上,便其食。古文黍作"稷"。

[4]皆食:食黍。

[5]以:用。以湆、酱:谓啜羹咂酱。

[6]卒:已。按:少牢馈食礼十一饭,特牲馈食礼九饭而礼成,此独三饭,同牢示亲,不是为食饱饭,乃以饭而成礼。

赞洗爵,酌酳主人[1],主人拜受[2]。赞户内北面答拜。酳妇亦如之。皆祭[3]。赞以肝从[4],皆振祭,哜肝,皆实于菹豆。卒爵,皆拜。赞答拜,受爵。再酳如初,无从[5]。三酳用卺,亦如之[6]。

注释

[1]酳(yìn):漱口,用以洁口,安其所食。

[2]主人拜受:婿拜当东面酳,妇拜当南面。夫妇酳内尊。

[3]皆祭:祭先。

[4]肝:肝炙,即烤肝。饮酒,宜有肴以安之。

[5]无从:无肝炙从。

[6]亦如之:亦无肝炙从也。

赞洗爵,酳于户外尊[1]。入户,西北面奠爵,拜,皆答拜[2]。坐祭,卒爵,拜,皆答拜。兴。

注释

[1]酳:赞者自酢。

[2]皆:指夫妇。下同。

主人出,妇复位[1]。乃彻于房中[2],如设于室,尊否[3]。主人说服于房[4],媵受;妇说服于室,御受。姆授巾[5]。御衽于奥[6],媵衽良席在东[7],皆有枕,北止[8]。

注释

[1]妇复位:复尊西南面之位。按:妇人不宜出而复入,故因旧位而立。

[2]彻于房中:撤室中之馔食设于房中,为媵、御馂(jùn)之。馂,吃剩下的饭食。

[3]尊否:撤尊不设,有外尊。

[4]说:脱。

[5]巾:用以自洁清。

[6]衽:卧席,设卧席。

[7]良:妇人称夫曰良。

[8]北止:脚朝北。止,足,古文止作"趾"。

主人入[1],亲说妇之缨[2]。烛出。昏礼毕,将卧息。

注释

[1]主人入:新婿从东房还入室。

[2]缨:应是系发的丝带,妇人十五许嫁,笄而礼之,发上因著缨,明有所系。盖以五采为之,其制未闻。

媵馂主人之馀,御馂妇馀,赞酌外尊酳之[1]。媵侍于户外[2],呼则闻。

注释

[1]外尊:房户外东边的酒尊。
[2]侍于户外:在户外为供承夫妇,但不使御待于户外。今文侍作"待"。

夙兴[1],妇沐浴。纚笄、宵衣以俟见[2]。质明[3],赞见妇于舅姑[4]。席于阼,舅即席。席于房外[5],南面,姑即席。妇执笲枣栗[6],自门入,升自西阶,进拜,奠于席[7]。舅坐抚之,兴,答拜。妇还,又拜[8]。降阶,受笲腶脩[9],升,进,北面拜,奠于席。姑坐,举以兴,拜,授人[10]。

注释

[1]夙:早,婚礼明日之晨,即新婚第二天早晨。兴:起,起身。
[2]俟(sì):待,等待,于舅姑寝门之外等待拜见。按:古者命士以上,年十五父子异宫别居。
[3]质明:天亮。质,平。
[4]见:通报后使新妇见公婆。舅姑:妇人对公公婆婆的称呼。
[5]房外:房户外之西。
[6]笲(fán):圆形竹器,其形盖如筥。按:下文记云"笲,缁被纁里,加于桥",谓笲外有丝帛为罩衣装饰,妇见舅姑,以饰为敬。
[7]进拜:进面朝东乃拜。奠于:舅尊,不敢授之。
[8]还,又拜:还于先拜处拜。妇人与丈夫为礼,如母于子尚侠(夹)拜。参见《仪礼·士冠礼》。
[9]腶脩(duàn xiū):加姜桂而捶捣制成的肉脯。何休注《公羊传·庄公二十四年》云:"妇人见舅以枣栗为贽,见姑以腶脩为贽。""枣栗,取其早自谨敬;腶脩,取其断,断自脩正。"
[10]人:有司。按:姑执笲以起,答妇拜,授有司撤之,舅则宰撤之。

赞醴妇[1]。席于户牖间[2],侧尊甒醴于房中。妇疑立于席西[3]。赞者酌醴,加柶,面枋,出房,席前北面。妇东面拜受[4]。赞西阶上北面拜送。妇又拜。荐脯醢。妇升席,左执觯,右祭脯醢,以柶祭醴三,降席,东面坐,啐醴,建柶,兴,拜。赞答拜。妇又拜,奠于荐东[5],北面坐取脯,降,出,授人于门外[6]。

注释

[1]赞醴妇:以其妇道新成,亲厚之。醴,当为礼。舅姑堂上礼妇。

[2]户牖间:室户之西,牖之东,面朝南位。以其位礼子、礼妇、礼宾客,皆于此尊之。

[3]疑:正立自定之貌,以等待礼事。

[4]东面拜受:妇东面拜,赞北面答之,变于男子始冠成人之礼。按:《仪礼·士冠礼》言,礼子与此礼妇俱在宾位,彼礼子南面受醴,以向宾拜;此则东面,以舅姑在东,亦面拜之,有不同,故为变礼。

[5]奠于荐东:奠时升席,南面奠之于脯醢东边。

[6]人:谓妇氏人,其在门外,妇往授之。

舅姑入于室,妇盥馈:特豚,合升,侧载[1],无鱼腊,无稷,并南上[2]。其他如取女礼[3]。妇赞成祭[4],卒食,一酳,无从。

注释

[1]侧载:一只小猪的右半边载之于舅俎,左半边载之于姑俎。妇馈舅姑,成孝养之事。

[2]并南上:舅姑共席于奥,其馔食各以南为上。

[3]其他:谓酱湆菹醢。女:谓新妇,如娶妇同牢三饭礼。

[4]赞:谓授之,佐助。祭:又祭以笾豆中的菹醢和黍。

席于北墉下[1]。妇彻[2],设席前如初,西上。妇馂[3],舅辞,易酱[4]。妇馂姑之馔。御赞祭豆、黍、肺,举肺、脊,乃食,卒。姑酳之,妇拜受,姑拜送。坐祭,卒爵,姑受,奠之[5]。妇彻于房中,媵御馂,姑酳之。虽无娣,媵先[6]。于是与姑饭之错[7]。

注释

[1]席于北墉下:设席于室中北墙下。墉,墙。按:此席将为妇馂之处。

[2]妇彻:新妇将公婆吃剩的食物撤到北墙下的席上。

[3]妇馂:即席将吃公婆吃剩的食物。

[4]舅辞,易酱:舅谢绝,更换酱,以其酱乃以手指唖之,嫌其污而不洁。按:以舅尊,不馂舅馀(余)者,嫌相亵。

[5]奠之:奠于篚。

[6]媵先:古者嫁女,必侄娣从,谓之媵。侄,即兄之子(女);娣,女弟。娣尊侄卑,若或无娣,则其他媵者犹先。

[7]姑:谓舅姑。错:相错,谓媵馂舅馀(余),御馂姑馀(余)。

舅姑共飨妇以一献之礼[1]。舅洗于南洗,姑洗于北洗[2],奠酬[3]。舅姑先降自西阶,妇降自阼阶[4]。归妇俎于妇氏人[5]。

注释

[1]飨:以酒食招待人。一献之礼:燕飨礼之礼节,先由主人酌酒敬宾,称"献";客还敬,称"酢";主人再酌酒先自饮,而后换觯或爵酌酒再敬宾,客随之饮,称"酬"。其中有洗爵,故又称之为"三爵之礼"。此一献之礼主宾为舅姑和新妇。

[2]洗:洗爵。南洗:在庭。北洗:在北堂。按:设两洗,献酬酢以洁清为敬。

[3]奠酬:明正礼成,不复举。舅姑酬新妇之酒奠爵于荐左,不举爵。

[4]妇降自阼阶:新妇从东边台阶下堂,以示舅姑授之主家室之事,使其为主,明其代已。

[5]归妇俎于妇氏人:舅姑使有司送豚俎给新妇娘家人,让他们回去复命于新妇父母,明婚礼已成。归,同"馈",送。俎,飨礼有豚牲加俎上。妇氏人,护送新妇出嫁的女方家的男子。

舅飨送者以一献之礼[1],酬以束锦[2]。姑飨妇人送者[3],酬以束锦。若异邦,则赠丈夫送者以束锦[4]。

注释

[1]送者:女家有司,执事。

[2]束锦:五匹丝锦。古文锦皆为"帛"。按:爵以酬宾,又从之以束锦,以示相亲厚。

[3]妇人送者:女方家仆役之妻妾。

[4]若异邦,则赠丈夫送者以束锦:如果新妇来自他邦,就派人到送新妇的娘家人下榻的宾馆再赠送五匹丝锦。丈夫,指送婚的女方家的男子,即上文的"妇氏人"。

若舅姑既没[1],则妇入三月,乃奠菜[2]。

注释

[1]没:终,即舅姑已经去世。

[2]奠菜:用筐设菜祭祀舅姑,菜盖用堇。按:舅姑去世,新妇则三月庙见之礼。必三月,因三月为四时之一时节,妇道可以成之。若舅没姑存,则当时见姑,三月亦庙见舅;若舅存姑没,妇人无庙可见,或更有继姑,自然如常礼。《礼记·曾子问》:"三月而庙见,称来妇也。择日而祭于祢,成妇之义也。"郑玄云:"妇有供养之礼,犹舅姑存时盥馈特豚于室。"

席于庙奥[1],东面,右几;席于北方[2],南面。祝盥,妇盥于门外。妇执笲菜,祝帅妇以入[3]。祝告,称妇之姓,曰:"某氏来妇[4],敢奠嘉菜于皇舅某子[5]。"妇拜,扱地[6],坐奠菜于几东席上,还,又拜如初。

注释

[1]庙:考妣之庙。

[2]北方:牖下。按:祭于庙中而别席,此庙见若生时拜见舅姑,舅姑别席异面,故象生时一样,不与常祭相同。

[3]帅:导引。入:入室。

[4]某氏:称谓女子必称其姓,如齐女则曰姜氏,鲁女则曰姬氏,秦女则曰嬴氏等,以示异姓之婚。来妇:言来为妇。

[5]嘉:美。皇:君。
[6]扱地:双手至地。妇人扱地行礼,犹男子行稽首礼。

妇降堂[1],取笲菜入。祝曰:"某氏来妇,敢告于皇姑某氏[2]。"奠菜于席,如初礼。

注释

[1]降堂:阶上。室事交于户牖间,今降堂示敬。
[2]敢告:言于姑曰敢告,舅尊于姑。

妇出,祝阖牖户[1]。

注释

[1]阖牖户:先阖(合)牖,后闭户。按:以其祭讫则阖牖户。凡庙,无事则闭之,因其鬼神尚幽暗。

老醴妇于房中[1],南面,如舅姑醴妇之礼。

注释

[1]老:新婿家德高望重的年长有司。按:舅姑生时,新妇拜见讫,舅姑使赞醴妇于寝之户牖之间。今舅姑既没,使年长执事醴妇于庙之房中,其礼则与舅姑醴妇相同,唯处所不同而已。

婿飨妇送者丈夫、妇人[1],如舅姑飨礼。

注释

[1]婿飨:舅姑既没,新婿兼飨丈夫、妇人,如舅姑飨礼并有赠锦,不失婚礼之礼节。

记:
士昏礼,凡行事,必用昏昕[1],受诸祢庙。辞无"不腆",无"辱"[2]。

注释

[1]昏:谓婿亲迎之时。昕:即明之始,谓男方家使媒人向女方家行纳采、问名、纳吉、纳徵、请期等五礼,皆用昕,君子举事尚早,故用朝旦。

[2]腆:善。宾不称币"不善",主人不谢"来辱"。按:宾主相告以直、信。宾纳徵之时,不得以谦虚为辞,应教女正直之义。信,妇德。

挚不用死[1],皮帛必可制[2]。腊必用鲜[3],鱼用鲋[4],必殽全[5]。

注释

[1]挚:雁。
[2]皮帛必可制:皮帛不需要再加工,可直接缝制为衣物,此亦是教妇以诚信之义。
[3]腊用鲜:取夫妇日新之义。
[4]鱼用鲋(fù):取夫妇相依附之义。鲋,鲫鱼。
[5]殽全:所用牲体不残缺、完整。

女子许嫁[1],笄而醴之[2],称字。

注释

[1]许嫁:此谓已受纳徵礼。女子许嫁,谓年十五以上至十九以下。
[2]笄:笄女之礼,犹男子冠礼,使主妇、女宾执其礼。其礼无文献记述。

祖庙未毁[1],教于公宫[2],三月。若祖庙已毁,则教于宗室[3]。

注释

[1]祖庙:女子曾为国君的高祖之庙。以有缌麻之亲,未出五服。
[2]教于公宫:就于尊者之宫,教以妇德、妇言、妇容、妇功等四德。按:妇德,贞顺;妇言,辞令;妇容,婉娩,温婉丽姿;妇功,丝麻,即女红。
[3]宗室:大宗之家,即嫡长子之家。

问名,主人受雁[1],还[2],西面对[3]。宾受命,乃降。

注释

[1]受雁:接受雁于两楹间,南面。
[2]还:还归于阼阶上。
[3]对:告宾以女子名(姓)。

祭醴,始扱壹祭,又扱再祭。宾右取脯,左奉之,乃归,执以反命[1]。

注释

[1]反命:谓媒人问名、纳吉、纳徵、请期,还报于婿父。

纳徵,执皮,摄之[1],内文,兼执足,左首[2]。随入[3],西上,参分庭一在南[4]。

注释

[1]执皮,摄之:手执鹿皮,在脊背处对折。摄,犹辟,折后迭合。
[2]内文,兼执足,左首:将鹿皮有花纹的一面朝里,左手执前两足,右手执后两足,鹿头朝左,像执活雁一样。按:执皮而左首,象生,取妇人生息之义。
[3]随入:前后相随而入。按:皮皆横执之,而庙门中陿狭,故不得并排进入。
[4]参分庭一在南:将庭的南北分成三份,执皮者站立在庭的南边三分之一的地方。

宾致命,释外足见文。主人受币[1]。士受皮者自东出于后,自左受[2],遂坐摄皮,逆退[3],适东壁。

注释

[1]"宾致命"至"主人受币"句:此礼节经文无记述。宾在堂上向女方家主人致辞,庭中执皮者放开鹿皮的外足,打开鹿皮现出鹿皮花纹。主人在堂上接受皮帛。

[2]士受皮者自东出于后,自左受:此为主人之士受皮之事,主人之士于堂下取皮,从东边出来绕到执皮者的身后,走到其左侧,面朝北,代表主人接过鹿皮。士,担任婚礼执事的主人的下属。如果主人是上士为官长,此士若中士、下士之不命者;若主人是中士,则士是下士;若主人是下士,则士是不命之士、府史之等。自,由。

[3]逆退:收受鹿皮的二人前后相随,向东而行(至东壁下)。逆,与"自东出"向西行之方向相反。

父醴女而俟迎者[1],母南面于房外。

注释

[1]父醴女而俟迎者:父亲在房中行醴礼等待亲迎之婿。按:此亦经文不具。父母醴女以示重婚礼。奠爵于荐东,女子既次纯衣,立于位,南面而等待新婿。婿至,父出,摈者请事,母出南面房外,以示将女儿亲授新婿,并且要告诫嘱咐女儿。

女出于母左[1],父西面戒之[2],必有正焉,若衣、若笄[3]。母戒诸西阶上。不降[4]。

注释

[1]女出于母左:母出房在户之西,南面;女出房,西行至母亲的左侧。

[2]父西面戒之:父站在阼阶上西面,告诫女儿。

[3]必有正焉,若衣、若笄:一定有托戒的诸如衣、笄之属,告诫女儿如衣、笄恒在身一样而不要忘记父母的教导,持戒亦是如此。

[4]不降:不降阶。按:此士礼,父母不降送。送女,父不下堂,母不出祭门(庙门)。

妇乘以几[1]。从者二人坐持几,相对。

注释

[1]妇乘以几:新妇将上车时踩蹬小几案。

妇入寝门,赞者彻尊幂,酌玄酒,三属于尊[1],弃馀水于堂下阶间,加勺。

注释

[1]属:注也。按:婚礼贵新,故新妇至乃取玄酒,況水贵新,三注于尊中。礼有玄酒、況水、明水三者,各随事物而生。玄酒据色而言,況水据新取为号,其实一样。因上古无酒,用水为酒,后世虽有酒,用之配尊,示不忘本。明水,《秋官·司烜氏》言:"以阴鉴取明水于月。"

笲,缁被纁里[1],加于桥[2]。舅答拜,宰彻笲。

注释

[1]被:表。笲有衣饰,即笲有罩子,表黑色,里子是浅红色。妇见舅姑,以饰为敬。

[2]桥:用以庋笲,应是置放笲的架子,其制未有记述。今文桥为"镐"。

妇席荐馔于房[1]。飨妇,姑荐焉[2]。妇洗在北堂[3],直室东隅,篚在东,北面盥。

注释

[1]妇席荐馔于房:行醴妇之礼,席、脯醢预先放置在房中。也是飨妇之席荐。

[2]飨妇,姑荐焉:招待新妇饮食,姑亲自向新妇进脯醢。按:此亦经文不见,记有之。舅姑共飨妇,舅献爵,姑荐脯醢。醴妇时唯席与荐,无俎;飨妇非直有席荐,并有俎。俎则不馔食于房,从鼎升于俎,入设于席前。

[3]洗在北堂:所谓北洗。洗,南北直对室东隅,东西直对房户与隔间。北堂,房中半以北。

妇酢舅,更爵,自荐[1]。不敢辞洗[2],舅降则辟于房,不敢拜洗[3]。

注释

[1]自荐:新妇亲自向姑进脯醢酢以回敬。

[2]不敢辞洗:新妇酢舅以酒,见舅酬酒欲洗爵时亦不辞谢,以示不敢与尊者为礼。

[3]舅降则辟于房,不敢拜洗:舅降阶洗爵时新妇就要回避于房中等待,不能站在堂上似在监督;舅洗爵完毕,新妇也不得拜谢,亦是不敢与尊者为礼。

凡妇人相飨,无降[1]。

注释

[1]无降:不下堂,因北洗、篚在堂上。

妇入三月,然后祭行[1]。

注释

[1]然后祭行:于祭乃行,谓助祭。按:此谓适妇,庶妇无此事。

庶妇[1],则使人醮之[2],妇不馈[3]。

注释

[1]庶妇:庶子之妇。
[2]使人醮之:不飨,亦有脯醢。醮,酒不酬酢。按:适妇酌之以醴,尊之;庶妇酌之以酒,卑之。
[3]不馈:不送礼物,即不馈特豚,供养统于适。

昏辞曰[1]:"吾子有惠[2],贶室某也[3]。某有先人之礼[4],使某也请纳采[5]。"对曰[6]:"某之子蠢愚[7],又弗能教。吾子命之[8],某不敢辞。"致命,曰:"敢纳采。"

注释

[1]昏辞:摈者请事相告主人之辞。
[2]吾子:谓女父。称有惠,明下达。
[3]贶(kuàng):赐,赐福。室:犹妻。某:婿名。

[4]某:婿父名。

[5]某:使者之名。

[6]对曰:女方家摈者出纳宾之辞。

[7]某:女父名。

[8]吾子:谓使者。

问名,曰:"某既受命[1],将加诸卜,敢请女为谁氏[2]?"对曰:"吾子有命,且以备数而择之[3],某不敢辞[4]。"

注释

[1]某:使者名。

[2]谁氏:姓氏为何。委婉之辞,因不确定其女是否为主人之女。按:以其已行纳采礼,则应知女家之姓。但恐非是主人亲生之女,假若是收养外人之女,故委婉问之。

[3]备数:备选之数。

[4]某:再次申明女父名,明为主人之女。若是他女,当称女氏以答。

醴[1],曰:"子为事故,至于某之室。某有先人之礼,请醴从者[2]。"对曰:"某既得将事矣,敢辞。""先人之礼,敢固以请。""某辞不得命[3],敢不从也。"

注释

[1]醴:女方的父亲向媒人行醴礼,有辞令礼仪。

[2]从者:本指媒人的随从,此谓媒人,以示不敢贸然醴之,谦辞。

[3]某辞:宾辞,媒人辞谢。不得命:不得许己之命。

纳吉,曰:"吾子有贶命[1],某加诸卜[2],占曰'吉',使某也敢告。"对曰:"某之子不教,唯恐弗堪。子有吉,我与在[3],某不敢辞。"

注释

[1]贶命:谓许以女名(姓)。

[2]某:婿父名。

[3]与:犹兼。古文与为"豫"。

纳徵,曰[1]:"吾子有嘉命,贶室某也。某有先人之礼,俪皮束帛,使某也请纳徵。"致命,曰[2]:"某敢纳徵。"对曰[3]:"吾子顺先典[4],贶某重礼,某不敢辞,敢不承命!"

注释

[1]曰:是媒人在门外向主人家的摈者致辞。
[2]曰:是媒人升堂行纳徵礼所致命辞。
[3]对曰:是堂上主人对辞。
[4]典:常,法。

请期,曰:"吾子有赐命,某既申受命矣。惟是三族之不虞[1],使某也请吉日。"对曰:"某既前受命矣,唯命是听。"曰:"某命某听命于吾子。"对曰:"某固唯命是听。"使者曰:"某使某受命,吾子不许,某敢不告期!"曰:"某日[2]。"对曰:"某敢不敬须[3]!"

注释

[1]三族:谓父昆弟、己昆弟、子昆弟。虞:度也,料想。不虞度,指有死丧意外之事。按:有死丧之事,则须服丧而不得在丧期内办吉礼。此三族,若己及子皆为服丧期,期服则逾年,丧期过即今之吉。《礼记·杂记》曰:"大功之末,可以冠子、嫁子。"据婿之父而言,大功、小功之末,既葬,则可以嫁子娶妻。
[2]某日:吉日之甲乙。
[3]须:待。

凡使者归,反命,曰:"某既得将事矣,敢以礼告[1]。"主人曰:"闻命矣。"

注释

[1]礼告:执礼物之脯禀告主人。

父醮子[1],命之,曰:"往迎尔相[2],承我宗事[3]。勖帅以敬先妣之嗣[4],若则有常。"子曰:"诺。唯恐弗堪,不敢忘命。"

注释

[1]父醮子:父亲为儿子行醮礼,用酒在寝。按:女父礼女用醴,在庙;父醮子用酒,在寝。父礼女,以其许人,以适他族,妇人外成,故重之而用醴,复在庙以告先祖;男子娶妇入室,而用酒在寝。

[2]相:助。

[3]宗事:宗庙之事。

[4]勖帅以敬先妣之嗣:勉励引导新妇恭敬地承嗣我们先妣的美德。勖,勉。嗣,继。按:谓新妇入室,使之代姑祭祀。

宾至[1],摈者请,对曰:"吾子命某[2],以兹初昏[3],使某将[4],请承命。"对曰:"某固敬具以须。"

注释

[1]宾:新婿。

[2]某:婿父名。

[3]兹:此。

[4]将:行,使某行婚礼来迎。

父送女,命之,曰:"戒之敬之,夙夜毋违命[1]。"

注释

[1]夙:早,早起夜卧。毋:古文毋为"无"。命:舅姑之教命。

母施衿结帨[1],曰:"勉之敬之,夙夜无违宫事[2]。"

注释

[1]衿(jīn):衣带。帨(shuì):佩巾。

[2]宫事:家事,女红。

庶母及门内[1],施鞶[2],申之以父母之命[3],命之曰:"敬恭听宗尔父母之言[4]。夙夜无愆[5],视诸衿鞶[6]。"

注释

[1]庶母:父之妾。

[2]鞶(pán):鞶(丝)囊,用以盛放帨巾等的小袋子,为谨敬。男鞶用革,女鞶用丝。

[3]申:重申。

[4]宗:尊。

[5]愆:过,过错。

[6]诸:之,示之以衿鞶,皆托戒之物使识之。有别于父示之以衣笄,彼为尊者之戒。

婿授绥,姆辞曰:"未教,不足与为礼也。"

宗子无父[1],母命之[2]。亲皆没,己躬命之[3]。支子,则称其宗[4]。弟,则称其兄[5]。

注释

[1]宗子:适长子。按:宗子无父,不是谓宗子之父去世,而是有其父。礼,七十老而传,八十齐丧之事不及。若是,子代其父为宗子,其娶妻也是父命之。

[2]命之:命使者。母命之,其实是使子父兄、师友命使者。

[3]躬:犹亲,自己亲自命之。

[4]支子:庶昆(兄)弟。称其宗:称其宗子之命命使者。

[5]弟:宗子之母弟。

若不亲迎,则妇入三月然后婿见,曰:"某以得为外昏姻,请觌[1]。"

注释

[1]昏姻:女氏称昏,婿氏称姻。觌(dí):见。按:《尔雅·释亲》言所以别男女,则男曰昏,女曰姻,义取婿昏时往娶,女则因之而来。及其亲,则女氏称

昏,男氏称姻,义取送女者昏时往男家,因得见之故。

主人对曰[1]:"某以得为外昏姻之数,某之子未得濯溉于祭祀[2],是以未敢见。今吾子辱,请吾子之就宫,某将走见。"

注释

[1]主人:女父也。
[2]未得濯溉于祭祀:即未得祭祀佐助的身份。按:新妇在祭祀之前夕在宗庙濯溉祭器,即已庙见。未庙见,未得祭祀夫家宗庙,婚姻即不被承认。

对曰:"某以非他故,不足以辱命,请终赐见。"

对曰:"某得以为昏姻之故,不敢固辞,敢不从。"

主人出门左,西面。婿入门,东面。奠挚[1],再拜,出。摈者以挚出,请受。

注释

[1]奠挚:将见面礼放在地上。挚,雉。按:婿有子道,不敢授女父。婿见于寝。

婿礼辞,许,受挚,入。主人再拜受,婿再拜送,出。

见主妇[1],主妇阖扉[2],立于其内。婿立于门外,东面。主妇一拜,婿答再拜。主妇又拜,婿出。

注释

[1]主妇:主人之妇,新婿之岳母。按:见主妇以兄弟之道,宜相亲。
[2]阖扉:合上左门扇。扉,左扉,西边门扇。按:妇人无外事,故立于房内与房门外的女婿行礼相见。

主人请醴,及揖让入,醴以一献之礼。主妇荐,奠酬,无币[1]。

注释

[1]奠酬,无币:放好赠送给女婿的礼物,但没有币帛。按:与婿之父母醴宾、飨宾赠送币帛之礼不同。

婿出,主人送,再拜。

《礼记》选注

曲礼上第一①

曲礼曰:

毋不敬[1],俨若思[2],安定辞[3],安民哉[4]!

注释

[1]毋不敬:礼主于敬。人君行礼无有不敬,行五礼皆须敬也。毋,音无。

[2]俨若思:人之坐思,貌必俨然。即人君矜庄之貌,如人之思也。俨,矜庄貌。若,如也。思,计虑也。

[3]安定辞:谓言语审慎。人君既心能肃敬,身乃矜庄,口复审慎,三者依于德义,则政教可以安民也。

[4]安民哉:安定民心。按:人君立治之本,先当肃心谨身,审慎言辞。

敖不可长[1],欲不可从[2],志不可满,乐不可极。

---

① 孔颖达《正义》引郑玄《目录》云:"名曰《曲礼》者,以其篇记五礼之事。祭祀之说,吉礼也;丧、荒、去国之说,凶礼也;致贡、朝会之说,宾礼也;兵车、旌鸿之说,军礼也;事长敬老、执贽纳女之说,嘉礼也。"以其屈曲行事,则曰《曲礼》。此《曲礼》篇中含有五礼之义:"祷祠祭祀",当吉礼也;"送丧不由径","岁凶,年穀不登",又云"大夫士去国",丧荒去国当凶礼也;"五官致贡曰享","天子当宁而立曰朝","相见于郤地曰会",致贡朝会当宾礼也;"兵车不式","前有水,则载青旌",兵车旌鸿当军礼也;"侍坐于长者","故君子式黄发","妇人之贽,椇榛枣栗","纳女于天子",事长敬老、执贽纳女当嘉礼也。

注释

[1]敖不可长:傲慢不可肆意滋长。敖,同"傲",矜慢在心之名。

[2]欲不可从:人心之欲望不能放纵。欲,心所贪爱为欲。从,同"纵",放纵。

贤者狎而敬之[1],畏而爱之。爱而知其恶,憎而知其善[2]。积而能散,安安而能迁[3]。

注释

[1]贤者狎而敬之:对贤德者要亲近而恭敬,习其所行。狎,习也,近也。

[2]爱而知其恶,憎而知其善:与人虽亲爱,必当知其心怀恶行;与人虽憎恨,必当知其心怀善意。谓凡与人交,不可以己心之爱憎,诬人之善恶。爱,谓己所亲幸。憎,谓己所嫌慢。按:人多爱而不知其恶,憎而不知其善,故昭人戒之。

[3]积而能散,安安而能迁:谓己有蓄积,见贫穷者则当能散以周济之;今安此之安,图后有害则当能迁。按:凡人贪啬,皆好积而不好散;己有蓄积,能赈乏周济无有者则是仁惠也。己心安于此所处之安,当图谋于后有害以否;若后当有害,必须早迁善而远离灾祸。

临财毋苟得,临难毋苟免[1]。很毋求胜,分毋求多[2]。疑事毋质,直而勿有[3]。

注释

[1]临财毋苟得,临难毋苟免:面对财利不要随便获取,面对危难不要随便逃避。财,财利,人之所贪。苟得,非义而取谓之苟得。难,谓有寇仇谋害君父,为人臣子当致身授命以救之,见义不为,无勇也。

[2]很毋求胜,分毋求多:与人发生争讼不要只求获胜,分配财物不要求自己得多。很,谓争讼也。按:凡人所争,皆欲求胜;众人之物共分之时,人皆贪欲,望多入己。

[3]疑事毋质,直而勿有:他人有疑事而来问己,若有疑问则不能主观臆断

来回答;已若不疑而答之,则当称师友而正之,不要自以为是。质,成也。直,正也。

若夫[1]:坐于尸[2],立如齐[3]。礼从宜[4],使从俗[5]。

注释

[1]若夫:谓凡人若为丈夫之法,必当如下所陈。

[2]坐于尸:坐着必当如尸一般矜庄。尸,祭祀时代表死者受祭的人,居神位而坐必矜庄。言人虽不为尸,应如尸之坐法。

[3]立如齐:站立时当如祭前斋戒一样弯腰屈身以示恭敬。齐,本亦作"斋",音同。按:人之倚立多慢不恭,故戒之云,倚立之时亦当如祭前之斋戒,必须磬折(弯腰)屈身。

[4]礼从宜:礼仪应该顺从当时之宜,事不可固定而一成不变。

[5]使从俗:出使要顺从他国习俗。

夫礼者所以定亲疏[1],决嫌疑,别同异,明是非也。礼,不妄说人[2],不辞费[3]。礼,不逾节,不侵侮,不好狎。修身践言,谓之善行。行修言道,礼之质也。礼闻取于人,不闻取人。礼闻来学,不闻往教[4]。

注释

[1]定亲疏:用礼确定人与人之间的亲疏远近关系。按:礼以五服之内,大功以上服粗者为亲,小功以下服精者为疏。

[2]不妄说人:不妄自取悦于人。说,同"悦"。

[3]不辞费:不说空话。按:凡为人之道当言行相副,只有言而无行为辞费。

[4]礼闻来学,不闻往教:按礼规,只听说前来拜师求学,没有听说主动前往教授技艺的。这是尊师重道艺。

道德仁义[1],非礼不成;教训正俗,非礼不备;分争辨讼,非礼不决;君臣、上下、父子、兄弟,非礼不定;宦学事师[2],非礼不亲;班朝治军,莅官行法,非礼威严不行;祷祠祭祀[3],供给鬼神,非礼不诚不庄。是以君子恭敬、撙节[4]、退让以明礼。

注释

[1]道德仁义:道德为万事之本,仁义为群行之大。
[2]宦学事师:求学从师。宦学,犹言游学。
[3]祷:求福。祠:求得。
[4]撙(zǔn)节:凡事有节制。撙,有所抑制而不肆意。节,有所克制而不过度。

鹦鹉能言,不离飞鸟。猩猩能言,不离禽兽[1]。今人而无礼,虽能言,不亦禽兽之心乎?夫唯禽兽无礼,故父子聚麀[2]。是故圣人作,为礼以教人,使人以有礼,知自别于禽兽。

注释

[1]禽兽:鸟兽。《尔雅·释鸟》:"二足而羽谓之禽,四足而毛谓之兽。"按:鹦鹉是羽曰禽,猩猩四足而毛是兽。
[2]父子聚麀(yōu):父子共用雌兽。聚,犹共。麀,牝鹿,泛指雌兽。

大上贵德[1],其次务施报[2]。礼尚往来,往而不来,非礼也;来而不往,亦非礼也。人有礼则安,无礼则危,故曰礼者不可不学也。夫礼者,自卑而尊人。虽负贩者[3],必有尊也,而况富贵乎?富贵而知好礼,则不骄不淫;贫贱而知好礼,则志不慑[4]。

注释

[1]大上:谓三皇五帝之世,其民施而不唯报。大音泰,大上,帝皇之世。
[2]其次务施报:三王之世,独亲其亲,独子其子,货力为已,施则望报,以为恒事,礼始兴焉。务,犹事也。
[3]负贩者:负贩者尤轻佻志利,无礼。
[4]慑:怯惑。

人生十年曰幼,学[1];二十曰弱,冠[2];三十曰壮,有室[3];四十曰强,而仕[4];五十曰艾,服官政[5];六十曰耆,指使[6];七十曰老,而传[7];八十九十曰耄,七年曰悼[8]。悼与耄,虽有罪,不加刑焉[9]。百年曰期,颐[10]。

注释

[1]十年曰幼,学:十岁名曰幼,时始可学也。按:依《礼记·内则》,子生八年"始教之让,九年教之数日,十年出就外傅,居宿于外,学书计",故以十年为节。

[2]二十曰弱,冠:二十成人,初加冠,体犹未壮,故曰弱也。至二十九,通得名弱冠,以其血气未定故也。

[3]三十曰壮,有室:三十而立,血气已定,故曰壮。壮有妻,妻居室中,故呼妻为室。有室,有妻。妻称室。

[4]四十曰强,而仕:强有二义,一则四十不惑,是智虑强;二则气力强。

[5]五十曰艾,服官政:年至五十,气力已衰,发苍白,色如艾也。五十是知天命之年,堪为大夫服事也。艾,老也,谓苍艾色。

[6]六十曰耆,指使:六十不与服戎,不亲学。六十耳顺,不得执事,但指事使人也。指使,指事使人也。

[7]七十曰老,而传:传家事,任子孙,宗子之父既年已老,则传徙家事,付委子孙,不复指使。

[8]八十九十曰耄,七年曰悼:耄,惛忘。悼,怜爱。

[9]不加刑焉:爱幼而尊老。幼无识虑,则可怜爱;老已耄而可尊敬,虽有罪,而同不加其刑。

[10]百年曰期,颐:期,犹要。颐,养。不知衣服食味,孝子要尽养道而已。人年百岁,不复知衣服饮食寒暖气味,故人子用心,要求亲之意而尽养道。

大夫七十而致事[1]。若不得谢[2],则必赐之几杖,行役以妇人,适四方,乘安车[3]。自称曰老夫,于其国则称名。越国而问焉[4],必告之以其制[5]。

注释

[1]大夫七十而致事:致其所掌之事于君而告老。

[2]谢:犹听也。君必有命,劳苦辞谢之,其有德尚壮,则不听耳。

[3]适四方,乘安车:谓远聘异国时,乘安车。安车,小车。按:几杖、安车,所以养其身体,亦老人所宜。此养老之具,在国及出皆得用之。古者乘四马之

车立乘。此臣既老,故乘一马小车坐乘。

[4]越国:犹他国。

[5]必告之以其制:若他国来问己国君之政,君虽已达其事,犹宜问于老贤,老贤则称国之旧制以对他国之问。制,法度。

谋于长者,必操几杖以从之[1]。长者问,不辞而对[2],非礼也。

注释

[1]谋于长者,必操几杖以从之:杖可以策身,几可以扶己,俱是养尊者之物,故与长者谋议之时执持而就之。操,执持。从,犹就也。

[2]不辞而对:当谢不敏。

凡为人子之礼,冬温而夏清[1],昏定而晨省[2],在丑夷不争[3]。

注释

[1]清:致其凉。

[2]昏定而晨省:天黑当齐整床衽,使亲体安定之后,退。至明旦,既隔夜,早来视亲之安否何如。先昏后晨,兼示经宿之礼。衽,席。定,安。晨,旦。

[3]丑:众也。夷:犹侪。皆等类之名。风俗语不同,故兼言之。按:贵贱相临,则存畏惮,朋侪等辈,好争胜负,亡身及亲,故宜诫之以不争。

夫为人子者,三赐不及车马[1]。故州闾乡党称其孝也[2],兄弟亲戚称其慈也,僚友称其弟也[3],执友称其仁也[4],交游称其信也[5]。见父之执[6],不谓之进不敢进,不谓之退不敢退,不问不敢对。此孝子之行也。

注释

[1]三赐不及车马:言为人子,虽受三命之尊,终不敢受车马。三赐,三命。凡仕者,壹命而受爵,再命而受衣服,三命而受车马。按:车马,而身所以尊者备矣。车马则身有成尊,便比逾于父,故不受。所以许受三命,而不许受车马,命是荣美,光显祖父,故受也;车马是安身,身安不关先祖,故不受也。卿、大夫、士之子不受,不敢以成尊比逾于父;天子、诸侯之子不受,自卑远于君。

[2]州闾乡党:《周礼》二十五家为闾,四闾为族,五族为党,五党为州,五州为乡。《周礼·司徒》言,距王城百里置远郊,远郊之内为六乡,六乡之民,"五家为比,使之相保;五比为闾,使之相受;四闾为族,使之相葬;五族为党,使之相救;五党为州,使之相赒;五州为乡,使之相宾"。

[3]僚友:同官者。弟:事长次弟之名。孝子能接同官,有所次序,不敢逾越等级,故同官之友称之。

[4]执友:执同志者。同师之友,意趣相得,绸缪切磋。

[5]交游:泛交,结交游往,泛言远近之往来者。

[6]见父之执:父之执,谓执友,与父同志者。敬父同志者,如事父。

夫为人子者,出必告,反必面[1],所游必有常,所习必有业[2]。恒言不称老[3]。年长以倍,则父事之;十年以长,则兄事之;五年以长,则肩随之[4]。群居五人,则长者必异席[5]。

注释

[1]出必告,反必面:从外来,宜知亲之颜色安否。告、面同耳。

[2]所游必有常:缘亲之意,欲知之。

[3]恒言不称老:常言不能称老。按:老是尊称,若其称老,乃是己自尊大,非是孝子卑退之情;非仅敬亲,因敬亲广敬他人。

[4]则肩随之:逊不敢与齐等。肩随,与之并行差退。

[5]群居五人,则长者必异席:若有五人会,应一人别席,因推长者一人于异席。群,朋友。按:古者地敷横席而容四人,席以四人为节,因宜有所尊,四人则推长者居席端。

为人子者,居不主奥[1],坐不中席,行不中道,立不中门。食飨不为概[2],祭祀不为尸[3]。听于无声,视于无形[4]。不登高,不临深。不苟訾,不苟笑[5]。

注释

[1]居不主奥:人子不宜处室内西南隅。主,犹坐。奥,室中西南隅。按:室向南户,近东南角,则西南隅隐奥无事,故呼其名为奥。尊者居必主奥。

[2]食飨不为概:不制设待宾馔食,其事由尊者所裁,而子不得预先限量多

少。槩,量也。

[3]祭祀不为尸:尸代尊者之处,故人子不为。

[4]听于无声,视于无形:听而不闻父母之声,视而不见父母之形,虽无声无形,恒常于心想象,似见形闻声,谓不忘父母将有教诲于己。

[5]不登高,不临深。不苟訾,不苟笑:因其近危辱而不为。人之性,不欲被毁訾,不欲见笑,君子乐然后笑,不乐而笑为苟笑。苟,且也。訾,相毁也。按:彼虽有是非,而己苟讥毁訾笑之,皆非彼所欲,必反被毁辱,故孝子不为。

孝子不服暗[1],不登危,惧辱亲也。父母存,不许友以死[2],不有私财[3]。

注释

[1]孝子不服暗:不行事于暗冥中,为防有非常之事,且避嫌失礼。服,事也。暗,冥也。

[2]不许友以死:谓不许为其友报仇雠而死。亲尚存须供养,许友报仇怨而死,是忘己亲。

[3]不有私财:家事统于尊,财关尊者,故无私财。

为人子者,父母存,冠、衣不纯素[1]。孤子当室[2],冠、衣不纯采[3]。

注释

[1]冠、衣不纯素:衣冠不敢镶白色边,为其有丧象。冠纯(zhǔn),谓冠饰;衣纯,谓深衣领缘。纯,缘边。《礼记·深衣》曰:"具父母,衣纯以青。"

[2]孤子当室:孤子,谓二十九以下而无父者。当室,娶妻当家。早丧亲,虽除丧,不忘哀。三十壮,有室,有代亲之端,不为孤。

[3]冠、衣不纯采:既少孤,故虽除服,犹穿戴镶白边的衣冠,不敢穿戴镶彩色边的。《礼记·深衣》曰:"孤子,衣纯以素。"

幼子常视毋诳[1],童子不衣裘、裳[2]。立必正方,不倾听。长者与之提携,则两手奉长者之手[3]。负剑辟咡诏之[4],则掩口而对[5]。

注释

[1]幼子常视毋诳:小孩未有所知,常示之以正事,以正教之,不宜示以欺

诳,恐即学之。视,通"示"。

[2]童子不衣裘、裳:童子体热,不宜着裘,裘大温,伤阴气;又应给役,若着裳则活动不便,故不穿下裳。按:童子并缁布襦袴,穿着黑色镶有红边的葛麻布上衣下裤。

[3]长者与之提携,则两手奉长者之手:长者牵领孩童,孩童要把双手放在长者手中。尊者提携将牵行,至于行步,亦宜教之,又教之为节。奉长者之手,为儿长大,方当供养扶持长者,故先使学之,令习便也。

[4]负剑辟咡(èr)诏之:长者背着孩童,或者像携带剑一样把孩童挎在胁下,倾头与孩童说话时,要掩口而语,不正向之,令口气不触儿。负,谓置儿于背上。剑,谓挟之于胁旁如带剑也。辟咡诏之,谓倾头与语。辟,倾也。咡,口旁也。诏,告也。

[5]则掩口而对:此是童子向长者告语之,即回答长者。童子虽未能掩口而对,长者亦教之为此礼,以为后法。掩口,恐气触人。

从于先生,不越路而与人言[1]。遭先生于道,趋而进,正立拱手[2]。先生与之言则对,不与之言则趋而退[3]。

注释

[1]不越路而与人言:若从师行,不得辄往路旁与他人言,尊不二也。先生,师也。谓师为先生,言彼先己而生,其德多厚。己自处如弟子,则尊师如父兄。

[2]遭先生于道,趋而进,正立拱手:在路上与先生相遇,疾趋而进就之;又不敢问先生所为,故正立拱手而听先生之教。遭,逢。趋,疾。拱手,作揖,见师而起敬。

[3]趋而退:快步退下。为其不欲与己并行。

从长者而上丘陵,则必乡长者所视[1]。

注释

[1]则必乡长者所视:长者东视则东视,长者西视则西视,从先生君子亦然。为其远视不察有所问。

登城不指,城上不呼[1]。

注释

[1]登城不指,城上不呼:登城不用手指画,城上不呼叫。有所指画,则让人疑惑;有所呼叫,则让人惊骇。

将适舍,求毋固[1]。将上堂,声必扬[2]。

注释

[1]将适舍,求毋固:凡往人家,不可责求于主人,觅平常旧有之物。适,犹往。舍,主人家。固,犹常。
[2]将上堂,声必扬:将要上堂,先发出声音,以警示屋内人。

户外有二屦,言闻则入,言不闻则不入[1]。将入户,视必下[2]。入户奉扃,视瞻毋回[3]。户开亦开,户阖亦阖;有后入者,阖而勿遂[4]。毋践屦,毋踖席[5],抠衣趋隅,必慎唯诺[6]。

注释

[1]言不闻则不入:若有二屦,二屦是有二人,或言密事,若内人语闻于户外,则外人乃可入户。屦,单底鞋。按:若一屦有一人,一人无非法之私事,则外人可即入。
[2]将入户,视必下:虽闻言而入,亦不得举目而视,恐睹人私,故所视必低下。
[3]入户奉扃,视瞻毋回:今入户虽不奉扃木,其手若捧扃的样子,初将入时视必下,而瞻视不得回转而左顾右盼,似探人之私。奉扃,以其手对户若奉扃,凡常奉扃之时,必两手向心而奉之。言恭敬。扃,门扇上的镮钮,一说是关户之木。
[4]有后入者,阖而勿遂:谓己先入,后犹有人又应入,虽己应关阖,当徐徐欲作阖势,以待后者入,不得立即关阖以拒后人进入。按:礼,有后入者,阖户而勿遂,示不拒人。既入户,不以后来变先,户若本开,则今入者不须关阖;户若本阖,则今入者不须开。

[5]毋践屦,毋踏席:既并脱屦户外,其人或多,若后进者,不得蹋先入者屦;席既地而铺,当有上下,将就座,当从下而升。从上为躐席。践,蹋。踏(jí),犹躐。按:礼,席以后为下,当由后而往前升;若升从席前,则为踏席。踏席无礼。

[6]抠衣趋隅,必慎唯诺:既不踏席,当两手提裳之前边,徐徐向席之下角,从下而升,当己位而就座;既坐定,又慎于以言辞应对。抠,提。衣,下裳。趋,犹向。隅,屋角。诺,应对。

大夫、士出入君门,由闑右[1],不践阈[2]。

注释

[1]由闑(niè)右:大夫、士是臣,臣皆统于君,不敢自为宾,故出入君门恒从闑东。闑,门橛,门中木。门以向堂为正,右在东。

[2]不践阈(yù):出入不得践履门限。按:践阈之举一则自高,二则不净,并为不敬。践,履。阈,门限。

凡与客人者,每门让于客[1]。客至于寝门,则主人请入为席[2],然后出迎客。客固辞[3],主人肃客而入[4]。主人入门而右,客入门而左。主人就东阶,客就西阶。客若降等,则就主人之阶[5]。主人固辞,然后客复就西阶。主人与客让登,主人先登,客从之,拾级聚足[6],连步以上[7]。上于东阶则先右足,上于西阶则先左足。

注释

[1]每门让于客:主客地位相同,主人出门外迎接客人,主人辄先让而不先入。礼宾之意。每门,天子五门,诸侯三门,大夫二门。

[2]客至于寝门,则主人请入为席:谓客与主人入至主人内门,而主人请先独入为客人敷席。寝门,最内门。为,犹敷,设席,虽君亦然。按:主人在客人未到前已应正席,今客至门,方请先入敷席,其意有二:一则自谦,示不敢逆设席以招待贤者;二则重慎,更示重视之。

[3]客固辞:主人入铺席竟,出而迎客,又让先入,客再辞不先入。固,如故。按:礼有二辞,初曰礼辞,再曰固辞,三曰终辞。

[4]主人肃客而入:客以再辞,故主人进先导之。肃,进,进客谓道(导)之。

[5]客若降等,则就主人之阶:谓大夫于君、士于大夫,不敢辄由其阶,卑统于尊,不敢自专。降,下。

[6]拾级聚足:涉等聚足,谓前足蹑一等,后足从而并之。拾当为涉,音涉,声之误也。级,等。

[7]连步以上:在级(台阶)未在堂,足相随而不相过。连步,后足不相过。上,上堂。

帷薄之外不趋[1],堂上不趋[2],执玉不趋[3],堂上接武[4],堂下布武[5]。室中不翔[6],并坐不横肱[7]。授立不跪,授坐不立。

注 释

[1]帷薄之外不趋:不见尊者行进自由,不为容也。入则容。帷,幔。薄,帘。趋,谓行而张足,疾趋而行,以示敬。按:礼,天子外屏,诸侯内屏,卿大夫以帘,士以帷。外屏,门外为之。内屏,门内为之。臣来朝君,至屏而加肃敬,屏外可不示敬,故不趋。

[2]堂上不趋:堂上迫狭,故不疾趋。堂下则趋,下阶则趋。

[3]执玉不趋:执玉须慎,不论堂之上下,皆不疾趋。若张足疾趋,恐或蹉跌(失足跌倒)失玉,故不趋。志重玉。

[4]堂上接武:既不欲疾趋,故足迹相接。中人足迹一尺二寸,半蹑之,是每进六寸。接武,足迹相接。武,足迹。

[5]堂下布武:武谓每移足,各自成迹,不相蹑。

[6]室中不翔:又因室中迫狭,行走时不能伸张手臂。行而张拱曰翔。

[7]并坐不横肱:和他人并坐,不横着伸出胳膊肘而为害旁人。

凡为长者粪之礼,必加帚于箕上[1]。以袂拘而退,其尘不及长者[2]。以箕自乡而扱之[3]。奉席如桥衡[4]。请席何乡,请衽何趾[5]。席南乡北乡,以西方为上;东乡西乡,以南方为上。

注 释

[1]凡为长者粪之礼,必加帚于箕上:两手奉箕,以箕舌向胸而帚置于箕中。箕是弃物之器,故不持向尊者,以示恭敬。

[2]以袂拘而退：谓扫时，以一手捉帚，又举一手衣袂以拘障于帚前，且扫且却行之。

[3]以箕自乡而扱之：谓以箕自向敛取粪秽，亦不以箕向尊者。箕去弃物，以向尊者则不恭。扱，音吸，敛取。

[4]奉席如桥衡：席横奉之，令左昂右低，如有首尾的样子，如桥之衡。桥，井上桔槔(jié gāo)，井上汲水的一种工具。衡，横。左尊故昂，右卑故垂。

[5]请席何乡，请衽何趾：坐问面所向，卧问趾所向，因于阴阳。既奉席来，当随尊者所欲眠坐的方向。席，坐席。乡，面向。衽，卧席。趾，足。按：坐为阳，面亦阳，坐故问面欲何所向；卧是阴，足亦阴，卧故问足欲何所趾，皆从尊者所安。

若非饮食之客，则布席，席间函丈[1]。主人跪正席，客跪抚席而辞[2]。客彻重席，主人固辞[3]。客践席，乃坐[4]。主人不问，客不先举[5]。将即席，容毋怍，两手抠衣去齐尺[6]，衣毋拨，足毋蹶[7]。

注　释

[1]若非饮食之客，则布席，席间函丈：既来讲问之客，则布席相对，须讲说指画使相见，所布两席中间相去容一丈之地，足以指画。客，讲问之客。函，犹容。丈，或为杖。容丈，讲问宜相对，足以指画。按：饮食之客，谓来共饮食者。若饮食之客，不须相对，布席于牖前。非饮食客，谓来讲问者，布席舒之令相对。席之制，三尺三寸三分寸之一，则三席是一丈。

[2]客跪抚席而辞：客跪以手按止于席而辞，不听主人之正席。抚之，答主人之亲正。抚，谓以手按止之。

[3]彻：去。去重席，示谦。再辞曰固。

[4]客践席，乃坐：主人待客坐，乃坐。客安，主人乃敢安，讲问宜坐。

[5]主人不问，客不先举：客从外来，宜问路中寒热安否无恙及所为来故；若主人未问，则客不可先问。举，问。

[6]将即席，容毋怍，两手抠衣去齐尺：初将来就席，颜色宜庄，不得变动颜色。将就席之时，以两手当裳前提挈裳使起，令裳下缉边去地一尺，恐衣长转足蹑履之。怍，惭，颜色变。齐，音咨，谓裳下缉边。

[7]衣毋拨，足毋蹶：客初至之时，勿得以为行遽，恐有蹶躓之貌也。拨，发

扬貌。蹴,行遽貌。

先生书策琴瑟在前,坐而迁之,戒勿越[1]。虚坐尽后,食坐尽前[2]。坐必安,执尔颜[3]。长者不及,毋儳言[4]。正尔容,听必恭。毋剿说[5]。毋雷同[6]。必则古昔,称先王。

注 释

[1]先生书策琴瑟在前,坐而迁之,戒勿越:弟子将行,若遇师诸物或当己前,则跪而迁移之,戒慎勿得逾越,广敬之。策,简册,书简。坐,亦跪,跽坐,坐通名跪,跪名不通坐。越,逾。

[2]虚坐尽后,食坐尽前:非饮食之坐尽量后坐而不敢尽前,以为谦;饮食之坐尽量往前坐。凡坐各有其法。虚,空,谓非饮食之坐。按:古者地铺席,而食器俎豆皆陈于席前之地,若坐靠后则易溅污席,故尽前。

[3]坐必安,执尔颜:凡坐,易怠惰而自摇动,故戒之,令必安坐;久坐易疲惫而异容色,故必戒之。执,犹守。

[4]长者不及,毋儳(chán)言:长者正论甲事,未及乙事,少者不得辄以乙事杂甲事,暂然杂错师长之说。长者,犹先生。及,谓所及之事。儳,犹暂,非类杂。儳言,突然插话而打断他人的话。

[5]毋剿说:无得揽取人之说以为己语,语当称师友而言。剿,犹揽,揽取。剿说,谓取人之说以为己说。

[6]毋雷同:凡为人之法,当自立己心,断其是非,不得闻他人之语,辄附而同之。雷之发声,物无不同时应声,若闻而辄同,则似万物之闻雷声而应;人之言,当各由己,不当以为然。

侍坐于先生,先生问焉,终则对[1]。请业则起,请益则起[2]。父召无"诺",先生召无"诺","唯"而起。

注 释

[1]先生问焉,终则对:不敢错乱尊者之言。
[2]请业则起,请益则起:示尊师重道。业,谓篇卷。起,若今抠衣前请。益,谓受说不了,欲师更明说之。

侍坐于所尊敬,毋馀席[1]。见同等不起[2]。烛至起,食至起,上客起[3]。烛不见跋[4]。

注 释

[1]侍坐于所尊敬,毋馀席:谓先生坐一席,己坐一席,己必坐于近尊者之端,勿得使近尊者之端更有空余之席。所以然者,欲得亲近先生,不可过远。

[2]见同等不起:虽见己之同等者后来,不为之起,任其坐在下空处。所以然者,尊敬先生,不敢曲为私敬。

[3]上客起:尊者见之则起,故侍者宜从之而起。然食与烛至起,则尊者不起。上客,谓尊者之上客。

[4]烛不见跋:烛燃尽则去之但不使人看见烛把,嫌若烬多会令人厌倦。跋,本,烛把处。按:古者未有蜡烛,唯呼火炬为烛。火炬照夜易尽,尽则藏所燃残本。所以尔者,若积聚残本,客见之则知夜深,虑主人厌倦,或欲辞退。故不见残本,恒如燃未尽。

尊客之前不叱狗[1]。让食不唾[2]。

注 释

[1]尊客之前不叱狗:若有尊客至,而主人叱骂于狗,则似厌倦其客欲去之。卑客亦当然,举尊为甚。

[2]让食不唾:让食于客时,不要吐唾沫,嫌有秽恶。

侍坐于君子,君子欠伸,撰杖屦,视日蚤莫,侍坐者请出矣[1]。侍坐于君子,君子问更端,则起而对[2]。侍坐于君子,若有告者曰:"少间,愿有复也。"则左右屏而待[3]。

注 释

[1]"侍坐于君子"至"侍坐者请出矣"句:君子志疲则欠,体疲则伸;君子自执杖在坐,着屦升堂,脱之在侧;君子或瞻视其庭影,望日蚤晚,侍坐者均可辞请退出,以君子有倦意。撰,犹持。按:礼,卑者贱者请进不请退,退由尊者,今若

见尊者为上诸事,皆是欲起之渐,故侍坐者可请出矣。

[2]君子问更端,则起而对:谓向语已毕,更问他事,事异宜新更敬,又起离席而对,以敬异事。君子必令复坐。更端,别事。

[3]"侍坐于君子"至"则左右屏而待"句:侍者闻告欲须少空间有所白,则当各自屏退,左右避之,不得远离。间,谓清闲。复,白,告。屏,犹退,隐。

毋侧听[1],毋噭应[2],毋淫视[3],毋怠荒[4]。游毋倨[5],立毋跛,坐毋箕[6],寝毋伏[7]。敛发毋髢[8],冠毋免,劳毋袒[9],暑毋褰裳[10]。

注释

[1]毋侧听:不得倾斜侧听他人之语,嫌探人之私。侧听,耳属于垣墙。

[2]毋噭应:应答宜徐徐而和,不得高急。噭,谓声响高急,如高声号呼。

[3]毋淫视:目当直瞻视,不得流动邪眄。淫视,睇眄,斜视,顾盼。淫,流移。

[4]怠荒:谓身体放纵,不自拘敛。

[5]游毋倨:行时身当恭谨,不得倨慢。游,行。倨,慢。

[6]立毋跛,坐毋箕:谓站立时身体宜直正,双足并立不得偏斜;坐的时候不要向前伸开两腿。跛,偏任,谓挈举一足,一足踏地立。箕,谓舒展两足,状如箕舌。

[7]寝毋伏:睡觉的时候不要伏卧。伏,覆,卧。按:卧当或侧或仰而不覆。

[8]敛发毋髢(tī):毋垂余发如髲(bì)。古人重发,以丝帛韬之,不使发垂。髢,也称髲,假发。

[9]冠毋免,劳毋袒:冠常著在首,不可脱;虽有疲劳之事,厌患其衣,而不得袒露身体。免,去,脱。袒,露。

[10]暑毋褰(qiān)裳:暑天虽炎热,而不得褰祛下裳取凉。褰,祛,撩起。

侍坐于长者,屦不上于堂[1],解屦不敢当阶[2]。就屦,跪而举之,屏于侧[3]。乡长者而屦,跪而迁屦,俯而纳屦[4]。

注释

[1]侍坐于长者,屦不上于堂:长者在堂,而侍者屦贱,故脱于阶下,不穿着

上堂;若长者在室,则侍者可穿着屦上堂,而不得入室。屦贱,则不陈于尊者之侧。

[2]解屦不敢当阶:屦既不上于堂,故解之于阶下,不敢妨碍后升者。解,脱。

[3]就屦,跪而举之,屏于侧:初升时解置阶侧,今独退下著之,先往阶侧,跪举取之。侍者或独自暂退时取屦方法。就,犹著。屏,亦不当阶。

[4]乡长者而屦,跪而迁屦,俯而纳屦:既为长者所送,则于阶侧跪取屦,稍移近前,俯身面向长者而内足著之。迁,徙,或为还。俯,俛。纳,内。

离坐离立,毋往参焉[1]。离立者,不出中间。男女不杂坐[2],不同椸枷,不同巾栉,不亲授[3]。嫂叔不通问,诸母不漱裳[4]。外言不入于梱,内言不出于梱[5]。女子许嫁,缨,非有大故,不入其门[6]。姑、姊妹、女子子已嫁而反[7],兄弟弗与同席而坐,弗与同器而食。父子不同席[8]。

注释

[1]离坐离立,毋往参焉:若见彼或二人并坐,或二人并立,既唯二人,恐密有所论,则己不得辄往参与。离,通"俪",两。

[2]男女不杂坐:谓男子在堂,女子在房。

[3]不同椸(yí)枷,不同巾栉,不亲授:男女不共用衣架,不共用布巾和梳子、篦子,男女有物,不亲手相授。椸,衣架。枷,本又作架。椸枷,均为衣架。《礼记·内则》云:"非祭非丧,不相授器。其相授,则女受以篚。其无篚,则皆坐奠之而后取之。"

[4]嫂叔不通问,诸母不漱裳:小叔子和嫂子不相问候道谢,不可以让庶母洗下裳。通问,谓相互称谢。诸母,庶母,谓父之诸妾有子者。诸母贱,乃可使漱浣盛服,而不可使之漱裳。裳,卑亵,欲尊崇于兄弟之母,故不可使漱裳,又欲远别。

[5]外言不入于梱(kǔn),内言不出于梱:外言,男职,男职在于官政,各有其限域,不得令妇人干预之;内言,女职,女职谓织纴,男子亦不得滥干预。外言、内言,谓男女之职。不出入,不以相问。梱,本又作阃,门限。

[6]女子许嫁,缨,非有大故,不入其门:女子许嫁系缨,有从人之端。唯有丧病等,乃可入其门,非大故,则不得入其门。按:妇人质弱,不能自固,必有系

属,故恒系缨。缨有二时,一是少时常佩香缨,二是许嫁时系缨,此则为许嫁时系缨,盖以五采为之,其制未闻。大故,指宫中有灾变或疾病,女子已许嫁,则有宫门,列为成人。

[7]女子子已嫁而反:谓已嫁女子,是已之女回娘家。反,同"返"。按:凡男子、女子皆是父生,同为父之子,男子则单称子,女子则重言子。

[8]父子不同席:异尊卑。

男女非有行媒,不相知名[1];非受币,不交不亲[2]。故日月以告君,齐戒以告鬼神[3],为酒食以召乡党僚友,以厚其别也[4]。

注 释

[1]男女非有行媒,不相知名:男女相知名姓,先须媒氏行传婚姻之意,后乃得知姓名。否则,不相得知。

[2]非受币,不交不亲:先须礼币,然后可交亲。币,谓聘礼之玄纁束帛。

[3]故日月以告君,齐戒以告鬼神:男方家娶妇,妇来,则书娶妇之年月日时以告国君;嫁女之家受于六礼,并于祖庙布席报告先祖鬼神,明女是先祖之遗体,不可专辄许人。齐戒,即斋戒。按:娶妇之家,父命子亲迎,乃并自齐絜(jié,犹斋戒),但在己寝,不在庙。然夫家若无父母,则三月庙见,亦是告鬼神。

[4]厚:重慎。

取妻不取同姓,故买妾不知其姓则卜之[1]。寡妇之子,非有见焉,弗与为友[2]。

注 释

[1]取妻不取同姓,故买妾不知其姓则卜之:此不娶同姓之妻,为其乱伦近禽兽之行;妾贱,娶之于贱者,不知何姓之后,则世无本系,但卜得吉者娶之。取,本亦作娶。

[2]寡妇之子,非有见焉,弗与为友:寡妇无夫,若其子有奇才异行,众人所知,则己可与之为友;若此子凡庸,而己与其往来,则于寡妇有嫌。明避嫌。有见,谓奇才卓异可见。

贺取妻者[1],曰:"某子使某,闻子有客,使某羞[2]。"

注释

[1]贺取妻者:谓亲朋友有婚礼,己有事碍不得自往,故不在宾客之中,而遣人往送筐篚,将奉淳意,身实不在为贺,而其辞则不称贺。

[2]某子使某,闻子有客,使某羞:某子,贺者名。使某,使自称名。言彼使我来。闻子,呼娶妻者为子。客者,乡党僚友之属。羞,进,言进于客。按:其礼盖壶酒、束脩。束脩,十脡脯。若无脯,则壶酒及一犬。

贫者不以货财为礼,老者不以筋力为礼[1]。

注释

[1]贫者不以货财为礼,老者不以筋力为礼:财货、筋力,所以行礼。然人之所无而不可强取,君子有所不责焉。礼许俭,不非无。年五十始杖,八十拜君命而为老。

名子者不国[1],不以日月[2],不以隐疾[3],不以山川[4]。

注释

[1]名子者不国:给子取名不以本国国名为名。因国名在常语之中,故死后难讳之。此一节明给子取名字之法。

[2]不以日月:不以甲乙丙丁为名。殷商时代得以之为名,殷质,不讳名故。或以为不以日、月二字为名。

[3]不以隐疾:谓不以体上幽隐之处疾病为名。隐疾,衣中之疾,谓若"黑臀""黑肱"之属。按:疾在外者,虽不得言,尚可指摘。此则无时可避,俗语云:"隐疾难为医。"

[4]不以山川:不用山川之名取名。孔颖达引《春秋左氏传》云:以官则废官职,以山川则废神主,以畜牲则废祭祀,以器币则废祭礼。周人避讳神之名而事神,为神之后(死后),将须讳之名,故不可以取为名。

男女异长[1]。男子二十,冠而字[2]。父前,子名;君前,臣名[3]。女子许嫁,笄而字[4]。

注释

[1]男女异长:男女各自为伯、季。按:《仪礼·士冠礼》加字之时,"伯某甫,仲叔季,唯其所当",知女子亦各自为叔、季。《礼纬》又云:"嫡长称伯,庶长称孟。"

[2]男子二十,冠而字:成人而敬其名。

[3]父前,子名;君前,臣名:对至尊,无大小皆相名。

[4]女子许嫁,笄而字:以许嫁为成人。

凡进食之礼,左殽右胾[1],食居人之左,羹居人之右[2]。脍炙处外,醯酱处内[3],葱渫处末[4],酒浆处右[5]。以脯脩置者,左朐右末[6]。

注释

[1]左殽右胾(zì):皆方便食用。殽,熟肉带骨曰殽。胾,大脔,即大块切肉。殽在俎,胾在豆。骨是阳,故在左;肉是阴,故在右。

[2]食居人之左,羹居人之右:食,饭之属。食饭燥为阳,故居左;羹湿是阴,故右设之,并在殽胾之内。居人左右,明其近。此中有三便,一则纯肉在右,先取为便;二则羹饭并近人之食,先取羹饭亦便;三则饭在左,羹在右,右手取羹,羹重于右,亦便。

[3]脍炙处外,醯(xī)酱处内:脍炙、醯酱于殽胾之外内。脍炙皆在豆。羹食最近人,羹食之外,乃有殽胾、醯酱,此醯酱处内,亦当酱在右,醯在左。醯,醋。

[4]葱渫(xiè)处末:烝葱处于醯酱之左殽之外。葱渫,烝葱。葱渫在豆。处末,处殽之外。

[5]酒浆处右:酒浆处羹之右。此言有酒有浆,两者有之,则左酒右浆。此为大夫、士与宾客燕食之礼。酒,清醴。浆,胾(zài)浆,用米酿制带有醋味的一种酒。

[6]以脯脩置者,左朐(qú)右末:脯脩皆在左边,朐置于左,靠右边际。亦为便食。脯、脩、朐皆为干肉。脯,长条状干肉。脩,又称"腶脩",加姜桂捶打而制成的长条干肉。朐,中屈的干肉。末,边际。按:脯脩处酒左,以燥为阳。

客若降等,执食兴,辞[1]。主人兴,辞于客,然后客坐,主人延客祭[2]。祭食,祭所先进[3],殽之序,遍祭之[4]。三饭,主人延客食胾,然后辩殽[5]。主人未辩,客不虚口[6]。

注释

[1]客若降等,执食兴,辞:客既卑,故未食必先捉饭而起,以辞谢主人之临己。又若欲往堂下食,堂下是卑者食处。饭为食主,故特执之。降,下等,谓大夫为卿之客,其品等卑下。执,捉。食,饭。兴,起。辞,辞主人之临己食,若欲食于堂下。

[2]主人兴,辞于客,然后客坐,主人延客祭:主人见客执饭起,故主人亦起,辞止之,则客从辞而止,乃复坐。主人导之祭祖。延,道。祭,祭先祖。按:祭,君子有事不忘本,有德必酬之,故得食而种种出少许,置在豆间之地,以报先代造食之人。主客地位若对等,客不降等则先祭,不须主人之延导;客卑于主人,则听主人先祭导之,己乃从之。礼,饮食必祭,示有先祖。

[3]祭食,祭所先进:凡祭食之法,随主人所设前后次第种种而依次祭之,故主人所先进,先祭之;所后进,后祭之,如其次。

[4]殽之序,遍祭之:谓胾、炙、脍等,以其本出于牲体,种种依次序遍祭之。序,次序,谓脍炙胾之属。

[5]三饭,主人延客食胾,然后辩殽:三饭竟,主人乃导客食胾;食胾竟后,主人乃导客令食至饱,食殽得遍。三饭,谓三食。礼,食三飧而告饱,须劝,乃更食。辩,通"遍"。按:食礼,先食胾,后食殽。殽,尊。凡食殽,遍于肩(肘子),食肩则饱。

[6]主人未辩,客不虚口:主人若食殽未遍,则客虽已遍,而不得辄酳(yìn)漱。俟主人。虚口,谓酳,食竟以酒漱口,使清洁及安食,以酒养其气;用水曰漱,令口以洁清为义。按:客自与主人地位相等以上,其酳不待主人饱。主人恒让客,不自先饱。故客待主人遍,乃得为酳,此谓客卑于主人。

侍食于长者,主人亲馈,则拜而食[1];主人不亲馈,则不拜而食。

注释

[1]侍食于长者,主人亲馈,则拜而食:此明侍从尊长为客之礼。己虽侍食

于尊长,而主人若亲自馈予己食,己则拜谢之而后食。虽贱,不得执食站起辞谢,须拜而食,示敬。馈,谓进馔食。

共食不饱[1],共饭不泽手[2]。

注 释

[1]共食不饱:谓同事聚居,非礼食,则有同器食法,共食宜谦,不厌饫(yàn yù,饱食)。共食,谓共羹饭之大器。

[2]共饭不泽手:既与人共饭,手宜洁净,恐为人秽;若泽手,手必汗生,则不洁净。泽,或为择,本或作污。洁,净。按:亦是共器盛饭。古之礼,饭不用箸,但用手。

毋抟饭[1],毋放饭[2],毋流歠[3],毋咤食[4],毋啮骨[5],毋反鱼肉[6],毋投与狗骨[7]。毋固获[8],毋扬饭,饭黍毋以箸。毋嚺羹,毋絮羹[9],毋刺齿,毋歠醢[10]。

注 释

[1]毋抟(tuán)饭:不把饭捏成团来吃。共器若取饭作抟,则易得多,为欲致饱,不谦。抟,捏成团。

[2]毋放饭:手就器中取饭,饭若黏着手,不得拂放本器中。以手取余饭于器中,人所秽。

[3]毋流歠(chuò):汤汁入口如水流,则欲多而速,是伤廉。歠,谓开口大喝。

[4]毋咤食:吃食物时,口中不要发出咤咤声响。咤,叱咤,以舌在口中作声。似若嫌主人之食。

[5]毋啮骨:不要啃食骨头。啃食骨头不敬:一则有声;二则嫌主人食不足,以骨致饱;三则啮之口唇可憎,故不啮。

[6]毋反鱼肉:谓与人同器,己啮残不可返还器中,为人秽之。

[7]毋投与狗骨:言为客之礼,无得食主人肉食后,弃其骨与犬。以其贱饮食之物。投,致。狗,犬。

[8]毋固获:与人共食,不可专取独得及争取自己所爱之食。为其不廉。专

取日固,争取曰获。

[9]毋扬饭,饭黍毋以箸(zhù)。毋嚃(tà)羹,毋絮羹:饭热当待冷,若扬去热气,则为贪快,伤廉;饭黍无用箸,当用匕(勺子);人若不嚼菜,含而歠吞之,其欲速而多,又有声,不敬,伤廉;若得主人羹,更于器中调和,是嫌主人食味恶。箸,筷子。嚃,不嚼菜,又音退。絮,犹调,谓就食器中调和盐梅而详于味。

[10]毋刺齿,毋歠醢:不要在吃饭时剔牙,否则为不敬;不要喝酱汁。醢,肉酱,酱宜咸,客若歠之,则是示以酱淡,亦嫌详于味。

客絮羹,主人辞不能亨[1]。客歠醢,主人辞以窭[2]。濡肉齿决[3],干肉不齿决[4]。毋嘬炙[5]。

注释

[1]客絮羹,主人辞不能亨:若客失礼而絮羹,则主人宜有优宾之辞谢之,云己家不能亨煮,故羹味不调适。亨,同"烹",煮。

[2]客歠醢,主人辞以窭(jù):若客失礼而歠醢,则主人亦致谢。云主人贫故作醢淡而无盐,故可歠酱。窭,贫。

[3]濡肉齿决:肉若湿软不可用手擘,故用齿断决而食之。濡,湿。决,犹断。

[4]干肉不齿决:脯脩等干肉坚韧不可用齿决断之,故须用手擘而食之。干肉,脯之属。

[5]毋嘬炙:炙肉濡,若食炙,先当以齿啐而反置俎上,不一举而并食,一举而并食为其贪食之甚。嘬,谓一举尽脔,是贪食。火灼曰炙。

卒食,客自前跪,彻饭齐,以授相者[1]。主人兴,辞于客,然后客坐[2]。

注释

[1]卒食,客自前跪,彻饭齐,以授相者:客食竟,加于俎,起从坐前北面,当以坐而跪,自彻己所食饭与齐,以授主人所使进食者。此是卑者侍食之客,若敌者则否。卒食,食已。自,从。齐,酱之属。齐、酱、菹,通名。相者,谓主人所使进食者。

[2]主人兴,辞于客,然后客坐:主人起,辞不听自彻,则客亦止而坐。

侍饮于长者,酒进则起,拜受于尊所[1]。长者辞,少者反席而饮。长者举未釂,少者不敢饮[2]。

注释

[1]侍饮于长者,酒进则起,拜受于尊所:燕饮之礼尚尊。谓长者赐侍者酒,进至侍者前则侍者起;侍者见酒至,不敢即饮,而往放置酒尊处拜受之。降席拜受,以示敬。尊所,以陈酒尊之处。按:陈尊之所,贵贱不同,若诸侯燕礼、大射礼,设尊在东楹之西,自北向南陈之,酌者在尊东西向,以酌者之左为上尊;若乡饮酒礼及卿大夫燕礼,则设尊陈于房户之间,宾主共之,尊面向南,酌者向北,以西为上尊。此为大夫之燕饮,时主人在阼,西向,宾在户西牖前,南乡,使宾主得夹尊(在尊的两边),示不敢专惠,故往于尊所向长者而拜。

[2]长者举未釂(jiào),少者不敢饮:饮酒尊卑异爵,今少者虽反席而饮,要须待长者尽爵后,少者乃得饮;若长者饮未尽,则少者不敢饮。不敢先于尊者。举,犹饮。釂,尽饮爵中酒。

长者赐,少者、贱者不敢辞[1]。

注释

[1]长者赐,少者、贱者不敢辞:若少者及贱者被尊长赐之,则不敢辞谦,宜即接受,不敢抗礼。敌者抗而有辞,少者、贱者,故不敢为。少,谓幼稚。贱,谓僮仆之属。

赐果于君前,其有核者怀其核[1]。御食于君,君赐馀,器之溉者不写,其馀皆写[2]。

注释

[1]赐果于君前,其有核者怀其核:君赏赐水果吃,水果有核,就把吃完水果剩下的果核揣在怀中,否则是嫌弃尊者之物。木实曰果。

[2]御食于君,君赐馀,器之溉者不写,其馀皆写:谓劝侑君食,君食竟,以所食残余赐御者,若所赐食之器可涤溉,不畏污则不须倒传,仍于器中食之,食讫,

乃洗洁以还君；不可涤溉之器，若不倒传，久则浸污其器，又不可洗洁，则坏尊者之物，故皆倒传之，以防污辱君之器。御，非侍者，劝侑君食者。馀，即余。溉，涤，谓陶梓之器；不溉，谓萑竹之器。写，倒换食器，传已器中乃食之。

馂馀不祭[1]：父不祭子，夫不祭妻。

注释

[1]馂(jùn)馀不祭：此明凡食余悉祭，若不祭者，唯此下二条：父不祭子余，夫不祭妻余。若父得子余，夫得妻余，不须祭，言其卑故。而食尊者之余则悉祭，盛之。馂，食余之名。凡食人之余，及日晚食馔(zhuàn，饭菜)之余，皆云馂。祭，谓祭先祖。按：父得其子余，谓年老致仕，传家事于子孙，子孙有宾客之事，故父得馂其子余；夫得馂其妻余，谓宗妇与族人妇燕饮有余，夫得食之。

御同于长者，虽贰不辞[1]，偶坐不辞[2]。

注释

[1]御同于长者，虽贰不辞：谓侍食于长者，馔食与之相同；侍者虽获重殽膳，而己不须辞其多，此馔本为长者而设，若辞之，为长者嫌。御，谓侍。贰，谓重殽膳。

[2]偶坐不辞：盛馔不为己则不辞谢。或彼为客设馔，而召己往媲偶于客共食，此馔本不为己设，故己不辞之。又一云：若唯独有己，主人设馔，己当辞谢；若与他人俱坐，则己不假辞，以主人意不必在己。偶，媲，或言二。

羹之有菜者用梜，其无菜者不用梜[1]。

注释

[1]羹之有菜者用梜(jiā)，其无菜者不用梜：以羹有菜交横，非梜不可；无菜者谓大羹湆(qì，肉汤)，直歠之而已，不用梜。其有肉调之羹，犬羹、兔羹之属，或当用匕。梜，犹箸，木制，或谓为梜提。

为天子削瓜者副之，巾以絺[1]。为国君者华之，巾以绤[2]。为大夫累之[3]，士疐之[4]，庶人龁之[5]。

注释

[1]为天子削瓜者副(pì)之，巾以絺：此为人君削瓜礼。为天子削瓜先刊其皮，而析为四解，又横切之，用细葛为巾覆上而进之。削，刊。副，析。絺，细葛。

[2]为国君者华之，巾以绤：诸侯礼降，故破而不四析，亦横断之；而巾用粗葛，覆而进之。华，中裂之，谓半破之，不四析。绤，粗葛。

[3]为大夫累之：大夫降于诸侯，直削而中裂，横断而已，不巾覆而进之。累，倮，谓不巾覆。

[4]士疐之：士不半破，但除疐而横断，亦不覆。疐音帝，即蒂，谓脱华处。

[5]庶人龁(hé)之：庶人去疐而啮之，不横断。庶人，府史之属。龁，啮，咬。

父母有疾，冠者不栉，行不翔[1]，言不惰[2]，琴瑟不御[3]。食肉不至变味，饮酒不至变貌[4]，笑不至矧，怒不至詈[5]。疾止复故[6]。有忧者侧席而坐[7]，有丧者专席而坐[8]。

注释

[1]冠者不栉，行不翔：冠者不梳理头发，行不拱臂，忧不为容。

[2]言不惰：不说诡语不正之言，心中忧虑而不言语戏剧，华饰文辞。惰，不正之言。

[3]琴瑟不御：不弹奏琴瑟，忧不在乐。

[4]食肉不至变味，饮酒不至变貌：犹许食肉，但不许多食。少食则口味不变，多食则口味变。饮酒不至于改变脸颜色，忧不在味。

[5]笑不至矧(shěn)，怒不至詈：笑不露齿根，怒不责骂他人。矧，本又作哂，齿本，大笑则见。詈，骂詈。忧在心，难变。

[6]疾止复故：父母疾病好了则自若常态。

[7]有忧者侧席而坐：父母有病，孝子则独坐。忧不在接人。忧，亦谓亲有病。侧，犹特，独。

[8]有丧者专席而坐：若父母始丧，寝苫无席，卒哭后，乃有苄翦不纳(蒲草之席不剪边)；自齐衰以下，始丧而有席，并不重，降居处。吉时贵贱有重席之

礼。专,犹单。

水潦降,不献鱼鳖[1]。献鸟者佛其首,畜鸟者则勿佛也[2]。献车马者执策绥[3]。献甲者执胄[4]。献杖者执末[5]。献民虏者操右袂[6]。献粟者执右契[7]。献米者操量鼓[8]。献孰食者操酱齐[9]。献田宅者操书致[10]。

注释

[1]水潦降,不献鱼鳖:此一节明献遗人物及授受之仪。天降下水潦,鱼鳖丰足,不饶益其多。潦,音老,雨水谓之潦。

[2]献鸟者佛其首,畜鸟者则勿佛也:献鸟时而加笼笼之,为其喙害人;鸟经人养则不喙害人,故献之不用笼。佛,戾。畜,养,养则驯。

[3]献车马者执策绥:车马不上于堂,不可投进尊者之前,但执策绥,策绥易呈,呈之则知有车马。策,马杖。绥,上车之绳。

[4]献甲者执胄:甲,铠甲。胄,兜鍪。铠大,兜鍪小,小者易举,执胄以呈之。

[5]献杖者执末:献杖时持杖净头投于人。末,柱地头。柱地不净,不可向人,执以自向。

[6]献民虏者操右袂:献军所获外虏,以左手操于囚之右边袖制之。右边有力,故此用右手以防其异心。民虏,征伐所获彼民以为外虏。右袂,右边袖。

[7]献粟者执右契:契谓两书一札,同而别之,以先书为尊。粟,粱稻之属。契,券要,右为尊。

[8]献米者操量鼓:献米者执量器以呈之。米,六米之等。量,量器,知斗斛之数。鼓,量器名。《隐义》云:"乐浪人呼容十二石者为鼓。"

[9]献孰食者操酱齐:酱齐为食之主,执主来则食可知;若见芥酱,必知献鱼脍之属。孰食,蒸之属。酱齐,为食之主。齐,本又作齑(jī),用葱姜蒜切成末制成的调味品。

[10]献田宅者操书致:田宅著于土地之上,故献田宅者板图书画以致之。书致,谓图书于板,丈尺委曲书之,而致之于尊者。按:古者田宅悉为官所赋,本不属民,今得此田宅献者,是或有重勋。

凡遗人弓者,张弓尚筋,弛弓尚角[1]。左手执箫[2],右手承弣[3]。尊卑垂帨[4]。若主人拜，则客还辟[5]，辟拜。主人自受，由客之左，接下承弣[6]，乡与客并，然后受。

注释

[1]张弓尚筋，弛弓尚角：张弦之弓使弓弦朝上，未张弦之弓使镶嵌有角的弓背朝上。按：弓之为体，以木为身，以角为面，筋弦在外面，张之时曲来向内，故遗人之时使筋弦在上，弓身曲向其下；其弛弓之时反张向外，筋在曲内，角在曲外。今遗人之时，角向其上，弓形亦曲向下。

[2]左手执箫：左手捉弓下头，客覆右手执弓下头。箫，弓头，头稍剡（yǎn，锐利），似箫，为鞘，鞘、箫音相似。

[3]弣：谓弓把。按：授在地，地道贵右，主人推客居右，客覆右手执弓下头，又低下左手以承弓把。

[4]尊卑：宾主俱是大夫则为尊，若俱是士则为卑。帨（shuì）：佩巾。

[5]还辟：犹逡巡。客谦不欲当主人之拜己，故少逡巡迁延避之。客不答拜，因执弓不得拜。

[6]接下承弣：主人既在客左，与客并，以左手接客左手之下而承弓把手，又覆右手捉弓下头。按：礼，敌者（地位相等的人）并授。

进剑者左首[1]。进戈者前其鐏，后其刃[2]。进矛戟者前其镦[3]。

注释

[1]进剑者左首：客在右，主人在左，剑左首，首为尊，以尊处与主人。进，亦谓遗，进授予人。首，剑拊环，镮。剑刃利不以刃授人，示敬。

[2]进戈者前其鐏（zūn），后其刃：送与人戈时，将戈柄下端鐏朝前，戈刃朝后。戈，如戟而横安刃，但头不向上为钩。直刃长八寸，横刃长六寸，刃下接柄处长四寸，并广二寸，用以钩害人。刃当头锋利，故不持向人。鐏，戈柄下端，在尾而钝，钝向人为敬，所以前鐏后刃。

[3]进矛戟者前其镦（duì）：送与人矛、戟，将矛、戟柄尾镦朝前。戟，两边皆安横刃，长六寸，中刃长七寸半，横刃下接柄处又长四寸半，并广寸半。镦，为矛、戟柄尾，平底。以平向人，示敬。

进几杖者拂之[1]。效马、效羊者右牵之[2],效犬者左牵之[3]。执禽者左首[4]。饰羔雁者以缋[5]。

注释

[1]进几杖者拂之:几、杖,为尊者所凭依之物,送与人时为其拂去尘埃,示敬。

[2]效:犹呈见,呈送。右牵之:用右手牵挚之。

[3]效犬者左牵之:犬好龁啮人,故左手牵之,而右手防备防御。狗、犬通名,若分而言之,则大者为犬,小者为狗。

[4]执禽者左首:不牵禽,故执之。禽,鸟。左,阳。首,亦阳。左首,为尊,谓横捧之,凡鸟皆然。若并授,则主人在左,故客以鸟首授之。

[5]饰羔雁者以缋(huì):饰,覆。羔,羊。缋,画。画布为云气,以覆羔、雁为饰作为相见礼。按:诸侯之大夫执雁以布,天子之大夫执羔以画。

受珠玉者以掬[1]。受弓剑者以袂[2]。饮玉爵者弗挥[3]。

注释

[1]受珠玉者以掬:若接受珠玉,开匣而出,置于手中,下用袂承之,恐其坠落。珠玉,皆为宝物,宜慎。掬,谓置于手中,用手捧着。

[2]受弓剑者以袂:接受弓时不露手而取,用衣袂承接之,以为敬。

[3]饮玉爵者弗挥:用玉爵饮酒,不可挥动玉爵。爵,玉杯。挥,振、摇。

凡以弓剑、苞苴、箪笥问人者[1],操以受命,如使之容[2]。

注释

[1]苞苴:用草包裹鱼肉,或以苇,或以茅。苞,裹。苴,藉,以草藉器而贮物。箪笥(dān sì):盛饭食之竹器,圆曰箪,方曰笥。问:犹遗,送人。

[2]操以受命,如使之容:谓使者操持此上诸物以进,受尊者之命,如其出使时之仪容。按:如臣为君聘使,受君命,先习其威仪进退,令如其至所使之国时之仪容。

凡为君使者,已受命,君言不宿于家[1]。君言至,则主人出拜君言之辱[2]。使者归,则必拜送于门外。若使人于君所,则必朝服而命之[3]。使者反,则必下堂而受命[4]。

注释

[1]受命:谓受得君命为聘使。君言不宿于家:谓受君言宜急去,不得停留宿于家,急君使。按:《聘礼》有既受命,"遂行,舍于郊"。

[2]君言至,则主人出拜君言之辱:君使初至,则主人出门拜迎君命。辱,言屈辱尊者之命来。此谓君使人问其臣,臣对使者以礼。

[3]则必朝服而命之:敬君,故朝服命使者,亦有物以将之。按:此谓臣有故而遣使告君法。命使者必着朝服,则君言至亦着朝服受之。

[4]使者反,则必下堂而受命:谓己使者从君处返还至,己下堂而接受君命。按:去不下堂送,返而下堂迎,以示尊君命。

博闻强识而让,敦善行而不怠[1],谓之君子。君子不尽人之欢,不竭人之忠,以全交也[2]。

注释

[1]识(zhì):记。让:谦让。敦:厚。

[2]"君子不尽人之欢"至"以全交也"句:明与人结交,不宜事事悉受。若使彼罄尽,则结交之道不全;若不竭尽,结交乃全。欢,谓饮食。忠,谓衣服之物。饮食是会乐之具,承欢为易;衣服比饮食为难,必关忠诚筹度,故名忠,各有所以。

礼曰[1]:"君子抱孙不抱子[2]。"此言孙可以为王父尸,子不可以为父尸。为君尸者,大夫士见之,则下之[3]。君知所以为尸者,则自下之。尸必式[4],乘必以几[5]。

注释

[1]礼曰:凡称此者,皆为旧礼语。因为礼事难明,故引旧礼为证,盖其时尚存旧礼之记载。

[2]君子抱孙不抱子：谓祭祀之礼必须尸，尸必以孙。因孙与祖昭穆同。此以明昭穆之例。今子孙行并皆幼弱，则必抱孙为尸，不得抱子为尸，言孙可以为父尸，子不可以为父尸。按：《曾子问》云："祭成丧者必有尸，尸必以孙，孙幼则使人抱之，无孙则取于同姓可也。"是有抱孙之法。言"无孙则取于同姓可"，谓无服内之孙，取服外同姓。天子至士皆有尸。天子以下的宗庙之祭，皆用同姓之嫡。天子祭天地、社稷、山川、四方百物及七祀之属，皆有尸；诸侯祭社稷竟内山川，及大夫祭五祀，皆有尸。祭成人必有尸，则祭殇无尸。新丧虞祭之时，男女各立尸：男，男尸；女，女尸。

[3]下：下车。按：及至祭日之旦，群臣俱来入庙，故得于路见君之尸，皆下车而敬之。

[4]尸必式：庙门之外，尸尊未伸，不敢亢礼，不可下车，故式为敬以答君。式，以手据式而俯下头。按：古者车厢长四尺四寸而三分，前一后二，横一木，下去车床三尺三寸，谓之为式。又于式上二尺二寸横一木，谓之为较，于时立乘，若平常则凭较；若是示敬，所凭则手落于式，而头得俯俛。

[5]乘必以几：几案在式之上，尊者有所敬事，以手据之。按：几上有幂，君以羔皮、虎皮镶边。

齐者不乐不吊[1]。

注释

[1]齐者不乐不吊：斋戒之人不举乐，不吊丧。齐，即斋。

居丧之礼，毁瘠不形[1]，视听不衰。升降不由阼阶[2]，出入不当门隧[3]。

注释

[1]毁瘠不形：此明孝子居丧平常之法。孝子居丧，乃许羸瘦，不许骨露见，为其废丧事。毁瘠，羸瘦。形，骨露。骨为人形之主，故谓骨为形。

[2]升降不由阼阶：孝子事死如事生，故在丧思慕，犹若父在，不忍从父阼阶上下。祔祭以后，即得升阼阶。阼阶，东阶，主人之阶。

[3]隧：道。

居丧之礼,头有创则沐,身有疡则浴,有疾则饮酒食肉,疾止复初。不胜丧,乃比于不慈不孝[1]。五十不致毁[2],六十不毁,七十唯衰麻在身,饮酒食肉,处于内[3]。

注释

[1]不胜(shēng)丧,乃比于不慈不孝:总结居丧之所以沐浴、饮酒食肉之义,应为孝子居丧之变礼。谓疾不食酒肉,创疡不沐浴,毁而灭性;不留身继世,是不慈;灭性又是违背父母生已之意,故云不孝,此灭性本心实非为不孝。胜,任。

[2]五十不致毁:五十始衰,居丧乃许有毁,而不得极羸瘦。致,极。

[3]处于内:居住在寝室,所以养衰老。按:孝子居丧,须居住在室外倚庐。此亦为养衰老之变礼。

生与来日[1],死与往日[2]。

注释

[1]生与来日:谓活人为死者服丧成服、杖是以死明日(第二天)来计算。与,犹数。

[2]死与往日:谓丧礼之殡敛等以死日来计算。

知生者吊,知死者伤。知生而不知死,吊而不伤[1]。知死而不知生,伤而不吊。

注释

[1]"知生者吊"至"吊而不伤"句:此一节论吊伤之法。若生者与亡者并识,则遣人设吊辞、伤辞兼行;若但识生者而不识亡者,则唯遣人设吊辞而无伤辞。人恩各施于所知。吊、伤,皆谓致命之辞。吊,吊唁。

吊丧弗能赙[1],不问其所费。问疾弗能遗,不问其所欲。见人弗能馆,不问其所舍[2]。赐人者不曰来取。与人者不问其所欲[3]。

注释

[1]赗:音附,丧礼赠送钱财曰赗。
[2]见人:见行人。馆:舍。
[3]与人者不问其所欲:己物或时非其所欲,将不与之。

适墓不登垄[1],助葬必执绋[2]。临丧不笑。揖人必违其位[3]。望柩不歌。入临不翔[4]。当食不叹[5]。

注释

[1]墓:茔域。垄:冢。
[2]葬:丧之大事。绋(fú):牵引柩车的绳索。
[3]揖人必违其位:于位而见前人,己所宜敬,当离己位而向彼遥揖。礼以变为敬。位,谓己之位。
[4]入临不翔:谓入临人之丧,不得疾步而翔为容。
[5]当食不叹:吉食奏乐,既乐,故不宜叹;又若助丧事而食,使充饥而不令废事,亦不宜叹。叹则意不饱。

邻有丧,舂不相[1];里有殡,不巷歌。适墓不歌,哭日不歌[2]。

注释

[1]相:谓舂者唱歌以应杵声。以示助哀。
[2]哭日不歌:吊日哭之后当天不歌。

送丧不由径[1],送葬不避涂潦[2]。

注释

[1]径:小路。
[2]涂潦:路上小水坑。

临丧则必有哀色,执绋不笑,临乐不叹,介胄,则有不可犯之色[1]。

注释

[1]介胄,则有不可犯之色:若身被铠甲,首冠胄,则使其高岸,戎容暨暨(果敢威严),有不可冒犯之神色,内外宜相称。

故君子戒慎,不失色于人[1]。

注释

[1]不失色于人:凡君子所行用,并使心及容色如一,不得容色违于心。如色厉而内荏,貌恭心恨,非君子之情。

国君抚式,大夫下之[1]。大夫抚式,士下之。

注释

[1]国君抚式,大夫下之:君式宗庙,则臣宜下车。抚,谓手据之,君臣俱行。

礼不下庶人[1],刑不上大夫[2]。刑人不在君侧[3]。

注释

[1]礼不下庶人:谓庶人贫,无物为礼,又勤劳于地为务,不胜燕饮,故不下与庶人行此礼。

[2]刑不上大夫:刑法制五刑三千之科条,不设大夫犯罪之目。因大夫必用有德者,不使贤者犯法,非谓都不刑于其身。对卿大夫治罪则有八议(八辟)附于邦法,议罪有八条,记载于《秋官·小司寇》。一曰议亲之辟,是王宗室有罪;二曰议故之辟,谓与王故旧;三曰议贤之辟,谓有德行者;四曰议能之辟,谓有道艺者;五曰议功之辟,谓有大勋立功者;六曰议贵之辟,谓贵者犯罪,即大夫以上;七曰议勤之辟,谓憔悴忧国;八曰议宾之辟,谓所不臣者,如三皇夏商二代之后。《古周礼》言士尸肆诸市,大夫尸肆诸朝,是大夫有刑。

[3]刑人不在君侧:刑人为刑残者,不得令其近于君,为其怀有怨恨。

兵车不式[1],武车绥旌[2],德车结旌[3]。

注释

[1]兵车不式:兵车尚威武,不尚崇敬,宜无推让,故不为式敬。

[2]武车:亦革车。取其建戈刃,即称兵车;取其威猛,即称武车。绥旌:故舒散旗幡垂绥,尽饰。绥,谓垂舒之。旌,谓车上旗幡。

[3]德车:即乘车,谓玉路、金路、象路、木路,四车不用兵,故曰德车。结旌:德美在内,不尚威猛,故结缠其旒,著于竿也,不尽饰。结,谓收敛之。

史载笔,士载言[1]。前有水,则载青旌。前有尘埃,则载鸣鸢。前有车骑,则载飞鸿。前有士师,则载虎皮。前有挚兽,则载貔貅[2]。

注释

[1]史载笔,士载言:史官载有书写之具,司盟之士记载盟会之辞。谓跟从君王会同,各持其职以待事。笔,谓书具之属。言,谓会同盟要之辞。

[2]"前有水"至"则载貔貅"句:载,音戴,本亦作戴礼,谓举于旌首以警示兵众,是古代军队的旗语。君行师从,卿行旅从。前驱举此,兵众则知所有,所举各以其类象。青,青雀,水鸟。鸢(yuān,老鹰),鸢鸣则将风。鸿,雁,取其飞有行列。士师,谓兵众。虎,取其有威勇。貔貅,亦挚兽。貔,一名曰豹,虎类。《尔雅》云:"貔,白狐也。"士,或为仕。

行,前朱鸟而后玄武,左青龙而右白虎[1],招摇在上[2],急缮其怒[3]。

注释

[1]前朱鸟而后玄武,左青龙而右白虎:军行,画此四兽于旌旗,以标左右前后之军阵。前南后北,左东右西。朱鸟、玄武、青龙、白虎,四方宿名。军前宜捷,故用朱鸟;军后须殿捍,故用玄武。玄武,龟,龟有甲,能用御侮。左为阳,阳能发生,象其龙变生;右为阴,阴沉能杀,虎,沈杀。军之左右生杀,变应威猛如龙虎,如鸟之翔,如蛇之毒,龙腾虎奋,无能敌此四物。

[2]招摇在上:又画招摇星于旌旗上,以指正四方。招摇,星名,在北斗杓端,为主指者。北斗居四方宿之中,军行法之,亦作此北斗星旌旗在军中,举之于上,使四方之阵不差。

[3]急缮其怒:军旅士卒起居举动,坚劲奋勇,如天帝之威怒。急,坚。缮,读曰劲,谓利。其怒,士卒之怒。

进退有度[1],左右有局[2],各司其局[3]。

注释

[1]度:谓伐与步数。伐,谓击刺,一击一刺为一伐。始前既敌,六步七步当止,齐正行列;及兵相接,少者四伐,多者五伐,又当止,齐正行列。
[2]左右有局:军之在左右,各有分部,不相滥。局,分部。
[3]各司其局:军行须监领,故主帅分部,各有所司部分。

父之仇弗与共戴天[1],兄弟之仇不反兵[2],交游之仇不同国[3]。

注释

[1]父之仇弗与共戴天:父者,子之天,彼杀己父,是杀己之天,故必报杀之,不可与其共处于天下。与共戴天,非孝子。行求杀之乃止。
[2]兄弟之仇不反兵:有亲兄弟之仇,乃得仕而报之,故恒带兵,见即杀之。
[3]交游之仇不同国:为朋友亦报仇。仇不避我,则杀之。交游,或为"朋友"。

四郊多垒,此卿大夫之辱也[1]。地广大,荒而不治,此亦士之辱也[2]。

注释

[1]四郊多垒,此卿大夫之辱也:谓大夫辱没其谋人之国,不能安。垒,军壁,壁垒,数被侵伐则多垒。按:王城、国都四面并有郊,卿大夫尊高,任当军帅,若有威德,则无敢见侵;若尸禄素餐,则寇戎充斥,故四郊多军垒。罪各有所归,故为卿大夫之耻辱。
[2]地广大,荒而不治,此亦士之辱也:士辱没其亲其民而不能安之。地,采地。荒,废秽。士,邑宰。按:士为君邑宰,必宜地民相得,劝课耕稼,若使广大土地荒废,民散而流移,亦士之耻辱。

临祭不惰[1]。祭服敝则焚之,祭器敝则埋之,龟筴敝则埋之,牲死则埋之[2]。

注释

[1]临祭不惰:祭如在,故临祭须敬,不得怠惰。既谓其不敬,亦是无神之心。

[2]"祭服敝则焚之"至"牲死则埋之"句:此皆不欲人亵之。焚之,己必不用,若不焚埋,人或用之,为亵慢鬼神之物,焚之则消;埋之,牲、器之类,并为鬼神之用,虽败,不知鬼神用与不用,故埋之犹在。筴,同"策"。

凡祭于公者[1],必自彻其俎[2]。

注释

[1]祭于公:谓士助祭其君于宗庙。
[2]自彻其俎:士不敢烦使君劳,自己撤去俎肉而归。按:礼,大夫以上,则国君使人送俎肉至其家。

卒哭乃讳[1]。礼,不讳嫌名[2]。二名不偏讳[3]。

注释

[1]卒哭乃讳:卒哭礼后,死者之名就要避讳,以示敬鬼神之名。讳,辟,避讳。而生者不相避讳名。
[2]不讳嫌名:为其难避讳。嫌名,谓与名字音声相近,若禹与雨。
[3]二名不偏讳:谓名二字不一一避讳。孔子之母名"徵在",言"在"不称"徵",言"徵"不称"在"。

逮事父母,则讳王父母[1]。不逮事父母[2],则不讳王父母。

注释

[1]逮事父母,则讳王父母:若及事父母,则讳祖名。逮,及。王父母,谓祖父母。

[2]不逮事父母:孝子为幼、少、孤。

君所无私讳[1],大夫之所有公讳[2]。

注释

[1]君所无私讳:谓臣言于君前,不避家讳,尊无二。
[2]有公讳:谓避君讳。止得避君之讳,不避大夫讳,尊君讳。

《诗》《书》不讳,临文不讳[1],庙中不讳[2]。

注释

[1]《诗》《书》不讳,临文不讳:《诗》《书》谓教学,临文谓执文行事,若有所讳,为其失事正,故不讳。
[2]庙中不讳:为有事于高祖,祝嘏辞说,则不讳曾祖以下。

夫人之讳,虽质君之前,臣不讳也[1];妇讳不出门[2]。大功小功不讳[3]。

注释

[1]"夫人之讳"至"臣不讳也"句:夫人本家所讳,臣虽对君前,而言语不为讳。臣于夫人之家恩远,故不讳。夫人,君之妻。质,对。
[2]妇讳不出门:妇家之讳,只于妇宫中不言。若于宫外,则不讳。门,谓妇宫门。
[3]大功小功不讳:古者丧期一年及以上之亲则为讳,大功、小功丧期九月、五月之亲则不为讳。

入竟而问禁[1],入国而问俗[2],入门而问讳[3]。

注释

[1]入竟而问禁:凡至境界,当先访问主国有何禁忌。竟,界首。禁,谓国中政教所忌。
[2]入国而问俗:入主人之城内,先问常行之风俗。国,城中,城门内。俗,

谓常所行。

[3]入门而问讳：主人出至大门外迎客，客入门，方应交接，故以门为限，先问主人家讳、君讳。门，主人之门。讳，主人祖先、君名，宜先知之，欲为避之。

外事以刚日[1]，内事以柔日[2]。凡卜筮日，旬之外曰远某日[3]，旬之内曰近某日。丧事先远日[4]，吉事先近日[5]。曰：为日，假尔泰龟有常，假尔泰筮有常[6]。

注释

[1]外事以刚日：此为明卜筮及用日之法。顺其出为阳。外事刚义，故用刚日。出郊为外事。外事，郊外之事。刚，奇日。十日有五奇，甲、丙、戊、庚、壬五奇为刚。

[2]内事以柔日：顺其居内为阴，内事柔顺，应用柔日。社稷是郊内。内事，郊内之事。柔，偶日。旬十日偶，乙、丁、己、辛、癸五偶为柔。

[3]旬：十日。

[4]丧事先远日：谓卜筮葬与大祥、小祥，非孝子之所欲，故卜筮先从远日而起，示不宜急，微伸孝子之心。

[5]吉事先近日：谓祭祀、冠、昏之属，是吉祥、嘉庆之事，故卜筮先从近日而起。《仪礼·少牢馈食礼》："若不吉，则及远日，又筮日如初。"

[6]假尔泰龟有常，假尔泰筮有常：此为卜筮时的说辞。凭借汝大龟判决吉凶，分明有常；凭借汝大蓍草判决吉凶，分明有常。假，因。尔，汝，指龟、蓍。泰，大中之大，褒美此龟、筮，故谓为泰龟、泰筮。有常，有常道，无差错。

卜筮不过三[1]，卜筮不相袭[2]。龟为卜，筴为筮[3]。卜筮者，先圣王之所以使民信时日[4]，敬鬼神，畏法令也；所以使民决嫌疑，定犹与也[5]。故曰：疑而筮之，则弗非也；日而行事，则必践之[6]。

注释

[1]卜筮不过三：谓一卜不吉而凶，又卜，以至于三，三若不吉则止，蓍筮亦然。礼以三为成。

[2]卜筮不相袭：卜筮之法大事则卜，小事则筮。不相袭，有二义：一则大事

小事,各有所施,不得因龟卜小事,因蓍筮大事。二则筮不吉,不可复卜;卜不吉,不可复筮。袭,因。

[3]龟为卜,筴为筮:用龟为卜,用蓍草(筴)为筮。按:古人以卜筮问于鬼神,龟筮能出其卦兆之占。卜,覆,以覆审吉凶。筮,决,以决定其惑。《白虎通》:"《礼三正记》天子龟一尺二寸,诸侯一尺,大夫八寸,士六寸。龟,阴也,故其数偶。"《仪礼·少牢馈食礼》"大夫立筮"郑玄注:"大夫蓍长五尺。"据此,盖天子蓍九尺,诸侯七尺,士三尺。蓍,属阳,故其数奇。龟处筮后,龟覆于筮;蓍为策,谋筴为义,筮在龟前为决。

[4]先圣王之所以使民信时日:先圣先王制此卜筮,使民择慎而信时日与吉凶。时,四时及一日十二时。日,甲乙之属。

[5]犹与:《说文》云:"犹,兽名。玃属。""与"亦是兽名,象属。此二兽皆进退多疑,人多疑惑者似之,故谓之"犹与"。今作"犹豫"。

[6]践:善。言卜得吉而行事,必善。

君车将驾,则仆执策立于马前[1]。已驾,仆展軨[2],效驾[3],奋衣,由右上取贰绥[4],跪乘[5],执策分辔[6],驱之五步而立。君出就车,则仆并辔授绥。左右攘辟[7],车驱而驺[8]。至于大门,君抚仆之手,而顾命车右就车[9]。门闾、沟渠必步[10]。

注释

[1]君车:君所乘之车。将驾:谓始欲驾行时。仆:即御车者,古者御仆用好人为之。执策立于马前:为君御仆之礼。别有人牵马驾车,又恐马奔走,故自执马杖,立当马前监驾。策,马杖。

[2]展軨:御仆从车軨左右四面视之。展,视。軨,辖头,插在车轴两端的销,卡住车轮使之不脱落。

[3]效驾:御仆监视驾竟,而入告君。效,白。

[4]奋衣,由右上取贰绥:御仆入白驾竟,先出就车,于车后自振其衣去尘,从右边升车,取副绥。奋,振,振去尘。由,从。贰,副。绥,登车索。绥有二,一是正绥,拟君之升;一是副绥,拟仆右之升。

[5]跪乘:谓御仆先试车时,君既未出,未敢依常而立,所以跪而乘之,示敬。

[6]执策分辔:谓御仆调试之。君出就车,则御仆并辔授绥,一手执杖,又六

辔以三辔置空手中,以三辔置杖手中;君初来欲上车,御仆当右手并六辔及策,左手取正绥授予君,转身向后,引君上车。车上仆所主。按:车有一辕而四马驾之,中央两马夹辕者,名服马,两边名骈马,亦曰骖马。每一马有两辔,四马八辔,以骖马内辔系于轼前,其骖马外辔并夹辕两服马各二辔,六辔在手,分置两手,是各得三辔。辔,御马索。

[7]左右攘辟:左右侍者悉避让车,以不妨碍车行。左右,谓侍驾陪位诸臣。攘,却,古让字。辟,音避,远。

[8]车驱而驺:驱车而进,则左右从者,疾趋从车行。

[9]顾命车右就车:谓君命勇力之士,令上车。车行则有三人,君在左,仆人中央,勇士在右。顾,回头。车右,勇力之士。

[10]必步:车右勇力之士,君行则陪乘,经过门闾时君式、遇有沟渠险阻时车右则下车步行,是车右勇士之礼。

凡仆人之礼,必授人绥[1]。若仆者降等则受,不然则否[2]。若仆者降等,则抚仆之手[3],不然则自下拘之[4]。

注释

[1]凡仆人:谓为一切御仆。必授人绥:车上既仆为主,故为人仆,必授绥与所升之人。

[2]若仆者降等则受:谓士与大夫、大夫与卿为御,御者卑降,则主人不须谦,故受取绥。不然则否:谓御仆者与主人地位相等,虽为御,其主人宜谦不接受其绥。

[3]若仆者降等,则抚仆之手:御仆者虽卑,而受其绥不谦让,犹当按止御仆之手,好像不听而自授,然后再接受。

[4]不然则自下拘之:御仆不降等者,既然地位相等不受绥,而仆者必授,则主人当从御仆的手底下自己取过绥来。

客车不入大门[1]。妇人不立乘[2]。犬马不上于堂[3]。

注释

[1]客车不入大门:《仪礼·公食大夫礼》:"宾之乘车在大门外西方。"

[2]妇人不立乘：妇人质弱不倚乘，异于男子。男子倚乘，妇人坐乘。立，倚。

[3]犬马不上于堂：犬马为礼而贱，不牵上堂。也是宾主相见之礼。犬则执绁(xiè，绳索)，马则执勒，以呈献之。犬马非贽币，而贽之羔、雁、锦玉之属，乃上堂。犬马用于充庭实。

故君子式黄发[1]，下卿位[2]，入国不驰[3]，入里必式[4]。君命召，虽贱人，大夫士必自御之[5]。介者不拜，为其拜而蓌拜[6]。

注释

[1]故君子式黄发：故人君见黄发老人而式行礼，以示敬老。君子，谓人君。黄发，太老人，人初老则发白，太老则发黄，发黄弥老，宜敬之。

[2]下卿位：卿之朝位于路门之内，门东北面位，君出过卿位而上车，入未至卿位而下车，以示尊贤。

[3]入国不驰：进入城中因人多，故不使车奔驰；若驰车则危害他人。

[4]入里必式：入里则必式而礼之，为敬。二十五家为里，里巷首有门，十室不诬。里必式，则门闾亦式，闾同里，亦二十五家。

[5]君命召：谓有君命呼召臣。虽贱人：君之使者，假令是地位低下之人为君命而来。大夫士必自御之：使者虽贱，而君命可尊，故虽大夫士贵，亦自出迎之。御，通"讶"，迎。

[6]介者不拜：身着铠甲者不为式礼敬，故宜无所拜之。介，铠甲。为其拜而蓌(cuò)拜：戎容暨暨，着铠甲而屈拜，则损其戎装之威容。蓌，挫。

祥车旷左[1]，乘君之乘车，不敢旷左，左必式[2]。仆御妇人，则进左手，后右手[3]。御国君，则进右手，后左手而俯[4]。国君不乘奇车[5]。车上不广欬，不妄指。立视五巂[6]，式视马尾，顾不过毂[7]。国中以策彗恤勿驱[8]。尘不出轨[9]。

注释

[1]祥车旷左：吉车上贵左，故御仆在右，空左位以拟神。此以下又明仆御之礼。吉车为平生时所乘，死葬时因以之为魂车，鬼神尚吉，故葬魂乘吉车。祥，犹吉。旷，空。

[2]乘君之乘车,不敢旷左:臣子若乘君之车,不敢空左,因祥车旷左而忌。君王之车五路,玉路、象路、木路、金路、革路各一。王出行自乘一,所余四路皆从行。乘车,谓君之次路。左必式:臣虽处车左而不敢自安,故恒凭式。按:乘车则君皆在左。若兵戎、革路,则君在中央,御者居左。

[3]仆御妇人,则进左手:御仆在中央,妇人在左,仆御之时先进左手持辔,肢体似乎相背。后右手:若进右手,则肢体近似相向,相向则生嫌,故后右手,远嫌。

[4]御国君,则进右手,后左手:礼以相向为敬,故先进右手。非男女故无所避嫌。俯:御既不能恒为式礼,故以俯俛而示敬。

[5]国君不乘奇车:国君出入宜正,不可乘以奇邪不正之车。

[6]车上不广:车已高,若在上而大声咳,似自骄矜,又惊众。广,宏大。欬(kài):咳,咳声。不妄指:在车上居高,若无事,忽虚以手指麾于四方,并为惑众。妄,虚。立视五嶲(guī):车上依礼而为,在车上所视,则前十六步半地,相当于车轮五周的距离。嶲,规。车轮一周为一规。乘车之轮,高六尺六寸,径一围三,总一规为一丈九尺八寸。三规为九十九尺,六尺为步,总为十六步半。

[7]顾不过毂:若转头不得越过车毂,过毂则不掩后人之私。毂,车毂。按:《论语·乡党》:"车中不内顾。"

[8]国中以策彗恤勿驱:入城不驰车,故不用鞭策,但取形如扫帚的带叶竹帚为策杖,微近马体搔摩,不使之趋驰。彗,竹帚。恤,搔摩。

[9]尘不出轨:车行迟,故尘埃不起,不飞扬出车辙之外。轨,车辙。

国君下齐牛,式宗庙[1]。大夫、士下公门,式路马[2]。乘路马,必朝服[3],载鞭策,不敢授绥,左必式[4]。步路马,必中道[5]。以足蹙路马刍,有诛[6]。齿路马,有诛[7]。

注释

[1]国君下齐牛,式宗庙:应为"下宗朝,式齐牛",国君经过宗朝要下车,看到祭祀之牛要行式礼。齐牛,祭祀牛牲。齐,同"斋",音同。

[2]大夫、士下公门,式路马:至国君之门下车,看见君之马而式之。示敬君。公门,谓君之门。路马,谓君之马。马比门轻,故有下、式之异。

[3]乘路马,必朝服:谓臣虽得乘国君之车马,犹不可轻慢,故必朝服而自御

乘之。是臣独行时行仪习礼。路马,君之车马。

[4]载鞭策:又不敢执杖杖马,故仅载杖以行。不敢授绥:君在则御仆授绥。今习仪者,身既居左,自驭而乘,虽有车右,而不敢使其授绥与己。左必式:既不空左,故亦居左,式而以示敬。皆是臣乘君之车马独行时行仪习礼。

[5]步路马,必中道:若牵行君之马,必在中道正路,以为敬。此谓单牵君马行时之礼。步,独行。

[6]以足蹙(cù)路马刍,有诛:为供路马所食之草,若以足蹴踏之,则有责罚。蹙,通"蹴",蹴踏,践踏。刍,食马草。诛,罚。

[7]齿路马,有诛:若议论计算君马岁数,亦为不敬,亦被责罚。皆以广敬。齿,年。

经解第二十六①

孔子曰[1]:入其国,其教可知也[2]。其为人也,温柔敦厚,《诗》教也[3];疏通知远,《书》教也[4];广博易良,《乐》教也[5];絜静精微,《易》教也[6];恭俭庄敬,《礼》教也[7];属辞比事,《春秋》教也[8]。

注释

[1]孔子曰:《经解》一篇总孔子之言,分析六经体教不同;六经其教虽异,总以礼为本,故录入于礼。解,分析之名。

[2]入其国,其教可知也:言人君以六经之道,各随其民教之以化于下;民从上教,各从六经之性观其民之风俗,则知其国教。

[3]温柔敦厚,《诗》教也:《诗》真诚委婉讽谏而不犀利指斥。温,谓颜色温润。柔,谓情性和柔。

[4]疏通知远,《书》教也:《书》录帝王言诰,举其大纲,事非繁密,是疏通上古而知帝皇之世,是知远。

[5]广博易良,《乐》教也:《乐》以和通为体,无所不用,是广博简易良善,使人从化,是易于良。

[6]絜(jié)静精微,《易》教也:《易》之于人,正则获吉,邪则获凶,不为淫滥,是絜静。穷理尽性,言入秋毫,是精微。

---

① 郑玄《目录》云:"名曰《经解》者,以其记六义政教之得失也,此于《别录》属《通论》。"

[7]恭俭庄敬,《礼》教也:《礼》以恭逊、节俭、齐(zhāi)庄、敬慎为本,若人能恭敬节俭,是《礼》之教。齐庄,严肃庄重。

[8]属辞比事,《春秋》教也:《春秋》聚合会同之辞,是属辞,比次褒贬之事,是比事。属,合。比,近。

故《诗》之失愚[1],《书》之失诬[2],《乐》之失奢[3],《易》之失贼[4],《礼》之失烦[5],《春秋》之失乱[6]。

注释

[1]故《诗》之失愚:《诗》主敦厚,若不节之,则失于愚钝。失,谓不能节其教。

[2]《书》之失诬:《书》广知久远,若不节制,则失于诬妄。

[3]《乐》之失奢:《乐》主广博和易,若不节制,则失于奢靡。

[4]《易》之失贼:《易》主絜静严正,远近相取,若意合则虽远必相爱,若意离虽近必相恶,爱恶相攻,若不节制,则失于贼害。

[5]《礼》之失烦:《礼》主文饰,恭俭庄敬,若不能节制,则失于烦苛。

[6]《春秋》之失乱:《春秋》习战争之事,若不能节制,则失于混乱。

其为人也,温柔敦厚而不愚,则深于《诗》者也。疏通知远而不诬,则深于《书》者也。广博易良而不奢,则深于《乐》者也。絜静精微而不贼,则深于《易》者也。恭俭庄敬而不烦,则深于《礼》者也。属辞比事而不乱,则深于《春秋》者也。

天子者,与天地参[1],故德配天地,兼利万物,与日月并明,明照四海而不遗微小。其在朝廷,则道仁圣礼义之序;燕处[2],则听《雅》《颂》之音;行步,则有环佩之声[3];升车,则有鸾和之音[4]。居处有礼,进退有度[5],百官得其宜,万事得其序。《诗》云:"淑人君子,其仪不忒。其仪不忒,正是四国[6]。"此之谓也。

注释

[1]与天地参:天覆地载,生养万物,天子亦能覆载生养之功,与天地相参齐等。

[2]燕处:退朝而处,闲居。

[3]环佩:佩环,佩玉,用以为步行之节。《礼记·玉藻》:"进则揖之,退则扬之。然后玉锵鸣也。"环取其无穷止,玉则比于德。按:孔子佩象环,五寸。人君之环,其制未闻。

[4]鸾、和:皆铃,用以为车行之节。《韩诗内传》:"鸾在衡,和在轼。前升车则马动,马动则鸾鸣,鸾鸣则和应。"

[5]居处:于朝廷与燕处。进退:行步与升车。

[6]《诗》云:"淑人君子,其仪不忒(tēi)。其仪不忒,正是四国":此是《诗经·曹风·鸤鸠》之篇,讽刺上下不均平之诗,言善人君子用心均平,其威仪不有差忒,以其不差,故能正此四方之国。淑人,善人。忒,差错。

发号出令而民说,谓之和[1]。上下相亲,谓之仁。民不求其所欲而得之,谓之信[2]。除去天地之害,谓之义[3]。义与信,和与仁。霸王之器也[4]。有治民之意而无其器,则不成。

注释

[1]说:同"悦"。

[2]民不求其所欲而得之,谓之信:谓明君在上,周赡于下,民不须营求所欲之物,自然得之,是在上信实,恩能覆养万民。天不言而四时行,是信若四时。

[3]除去天地之害,谓之义:天地无害于物,有宜故为义。天地之害,谓水旱、疫疠及天地之内有恶事害人。义,宜。

[4]霸王之器:欲为其事,必先利其器。言欲做霸王,必须以义、信、和、仁作为霸王之器,其皆存乎礼。器,谓人所操持以做事之物。

礼之于正国也,犹衡之于轻重也,绳墨之于曲直也,规矩之于方圆也。故衡诚县,不可欺以轻重[1];绳墨诚陈,不可欺以曲直[2];规矩诚设,不可欺以方圆[3];君子审礼,不可诬以奸诈[4]。

注释

[1]故衡诚县,不可欺以轻重:若秤衡详审悬锤,则轻重必正(如果秤杆上周详审慎地悬挂了秤锤,轻重就不会有假)。衡,谓秤衡(杆)。诚,审,详审,周详

审慎。县(悬),谓秤锤。

[2]绳墨诚陈,不可欺以曲直:若绳墨能审慎地陈列,则曲直必当。陈,谓陈列,即弹画。

[3]规矩诚设,不可欺以方圆:若规矩详审置设,则方圆必得。规,用以正圆。矩,用以正方。设,谓置设。

[4]君子审礼,不可诬以奸诈:君子若能审详于礼,则奸诈自露而不可诬罔。

是故,隆礼由礼,谓之有方之士[1];不隆礼不由礼,谓之无方之民。敬让之道也[2]。故以奉宗庙则敬,以入朝廷则贵贱有位,以处室家则父子亲,兄弟和,以处乡里则长幼有序。孔子曰:"安上治民,莫善于礼[3]。"此之谓也[4]。

注释

[1]是故,隆礼由礼,谓之有方之士:若君子能隆盛行礼,则可谓有道之士。反之,则为无道之人。隆,盛。由,行。方,犹道。

[2]敬让之道也:礼之为用,是敬让之道。

[3]孔子曰:引言出自《孝经·广要道》。

[4]此之谓也:说的就是礼于治国之重要的道理吧。按:从篇首"孔子曰:入其国,其教可知也"至此"长幼有序",事相连接,皆是孔子之辞,记者录之而为记。其理既尽,记者乃以此辞结之。

故朝觐之礼[1],所以明君臣之义也。聘问之礼[2],所以使诸侯相尊敬也。丧祭之礼,所以明臣子之恩也。乡饮酒之礼,所以明长幼之序也。昏姻之礼[3],所以明男女之别也。

注释

[1]朝:诸侯春见王曰朝。

[2]问:诸侯间小聘曰问,其篇亡佚。

[3]昏姻:谓嫁娶。婿曰昏,妻曰姻。按:《尔雅》据男女父母而言婿曰昏,妻曰姻,此据男女自身。婿则昏时而迎,妇则因而随之。

夫礼,禁乱之所由生[1],犹坊止水之所自来也[2]。故以旧坊为无所用而坏之者,必有水败[3];以旧礼为无所用而去之者,必有乱患[4]。

注释

[1]夫礼,禁乱之所由生:礼,是为禁乱而产生;乱生之处,则预禁之。若深宫固门,阍寺守之;诸侯夫人父母没,不得归宁之类。由,从。

[2]犹坊止水之所自来也:人修筑堤防,阻止约束水之滥溢而防备水患,又如有污下水来之处,则预防障之。坊,堤防。自,亦由,从。

[3]以旧坊为无所用而坏之者,必有水败:坊以止水,忽有无知之人认为旧堤防无所用而毁坏之,堤防毁坏则水患必来,毁败人的产业。譬喻旧礼不可完全废去。

[4]以旧礼为无所用而去之者,必有乱患:礼本防禁乱患,忽有愚人谓旧礼是无所用而毁坏去之,则必有乱患之事。

故昏姻之礼废,则夫妇之道苦[1],而淫辟之罪多矣。乡饮酒之礼废,则长幼之序失,而争斗之狱繁矣[2]。丧祭之礼废,则臣子之恩薄,而倍死忘生者众矣[3]。聘觐之礼废,则君臣之位失,诸侯之行恶,而倍畔侵陵之败起矣[4]。

注释

[1]苦:谓不至、不答之属,亲迎而女犹有不至(嫁),夫于妇不耦配。夫妇之道被破坏。

[2]而争斗之狱繁矣:以乡饮酒之礼,明上下长幼共相敬让。今若废而不行,则尊卑无序,故争斗之狱讼繁多。

[3]而倍死忘生者众矣:丧祭之礼,用以敦勖君臣、父子恩情,使死者不被遗忘,生者恒相从念。若废而不行,臣子就会薄情寡恩,死者被背弃,君父被遗忘,如此之人众多。

[4]倍畔:谓背叛天子。侵陵:谓侵陵邻国,进行战争。败:败坏。

故礼之教化也微[1],其止邪也于未形[2]。使人日徙善远罪而不自知也,是以先王隆之也[3]。《易》曰:"君子慎始,差若豪氂,缪以千里[4]。"此之谓也。

注释

[1]故礼之教化也微:言礼之教人预前,事微之时预教化之;教化之时,又依

微不甚指斥。

[2]其止邪也于未形：谓止人之邪，在于事之未形成之前。

[3]隆：谓尊盛之。

[4]《易》曰："君子慎始，差若豪氂，缪以千里"：言君子谨慎于事之初始，差错若毫厘之小；如广大错缪，则以至千里之大。引之者，论礼之防范在于败坏未形成之前。若初时不防，则会致千里之缪。豪，依字作"毫"。氂，本又作"釐"。缪，音谬。孔颖达注此引文为《易·系辞》之文，但今本《易·系辞》无此文。

深衣第三十九①

古者深衣，盖有制度[1]，以应规矩绳权衡[2]。短毋见肤[3]，长毋被土[4]。

注释

[1]盖有制度：言圣人制事，必有法度。

[2]以应规矩绳权衡：用以相应于圆规、曲尺、墨线、秤锤、秤杆。

[3]短毋见肤：衣取蔽形，深衣覆形体，纵令稍短，不得见其肤肉。见，同现。

[4]长毋被土：其衣纵长，无覆被于土，免被污秽。

续衽钩边[1]，要缝半下[2]。袼之高下，可以运肘[3]；袂之长短，反诎之及肘[4]。带，下毋厌髀，上毋厌胁，当无骨者[5]。

注释

[1]续衽(rèn)钩边：接续此衽而钩其旁边，有曲裾而在旁。续，犹属，连之。衽，谓深衣之裳，以下阔上狭谓之为"衽"。钩，钩边，曲裾。按：凡深衣之裳上二幅，皆宽头在下，狭头在上，似小要之衽，前后左右皆有衽。所续之衽，当身之一旁。若是丧服，其裳前三幅、后四幅各自为之，不相连。深衣裳，一旁则连之相著，一旁则有曲裾掩之，与相连无异。

[2]要缝半下：谓要中之缝的尺寸阔狭，是深衣下边之宽一半，下边一丈四

---

① 郑玄《目录》云："名曰《深衣》者，以其记深衣之制也。深衣，连衣裳而纯之以采者。素纯曰长衣，有表则谓之中衣。"长衣、中衣及深衣，其制度同。孔颖达疏："凡深衣皆用诸侯、大夫、士夕时所著之服，故《玉藻》云：'朝玄端，夕深衣。'庶人吉服亦深衣，皆著之在表也。""深衣衣裳相连，被体深邃，故谓之深衣。"

尺四寸,则要缝半之,七尺二寸。下容举足而行,故宜宽。要,同腰。按:此据裳之一幅,分为二幅。凡布广二尺二寸,四寸为缝。一尺八寸在三分之一,分为六寸,减此六寸,以益于下,是下二幅有二尺四寸,上二幅有一尺二寸,即三分要中,减一以益下。

[3]袼(gē)之高下,可以运肘:衣袂当腋之处宜稍宽大,可以宽松运动其胳膊肘。袼,衣袂当腋之缝处。按:袂二尺二寸,肘一尺二寸,可容运肘。

[4]袂(mèi)之长短,反诎(qū)之及肘:衣袖的长短,从袖口反折可以到胳膊肘的位置。当臂中为节,臂骨上下各一尺二寸,则袂反屈肘以前一尺二寸。袂,衣袖。诎,通"屈"。按:袂长二尺二寸,并缘边寸半,为二尺三寸半,除去其缝之所杀各一寸,余有二尺一寸半。以袂连于衣,幅阔二尺二寸,其中身脊至肩一尺一寸,从肩覆臂又一尺一寸,故衣幅之边覆臂将尽;又连袂于衣又二尺二寸半。从肩至手二尺四寸,故反屈其袂得及于肘。

[5]带,下毋厌髀(bì),上毋厌胁,当无骨者:深衣的衣带,下不要压在髀髋,上不要压在肋骨,当系在腹部无骨之处。厌,通"压"。髀,髀髋。按:深衣之带的位置低于朝服、祭服之带的位置,朝服、祭服的衣带则近上。

制十有二幅,以应十有二月[1]。袂圆以应规[2],曲袷如矩以应方[3],负绳及踝以应直[4],下齐如权衡,以应平[5]。故规者,行举手以为容[6]。负绳抱方者,以直其政,方其义也[7]。故《易》曰:"《坤》六二之动,直以方也。"下齐如权衡者,以安志而平心也[8]。

注释

[1]制十有二幅:深衣其裳幅有六,每幅交解为二,是十二幅。应十有二月:相应于一年十二月,即应于天道。

[2]袂圆以应规:衣袖为圆形以相应于圆规。

[3]曲袷(jié)如矩以应方:曲尺衣领以相应于方形。曲袷,方领。袷,交领。按:古方领,汉代小儿衣领亦方领。汉代衣领向下相交。

[4]负绳及踝(huái)以应直:衣之背缝及裳之背缝(中缝)上下相对直到脚踝,如墨绳以相应于正直。绳,谓裻(dú,衣背之缝)与裳后幅相对之缝。踝,脚后跟。

[5]下齐如权衡,以应平:深衣的下衣边齐平,以相应于秤锤和秤杆公正齐

平。齐,音咨,缉边。

[6]故规者,行举手以为容:因此,衣袖似圆规,以象征行举手揖让礼之仪容。

[7]负绳抱方者,以直其政,方其义也:衣背中缝、衣领方正,以象征为政正直,义理公正。

[8]以安志而平心也:心平志安,行乃正;或低或仰,则心有异志。

五法已施,故圣人服之[1]。故规矩取其无私,绳取其直,权衡取其平,故先王贵之。

注释

[1]五法已施,故圣人服之:言非法不服。五法,指规、矩、绳、权、衡。

故可以为文,可以为武,可以摈相[1],可以治军旅。完且弗费[2],善衣之次也[3]。

注释

[1]摈相:摈者,相者,皆是赞礼者。

[2]完且弗费:深衣既可以为贵族所服,也可以是庶人之衣,庶人还可以服之任劳苦之事,可以说是完美而耐穿;深衣还易有,以白布为之,不须黼黻锦绣。按:深衣,与朝服相类。用十五升布锻濯灰治,谓打洗锻濯,用灰治理,使布和熟。丧服麻衣,虽似深衣之制,不必锻濯灰治,以其杂凶之故。

[3]善衣:朝服,祭服。按:自士以上,深衣为之次服,诸侯夕深衣,大夫、士朝玄端、夕深衣,庶人吉服深衣,深衣之外更无余服。

具父母、大父母,衣纯以缋[1]。具父母,衣纯以青[2]。如孤子,衣纯以素。

注释

[1]具父母、大父母,衣纯以缋(huì):所尊俱在,父母俱在,大(音太)父母亦俱在,衣服用花纹镶边。若其不俱在,一在一亡,不必以缋镶边。缋,画文,花纹。

[2]具父母,衣纯以青:唯有父母,而无祖父母,以为吉不具,故节少,而深衣领镶边用青,降于缋。若父母无,唯祖父母在,亦当镶边以青。

纯袂、缘、纯边,广各寸半[1]。

注释

[1]纯(zhǔn)袂、缘、纯边,广各寸半:言袖口边及裳下边并旁侧衣襟边,镶边其宽各一寸半,表里合计为三寸。纯袂,谓纯其袂,即衣袖镶边。纯,边,镶边。缘,谓深衣之下衣边,即下裳镶边。纯边,谓深衣之旁侧衣襟镶边。

冠义第四十三①

凡人之所以为人者,礼义也[1]。礼义之始,在于正容体、齐颜色、顺辞令[2]。容体正,颜色齐,辞令顺,而后礼义备。以正君臣、亲父子、和长幼。君臣正,父子亲,长幼和,而后礼义立[3]。故冠而后服备,服备而后容体正、颜色齐、辞令顺。

注释

[1]凡人之所以为人者,礼义也:言人之所以得异于禽兽,以其行礼义。礼义之事,终身行之。

[2]礼义之始,在于正容体、齐颜色、顺辞令:言人一生行礼之始,先须以端正仪容体态、使神色表情得当、和顺辞令为先。然后可以端正君臣关系,笃亲父子感情,和顺长幼之序。三始既备,乃可要求以三行——孝行、友行、顺行。

[3]立:犹成。

故曰:"冠者,礼之始也[1]。"是故古者圣王重冠。古者冠礼筮日筮宾[2],所以敬冠事;敬冠事,所以重礼;重礼,所以为国本也[3]。

注释

[1]冠者,礼之始也:加冠,是人一生尊礼行礼的开端。未加冠则服未备,服

---

① 郑玄《目录》云:"名曰《冠义》者,以其记冠礼成人之义。此于《别录》属《吉事》。"

未备不可求以三始。童子之服,采衣紒。紒音计,结发不冠。

[2]古者冠礼:此明将冠之时。筮日筮宾:著筮加冠之日,著筮所邀请的冠礼之正宾,以示重冠礼之事。

[3]所以为国本也:国以礼为本。

故冠于阼,以著代也[1]。醮于客位[2],三加弥尊,加有成也[3]。已冠而字之,成人之道也[4]。

注释

[1]故冠于阼,以著代也:言适子必加冠于阼,适子冠于阼阶,以彰明适子代父之义。阼是主人接宾之处。阼,东阶。

[2]醮于客位:或因先代夏、殷之礼,醮之用酒于客位,在室的户外之西,是在宾客之位,敬尊其成人,如宾客待之。庶子冠于房户外,又因醮焉,不代其父。醮,醮尽之义,酌而无酬酢曰醮。

[3]三加弥尊,加有成也:三次加冠弥渐而尊,以渐成人之礼,加益有成人之事。三加,初加缁布冠,次加皮弁冠,三加爵弁冠。弥尊,弥渐而尊。

[4]已冠而字之,成人之道也:冠礼已加冠而命立表字,以示成人之道。按:未冠之前,以其名别之;既冠之后,又改以字。且人二十有为父之道,不可复言其名。字,表字,称之以相尊。

见于母,母拜之[1];见于兄弟,兄弟拜之,成人而与为礼也。

注释

[1]见于母,母拜之:宗庙中举行冠礼,以酒脯奠庙讫,子持所奠酒脯以见于母,母拜其酒脯,重从尊者处来,故拜之。非拜子。按:唐代冠礼,母见子但起立而不拜。

玄冠、玄端,奠挚于君[1],遂以挚见于乡大夫、乡先生[2],以成人见也。

注释

[1]玄冠、玄端,奠挚于君:以其初冠成人,故头戴玄冠,身着玄端,执挚奠之

于君。奠挚,将所执之挚放置在地上。按:此玄端则异于朝服之衣。玄端,上士则玄裳,中士则黄裳,下士则杂裳。若朝服则素裳奠挚。按:礼,与尊长不亲授而奠之,此与君,下文与乡大夫、乡先生皆是。

[2]以挚:谓以雉。《仪礼·士相见礼》云,冬用雉,夏用腒(jū,腌制晾干的雉)。乡大夫:谓在朝(在任)之乡大夫。乡先生:同乡老而致仕(退休)者。

成人之者,将责成人礼焉也[1]。责成人礼焉者,将责为人子、为人弟、为人臣、为人少者之礼行焉。将责四者之行于人,其礼可不重与?故孝弟忠顺之行立,而后可以为人;可以为人,而后可以治人也。

注释

[1]将责成人礼焉:冠责以成人之事,责人以大礼,故不可以苟。若成人事立而可以治人。

故圣王重礼。故曰:"冠者,礼之始也,嘉事之重者也[1]。"是故,古者重冠,重冠故行之于庙[2],行之于庙者,所以尊重事。尊重事而不敢擅重事,不敢擅重事,所以自卑而尊先祖也。

注释

[1]嘉事:嘉礼。《周礼》春官宗伯掌五礼:吉礼、凶礼、宾礼、军礼、嘉礼。而冠礼属嘉礼,言"以玄冠之礼,亲成男女也",谓冠礼(笄礼)为男女成人之礼,男女成人是嘉庆之事。

[2]重冠故行之于庙:冠者为治之本,故先王重之,行之于庙,士行之于祢(父)庙。按:《仪礼·士冠礼》郑玄注"庙谓祢庙"。既在"祢庙",尊祢即尊先祖之义,且下士祖、祢共庙,其诸侯则冠于太祖之庙。

昏义第四十四[①]

昏礼者[1],将合二姓之好[2],上以事宗庙,而下以继后世也,故君子重之。

[①] 郑玄《目录》云:"名曰《昏义》者,以其记娶妻之义,内教之所由成也。"谓之"昏"者,娶妻之礼,以昏为期,因名焉。

是以昏礼纳采[3],问名[4],纳吉[5],纳徵[6],请期[7],皆主人筵几于庙[8],而拜迎于门外,入,揖让而升,听命于庙[9],所以敬慎重正昏礼也。

注释

[1]昏礼者:昏礼用昏,故经典多止作昏字。

[2]二姓:娶妻不娶同姓,故言二姓。

[3]纳采:谓采择之礼,下达,用雁,取其随时而南北,不失节。又是随阳之鸟,妻从夫之义。采,采择。

[4]问名:问其母之女何姓氏。

[5]纳吉:谓男家既卜得吉,告与女氏。

[6]纳徵:纳聘财也。徵,成也。先纳聘财,而后婚成,《春秋》则谓之"纳币"。

[7]请期:谓男家使人请示女家以昏时之期,由男家告与女家。请,以示男家不敢自专,执谦敬之辞。女氏终听男家之命,乃告之。

[8]主人筵几于庙:谓女之父母设筵几于祢庙。主人,女之父母。

[9]听命于庙:谓主人听使者所传婿家之命。

父亲醮子[1],而命之迎,男先于女也[2]。子承命以迎,主人筵几于庙,而拜迎于门外。婿执雁入,揖让升堂,再拜奠雁[3],盖亲受之于父母也。降出,御妇车,而婿受绥[4],御轮三周[5],先俟于门外,妇至,婿揖妇以入,共牢而食,合卺而酳[6],所以合体,同尊卑,以亲之也[7]。

注释

[1]父亲醮子:婿父亲自以酒醮子,而命之亲迎新妇。与醮子冠而成人其事相似,但冠礼醮子在庙,此醮子在寝,酌而无酬酢曰醮。

[2]男先于女:谓亲迎之意。必命使男往迎之,女则从男迎而来。即男子先迎,女从后至,是男先于女。

[3]婿执雁入,揖让升堂,再拜奠雁:婿手执活雁进入庙门,升自西阶,北面奠雁再拜,以示亲受之于父母。按:主人就东阶,初入门将曲揖,当阶北面揖,当碑揖,至阶三让。主人升自阼阶,揖。

[4]而婿受绥:妇升车之时,而婿授之以绥。绥,登车之引绳。

[5]御轮三周：婿御妇车，车轮转三周，然后有御者代之，婿自乘其车，先道之而归。道之，为之引导。

[6]共牢而食，合卺(jīn)而酳(yìn)：成妇之义。在夫之寝，婿东面，妇西面，共一牲牢而同食，不异牲；食毕，各执半瓢漱口。牢，士用一豚。卺，谓半瓢，破瓢为卮。酳，吃东西后用酒水漱口。

[7]所以合体，同尊卑，以亲之也：以合用同一牲而食之礼，是不使夫妻尊卑有殊异，以示亲爱之；欲使婿之亲妇，妇亦亲婿。同尊卑，指共牢而食。

敬慎重正而后亲之[1]，礼之大体，而所以成男女之别[2]，而立夫妇之义也。男女有别，而后夫妇有义；夫妇有义，而后父子有亲；父子有亲，而后君臣有正。故曰："昏礼者，礼之本也[3]。"

注释

[1]敬慎重正而后亲之：行昏礼之时，必须恭敬谨慎，尊重正礼，而后男女相亲。若不敬慎重正，则夫妇久必离异而不相亲。

[2]男女之别：男女有不同。

[3]昏礼者，礼之本也：夫妇婚姻之礼，是诸礼之本。按：婚姻由礼得所，则男女受气纯和，生子必孝，事君必忠。子孝则父子亲，臣忠则朝廷正。

夫礼始于冠，本于昏，重于丧祭，尊于朝聘，和于乡射[1]，此礼之大体也。夙兴，妇沐浴以俟见。质明，赞见妇于舅姑，妇执笲、枣、栗、段脩以见[2]，赞醴妇，妇祭脯醢，祭醴[3]，成妇礼也[4]。舅姑入室，妇以特豚馈，明妇顺也[5]。厥明，舅姑共飨妇以一献之礼[6]，奠酬，舅姑先降自西阶，妇降自阼阶[7]，以著代也[8]。

注释

[1]"夫礼始于冠"至"和于乡射"句：礼，其始在于冠、昏之礼，终则重于丧祭之礼，其间有朝聘、乡射之礼。始，犹根。本，犹干。乡，乡饮酒。

[2]笲：音烦，器名，以若竹之苇编制，其形如筥，衣之以青缯，以盛枣栗腶脩之属。段：本又作"腶"，或作"锻"。

[3]赞醴妇，妇祭脯醢：妇席于户牖间，赞者酌醴置于席前北面，妇于席西东面拜受，赞者西阶上北面拜送，妇拜祭脯醢；妇升席左执觯，右祭脯醢。醴妇，醴

当作"礼",声之误也。

[4]成妇礼也:成其为妇之礼。言见舅姑及醴之,成其为妇之礼。

[5]妇以特豚馈,明妇顺也:以馈送一只小猪之礼明示妇顺,供养之礼主于孝顺。按:馈送一只小猪,右半边放于舅之俎上,左半边放于姑之俎上,异尊卑。舅姑共席,其馔食各以南为上。

[6]舅姑共飨妇以一献之礼:言既献之,而授之以室事。参见《仪礼·士昏礼》。

[7]舅姑先降自西阶,妇降自阼阶:舅姑先从西阶返回舅姑之燕寝,然后妇从东阶返回妇之燕寝。降,各还其燕寝。

[8]以著代也:谓妇降自阼阶,本是舅姑所升之处,今妇由阼阶而降,是明示代舅姑之事。

成妇礼,明妇顺,又申之以著代,所以重责妇顺焉也。妇顺者,顺于舅姑,和于室人[1],而后当于夫[2],以成丝麻布帛之事,以审守委积盖藏[3]。是故妇顺备而后内和理[4],内和理而后家可长久也,故圣王重之。

注释

[1]室人:谓女妐(zhōng)、女叔、诸妇。女妐,谓婿之姊。女叔,谓婿之妹。诸妇,谓娣姒之属。

[2]当:犹称。不顺舅姑,不和室人,虽善,犹不为称夫也。

[3]以审守委积盖藏:言既当夫氏,又成妇事,以此详审保守家之所有,掩盖藏聚之物。委积,指禾穀(谷)堆,简称为"委"。少称"委",多称"积"。

[4]顺备:谓行和当,事成审。行,顺于舅姑;和,和于室人;当,当于夫。事成审,以成丝麻、布帛之事,以审守委积盖藏。

是以古者妇人先嫁三月,祖庙未毁,教于公宫[1],祖庙既毁,教于宗室[2],教以妇德、妇言、妇容、妇功[3]。教成,祭之[4],牲用鱼,芼之以蘋藻[5],所以成妇顺也[6]。

注释

[1]祖庙未毁,教于公宫:高祖之庙未毁除,欲嫁之女受教于公宫。祖,女所

出之祖。公,君也。公宫,公之宫,与天子、诸侯同姓女子在此受教。按:婚前三月,女子须接受婚前教育。嫁女者,必就尊者教成之。教成之者,女师。女子十年不出,使姆教成之。与君为骨肉,受教于公宫。

[2]祖庙既毁,教于宗室:同出一高祖之父以上的关系,其祖庙既迁,此女则受教于大宗子之家。祖庙既毁,指与君四从以外,至五服的关系。宗室,宗子之家。

[3]妇德、妇言、妇容、妇功:女子之四德。妇德,贞顺。妇言,辞令。妇容,婉娩,贞顺貌。妇功,丝麻。

[4]祭之:祭其所出之祖。按:三月教之,其教已成,祭女所出祖庙,告以教成。此女出于君之高祖,则祭高祖庙;出于君之曾祖,则祭曾祖。

[5]牲用鱼,芼(mào)之以蘋藻:祭祀用鱼作牲,采摘的蘋菜、水藻作祭祀之羹。芼,采摘菜、草。蘋,即四叶菜。藻,指金鱼藻。今中医证明,二者皆可入药,有清热解毒之功效。按:鱼、蘋藻皆是水物,以为阴类,故女子祭祀时所用,鱼为俎实,蘋藻为羹菜。

[6]所以成妇顺也:以为未嫁之前,先教以四德。又祭而告祖,将使其女嫁而为人妇,遵此教而成就其为妇和顺之道。

古者天子、后立六宫,三夫人、九嫔、二十七世妇、八十一御妻[1],以听天下之内治[2],以明章妇顺,故天下内和而家理。天子立六官、三公、九卿、二十七大夫、八十一元士,以听天下之外治[3],以明章天下之男教,故外和而国治。故曰:"天子听男教,后听女顺;天子理阳道,后治阴德[4];天子听外治,后听内职。教顺成俗,外内和顺,国家理治,此之谓盛德。"是故男教不修,阳事不得,适见于天[5],日为之食[6];妇顺不修,阴事不得,适见于天,月为之食。是故日食则天子素服而修六官之职,荡天下之阳事[7];月食则后素服而修六宫之职,荡天下之阴事。故天子之与后,犹日之与月,阴之与阳,相须而后成者也。天子修男教,父道也;后修女顺,母道也。故曰:"天子之与后,犹父之与母也。"故为天王服斩衰,服父之义也;为后服资衰,服母之义也[8]。

注 释

[1]古者天子、后立六宫:天子六寝,而六宫在后。后之六宫,在王之六寝之后,亦大寝一,小寝五。

[2]内治：妇学之法。《天官·九嫔》云九嫔"掌妇学之法"，可参见。

[3]六官：六卿之官，承副辅佐天子，实施外内之政。三公：也称三孤，分主六官之职，总谓之九卿。

[4]治阴德：谓主阴事、阴令。阴事，谓群妃御见之事。阴令，为王所求。

[5]适见于天：遭受天谴。适，责，谴责。

[6]日为之食：日食。食，见道有亏伤。

[7]荡：荡涤，去秽恶。救日之食，天子素服而荡。

[8]资衰：即齐衰。资，当为"齐"，同声之误。按：丧服，为父斩衰，为母齐衰。

丧服四制第四十九①

凡礼之大体[1]，体天地[2]，法四时[3]，则阴阳[4]，顺人情[5]，故谓之礼。訾之者，是不知礼之所由生也[6]。

注释

[1]凡礼之大体：丧之大体，本有法则而生，有四种之制，即初明恩制、次明理制、次明节制、次明权制，以成仁、义、礼、智之人道。

[2]体天地：礼体于天地之间所生之物，言所生之物，皆礼以体定之。

[3]法四时：丧有四制，变而从宜，取法四时。

[4]则阴阳：生死吉凶异道，不得相干，取法阴阳。

[5]顺人情：有恩有理，有节有权，取之于人情。

[6]訾(zǐ)之者，是不知礼之所由生也：若訾毁，是不知礼之有法则而生成。訾，毁，诋毁，指责。

夫礼，吉凶异道[1]，不得相干，取之阴阳也。丧有四制，变而从宜[2]，取之四时也。有恩有理，有节有权，取之人情也。恩者仁也，理者义也，节者礼也，权者知也[3]。仁、义、礼、知，人道具矣。

---

① 郑玄《目录》云："名曰《丧服四制》，以其记丧服之制，取其仁、义、礼、知也。此于《别录》旧说属《丧服》。"孔颖达疏："此则记者别记丧服之四制，非记《仪礼·丧服》之篇，故不云《丧服》之'义'也。"

注释

[1]吉凶异道:吉礼、凶礼各异其道,衣服、容貌、器物则不同。

[2]丧有四制,变而从宜:言门内主恩,若于门外,则变而行义;尊卑有定,礼制有恒,以节为限;或有事故,不能备礼,则变而权宜,取之于人情。

[3]权者知也:量事权宜,非知不可为。知,智。

其恩厚者其服重,故为父斩衰三年,以恩制者也[1]。

注释

[1]以恩制者也:此明四制之中恩制。门内诸亲为之服丧服,皆是"恩制",以父最深恩,服莫重于斩衰。

门内之治恩掩义[1],门外之治义断恩[2]。资于事父以事君,而敬同[3],贵贵[4],尊尊[5],义之大者也[6]。故为君亦斩衰三年,以义制者也。

注释

[1]门内之治恩掩义:此明门外之治,四制之中义制。谓门内之亲恩情既多,行私恩而不行公义。掩,掩藏。

[2]门外之治义断恩:谓既仕公朝,当以公义断绝私恩。门外,谓在朝,官府为仕。

[3]资于事父以事君:言操持事父之道以事于君,则敬君之礼与敬父相同。资,犹操。

[4]贵贵:此臣尽敬于此君。贵,谓大夫之臣事大夫为君。大夫始入尊境,则是贵。

[5]尊尊:谓天子、诸侯之臣事天子、诸侯为君极敬。尊,谓天子、诸侯。

[6]义之大者也:以义断恩,内外如一,虽大夫与王侯有异,而其臣之敬不殊。

三日而食,三月而沐,期而练[1],毁不灭性,不以死伤生也。丧不过三年,苴衰不补[2],坟墓不培[3]。祥之日鼓素琴[4],告民有终也[5],以节制者也[6]。

注释

[1]三日而食,三月而沐,期而练:此明四制之中节制。食,食粥。沐,谓居丧既葬,将举行安魂虞祭时,孝子可以沐发而不栉。期而练,即期练,服丧十一个月即将一年(期)时,孝子可以穿熟制的帛(练帛),不必穿斩衰。

[2]苴衰不补:言苴麻之衰虽破不补。

[3]坟墓不培:一成丘陵之后,不培益其土。培,益,增加,也谓治。

[4]祥之日鼓素琴:服丧二十五个月大祥之日,可以弹奏没有装饰的素琴,始存乐。三年不为乐,乐必崩。

[5]告民有终也:以上丧礼之礼节,告教其民,服丧其有终极。

[6]以节制者也:以情实未止,仍以礼节为限制,节制人之情。

资于事父以事母,而爱同[1]。天无二日,土无二王,国无二君,家无二尊,以一治之也[2]。故父在为母齐衰期者,见无二尊也。

注释

[1]资于事父以事母,而爱同:言操持事父之道以事于母,而恩爱相同。按:虽然恩爱相同,而丧服乃有异,为父斩衰,为母齐衰,以不敢二尊。

[2]以一治之也:明皆归于尊一以治理之。

杖者何也?爵也[1]。三日授子杖,五日授大夫杖,七日授士杖。或曰"担主"[2],或曰"辅病"[3]。妇人童子不杖,不能病也[4]。百官备,百物具,不言而事行者,扶而起[5]。言而后事行者,杖而起[6]。身自执事而后行者,面垢而已[7]。秃者不髽,伛者不袒,跛者不踊,老病不止酒肉[8]。凡此八者,以权制者也[9]。

注释

[1]杖者何也?爵也:此明四制之权制。杖之所设本为扶病,而以爵者有德,其恩必深,其病必重,故为有爵者而设杖。有不应杖而杖,又有应杖而不杖,皆是权宜之制。按:古者五十而爵。

[2]或曰"担主":无爵而亦杖,尊其为主,假(借)之以杖。担,扶。

[3]或曰"辅病":谓庶子以下,虽非适子亦皆杖,为其扶病。辅病,扶病。

[4]妇人童子不杖,不能病也:杖既扶病,妇人、童子其不能病。妇人,谓未成人之妇人。童子,谓幼少之男子。

[5]百官备,百物具,不言而事行者,扶而起:此谓王侯之杖制。王侯已备齐丧具,委任百官,不依靠自言而事得行,允许其病深,但虽有扶病之杖亦不能起,故又须人扶起。

[6]言而后事行者,杖而起:此谓大夫、士之杖制,既无百官、百物,须己言而后丧事乃行,故不允许其极病,需执杖而起,不用扶。

[7]身自执事而后行者,面垢而已:此谓庶人之杖制。庶人卑而无人可使,亲自执事,不可许病,故有杖不能用,面有尘垢之容。

[8]髽(zhuā):是妇人之丧髻。重丧辫麻绕发而束,不用发簪等发饰。秃者无发,故不髽。女秃不髽,男子秃亦不髽。伛(yǔ)者不袒:驼背的人不袒露膊。伛,驼背。跛者不踊:跛人脚蹇(jiǎn,跛),故不跳跃。踊,跳跃。老病不止酒肉:孝子悲哀,非病不食滋味。若老及病,身已羸瘠,故以酒肉养之。不使其因备礼而致灭性。

[9]凡此八者,以权制者也:丧礼宜备,今有此八条,不可以强逼,故圣人作权宜制。按:所谓八者,谓应杖不杖,不应杖而杖,一也;扶而起,二也;杖而起,三也;面垢,四也;秃者,五也;伛者,六也;跛者,七也;老病者,八也。

始死,三日不怠[1],三月不解[2],期悲哀[3],三年忧[4],恩之杀也[5]。圣人因杀以制节。此丧之所以三年,贤者不得过,不肖者不得不及,此丧之中庸也[6],王者之所常行也。

注释

[1]不怠:哭不绝声。

[2]不解:谓不解衣而居,不倦息。

[3]期悲哀:谓一年期之间,朝夕恒哭。

[4]三年忧:谓不再朝夕哭,但忧戚不止。

[5]恩之杀(shài)也:自始死三日不怠至三年忧,是恩义在渐渐减杀。杀,减省。

[6]庸:常也。

《书》曰"高宗谅闇[1],三年不言",善之也。王者莫不行此礼,何以独善之也? 曰:高宗者,武丁。武丁者,殷之贤王也。继世即位,而慈良于丧。当此之时,殷衰而复兴,礼废而复起,故善之。善之,故载之《书》中而高之,故谓之"高宗"。三年之丧,君不言。《书》云:"高宗谅闇,三年不言。"此之谓也。然而曰"言不文"者[2],谓臣下也。

注释

[1]高宗:武丁,殷之贤王。史称其为复兴之君。谅闇:居丧时所住的倚庐,既虞之后,施梁而柱楣居住。谅,通梁。闇,谓庐。一说谅,信;阴,默。

[2]言不文:言辞不文饰。

礼:斩衰之丧,唯而不对[1];齐衰之丧,对而不言[2];大功之丧,言而不议[3];缌、小功之丧,议而不及乐[4]。

注释

[1]礼:斩衰之丧,唯而不对:谓孝子居丧,与宾客言语时仅称"唯"而已,不对答其所问之事,有佐助者为之回答。

[2]对而不言:仅对答其所问之事,不多余言。

[3]言而不议:仅言说他事,不与人议论相问答。

[4]议而不及乐:得议他事,但不能听及音乐。

父母之丧,衰冠、绳缨、菅屦,三日而食粥,三月而沐,期十三月而练冠,三年而祥[1]。

注释

[1]三年而祥:明三年之丧,二十五月大祥,二十七月可除丧服,为丧礼制节。

比终兹三节者[1],仁者可以观其爱焉[2],知者可以观其理焉[3],强者可以观其志焉[4]。礼以治之,义以正之[5],孝子、弟弟、贞妇皆可得而察焉。

注释

[1]比终兹三节者:居父母之丧,能终此三节则可以知其德行。三节,自初丧至既葬将虞祭而沐,一也;十三月而练,二也;三年大祥,三也。

[2]仁者可以观其爱焉:孝子居丧,性有仁恩,则居丧思慕,可以此观知其爱亲。若不爱亲,则非仁恩。

[3]知者可以观其理焉:若孝子有知(智),则居丧合于礼节。若不合于礼节,则非有知。

[4]强者可以观其志焉:若孝子坚毅刚强,其居丧则能守其志节。若无志节,则非坚强。

[5]礼以治之,义以正之:谓用礼以治居丧之事,用义以正居丧之礼。